(개정판)

지방자치행정론

김선정 지음

LOCAL GOVERNMENT

(개정판)

지방자치행정론

김선정 지음

1 서울특별시

6
인천광역시
대구광역시
울산광역시
광주광역시
부산광역시
대전광역시

9
경기도
강원도
충청남도
충청북도
전라남도
전라북도
경상남도
경상북도
제주도

❖ 저자 약력 ❖

저자는 단국대학교에서 행정학 박사학위를 취득하였고, 현재 서울사이버대학교 법무행정학과 교수로 재직 중이다. 저서로는『정치학의 이해』(2021),『행정조직론』(2021),『인간관계론』(2019),『행정학의 이해』(2014),『지방자치행정론』(2012),『정책학의 이해』(2011),『한국인사행정론』(2010) 등이 있다. 모든 학문의 시원(始原)에서는 만나고 통한다고 했고, '아는 것이 좋아하는 것만 못하며, 좋아하는 것은 즐기는 것만 못하다는 말에 따라 2010년도부터 인문학적 관점에 관심을 갖게 되면서 논문으로 "노자의 인문학적 통찰에서 나타난 관계성에 관한 연구 : 바른 정책결정을 중심으로"(2015), "서양철학사에서 나타난 인문학적인 관점 전환에 관한 연구 : 이성과 감각을 중심으로"(2016), "니체의 인문학적 통찰에서 나타난 욕망의 시대에 관한 연구 : 협치를 중심으로"(2016), "인문학적 동선으로 본 바른 사회구조화의 정책인식"(2018), "니체의 인문학적 통찰에서 나타난 인간존재근거의 사회구조화에 관한 연구 : 혁신을 중심으로"(2019) 등이 있다.

우리나라 전부개정 지방자치법이 2022년 1월 13일부터 시행되고 있다. 이것은 1988년 전부개정 이후 32년 만의 일이다. 1988년 전부개정 법률이 자치단체 중심, 정부·지방 상하관계 개념을 중심으로 둔 '자치분권 1.0' 시대를 뒷받침했다면, 2022년부터 시행되고 있는 전부개정 지방자치법은 주민 중심, 정부·지방 간 협력적 동반자 관계를 핵심으로 하는 '자치분권 2.0' 시대를 뒷받침하기 위한 것이라고 할 수 있다.

민선지방자치 출범 이후 변화된 지방행정환경을 반영하여 새로운 시대에 걸맞은 주민 중심의 지방자치를 구현하고 지방자치단체의 자율성 강화와 이에 따른 투명성 및 책임성을 확보하기 위하여 지방자치단체의 기관구성을 다양화할 수 있는 근거를 마련하였고(제4조), 매립지 및 등록 누락지가 속할 지방자치단체 결정 절차를 개선하고(제5조), 지방자치단체 관할구역 경계변경 제도를 개선하였다(제6조).

지방자치단체의 주민과 관련하여, 주민이 지방자치단체 규칙에 대하여 제정 및 개정·폐지 의견을 제출할 수 있도록 하였고(제20조), 주민의 감사청구 제도를 개선하였다(제21조).

지방자치단체의 지방의회와 관련하여, 지방자치단체는 지방의회의 의정활동 등의 정보를 주민에게 공개하도록 하고, 공개된 지방자치정보를 체계적으로 수집하고 주민에게 제공하기 위한 정보공개시스템을 구축·운영할 수 있도록 하였고(제26조), 지방의회의 역량 강화 및 인사권 독립에 관한 사항을 규정하였고(제41조 및 제103조제2항), 지방의회의원의 겸직금지 조항을 정비하였고(제43조), 지방자치단체의 폐지·신설·분할·통합 등에 따라 새로운 지방자치단체가 차질 없이 출범할 수 있도록 새로운 지방자치단체가 설치된 경우 최초의 지방의회 임시회는 지방의회 사무처장·사무국장·사무과장이 해당 지방자치단체가 설치되는 날에 소집하도록 하였고(제54조제2항), 지방의회의원의 겸직 및 영리행위 등에 관한 의장의 자문과 지방의회의원 징계에 관한 윤리특별위원회의 자문 등에 응하기 위하여 윤리특별위원회에 윤리심사자문위원회를 두도록 하고, 윤리심사자문위원회의 위원은 민간전문가 중에서 지방의회의 의장이 위촉하도록 하였고(제66조), 의정활동의 투명성 확보를 위하여 의회 표결방법 원칙 관련 근거를 마련하였다(제74조).

지방자치단체의 집행기관과 관련하여, 지방자치단체의 장의 직 인수위원회 설치 근거를 마련하였고(제105조), 지방자치단체는 자문기관 운영의 효율성 향상을 위하여 중복되는 자문기관을 설치할 수 없도록 하고, 지방자치단체의 장은 자문기관 정비계획 및 조치결과 등을 종합하여 작성한 자문기관 운영현황을 매년 지방의회에 보고하도록 의무화 하였다(제130조).

국가와 지방자치단체 간의 관계와 관련하여, 서로 협력을 도모하고 지방자치 발전과 지역 간 균형발전에 관련되는 중요 정책을 심의하기 위하여 중앙·지방협력회의를 두고, 그 구성 및 운영에 관한 사항은 따로 법률로 정하도록 하였고(제186조), 지방자치단체에 대한 적법성 통제를 강화하였다(제188조 및 제192조). 또한 특별지방자치단체의 설치 근거를 마련하였다(제199조부터 제211조까지).

이상과 같이 개정 법률은 주민 참여의 확대, 지방의회 역량과 책임강화, 자치권 확대, 중앙·지방 간 협력관계 정립, 행정 효율성 증진 등 지방자치의 자율과 책임을 위한 다양한 규정을 담고 있어 이를 수정 보완하기 위하여 개정판 지방자치행정론을 출간하게 되었다.

끝으로 개정판 지방자치행정론의 출간에 심혈을 기울여 주신 한국학술정보(주) 관계자 여러분께 심심한 감사의 말씀을 드린다.

2022년 12월
서울사이버대학교 연구실에서
김선정 씀

『지방자치행정론』서문

왜 지방자치를 해야 하는가?

그것은 '민주화와 효율화를 위해서'라기 보다는 정부를 되도록 그 주인인 주민 또는 시민에게 가까이 두기 위해서였다. 즉 권력은 되도록 그 주인인 주민 가까이 두어야 한다는 것이다. 왜 그런가. 그동안 세계사적으로 권력이 중앙에 집중되고 그 집중된 권력으로 하는 정치는 주민하고는 거리가 매우 멀었다. 그래서 우선적으로 민주화와 효율화보다 수직적 중앙권력을 수평적 지방권력으로 주민 가까이에 두고자 했던 것이다.

그러나 이제 권력을 주민에 가까이에 두면서 민주화와 효율화를 함께 도모하지 않으면 안 되는 세계사적 흐름이 세계화, 정보화, 지방화인 것이다. 특히, 세계화 과정 속에서 나타나고 있는 역설적인 현상은 지방의 중요성이 더욱 부각되고 있다는 점이다. 기존의 체제는 국가 중심적 발전을 도모하는 것이 주된 입장이었으나 지방의 독특한 특성을 배경으로 지방이 세계로 연결되어 국가 내의 지방 단위적 발전이 궁극적으로 국가발전과 연계되는 양상을 보여 주고 있다.

이러한 학문적인 흐름과 목적을 놓치지 않으면서 지방자치행정을 처음 접하는 독자들에게 쉽고 체계적으로 이해할 수 있는 입문서가 되도록 노력하였다. 그리고 강의 경험을 바탕으로 부피를 줄이면서도 전체적인 통일성에 심혈을 기울이려고 노력하였다. 이러한 특징을 바탕으로 대학에서 한 학기 강의용으로 사용할 수 있도록 썼지만 정작 마치고 나니 아쉬움이 많이 남는다. 앞으로 독자 여러분들의 지도편달을 통해 계속 버리고, 다듬고, 채우는 일에 소홀함이 없도록 할 것이다.

끝으로 책을 쓴다는 것은 많은 사람들에게 신세를 지는 일이다. 무엇보다도 학문의 세계에 지는 신세가 크다. 이 책의 지적 출처를 제공해 준 많은 연구인들에게 감사드린다. 그리고 서울사이버대학교를 설립하시어 새로운 교육의 전당으로 도약시키시고, 교육의 새로운 패러다임을 제시하시는 이세웅 이사장님께 깊은 감사를 드린다. 또한 언제나 넘치는 의욕으로 서울사이버대학교의 새로운 비전을 향해 나아가시는 이재웅 총장님께 깊은 감사를 드린다. 물론 빼놓을 수 없는 한국학술정보㈜ 관계자 여러분께도 심심한 감사를 드린다.

2011년 2월
서울사이버대학교 연구실에서
김선정 씀

제1장 왜 지방자치행정인가?

1. 머리말

왜 지방자치를 해야 하는가? 그것은 '민주화와 효율화를 위해서'라기보다는 정부를 되도록 그 주인인 주민 또는 시민에게 가까이 두기 위해서였다. 즉 권력은 되도록 그 주인인 주민 가까이 두어야 한다는 것이다. 왜 그런가. 그동안 세계사적으로 권력이 중앙에 집중되고 그 집중된 권력으로 하는 정치는 주민하고는 거리가 매우 멀었다. 그래서 우선으로 민주화와 효율화보다 수직적 중앙권력을 수평적 지방권력으로 주민 가까이에 두고자 했던 것이다.

그러나 이제 권력을 주민에 가까이에 두면서 민주화와 효율화를 함께 도모하지 않으면 안 되는 세계사적 흐름이 세계화, 정보화, 지방화인 것이다. 여기서는 이러한 요인을 통해 지방자치의 당위성과 앞으로의 과제를 이해하는 실마리가 무엇인지 찾아보고자 한다.

2. 지방자치행정과 세계화

가. 세계화[1]의 의의

현대사회를 세계화 시대라고 부른다. 상품 및 기업의 국적이 불분명해지는 것은 세계화 시대의 특징 중 하나이다. 그 결과 국제자본 시장이 통합되고 자본주의적 생산 및 교환의 기본 단위가 되는 기업 조직과 경영의 공간적 범위가 전 지구적으로 확대되고 있다. 특히, 세계화의 확산과 더불어 환경오염, 인권, 군비통제 등 범지구적인 문제를 해결하기 위해 국제기구 또는 국제협약에 의해 국가의 고유한 주권을 제약받고 있다. 이로 인해 개별 국가의 정책 결정 권한이 축소되어 관련 국가의 요구를 수용해야 하고, 이들과의 공조 체제에서 정책을 결정해야 하는 상황이 전개되고 있다.

이제 민족국가(nation-state)라는 단위가 해체되고 기업이나 지역사회와 같은 작은 '단위체'들이 국경을 초월하여 세계무대에 진출하는 힘의 재편 과정이 전개되고 있다. 자본과 상품의 이동, 정보와 지식의 국내와 국제 간 이동에서 그 차이가 없어지고 있다.

따라서 과거 편 가르기 식의 동서진영 간 이념대결에서 이제 개별 국가 간 또는 경제블록[2] 간의 무한경제전쟁이라는 새로운 형태의 대립구조를

---

1 국제화가 국가 대 국가의 관계이며 경제적 측면이 강조된 개념이라면, 세계화는 기업과 기업, 민간과 민간, 지방과 지방 등 여러 차원에서, 또 정치, 경제, 사회, 문화 등 모든 부문을 다 포함한 총체적 차원이라는 의미에서 국제화보다 상위 개념이라 할 수 있다(경기개발연구원, 1998: 13-14).

2 경제 블록화란 지역적 이점이 큰 국가들이 함께 뭉쳐 타 블록이나 외톨이 국가들과의 경쟁에서 우위를 차지한 뒤 다시 블록 내에서 2차적 경쟁을 하는, 협력과 경쟁이 동시에 이뤄지는 새로운

파생시켰다. 이와 같은 국제질서의 냉혹한 적자생존의 무한 경쟁 상황 속에서 등장하게 된 것이 세계화와 국가경쟁력[3]이다. 이러한 세계화의 추세는 정보통신의 발전과 긴밀하게 연관되어 있으며 개방화와 국내 체계의 안정 및 국가 간의 치열한 경쟁과정을 전제로 한다는 점에서 국가경쟁력 확보가 무엇보다 필요하다.

나. 지방자치행정과 세계화

세계화 과정에서 나타나고 있는 역설적인 현상은 지방의 중요성이 더욱 부각되고 있다는 점이다. 기존의 체제는 국가 중심적 발전을 도모하는 것이 주된 입장이었으나 지방의 독특한 특성을 배경으로 지방이 세계로 연결되어 국가 내의 지방 단위적 발전이 궁극적으로 국가발전과 연계되는 양상을 보여 주고 있다(안용식 외. 2006: 685-687).

경쟁의 양상이다. 예컨대 EU(유럽연합)가 경제 블록화의 대표적인 예이며, 미주의 경우 미국·캐나다·멕시코 3개국이 NAFTA(북미자유무역지대), 미국, 오스트레일리아가 참가하는 APEC(아시아/태평양 경제협력기구), 동남아시아국가연합인 ASEAN 등이 있다. 여기서 더 나아가 경제 블록화의 양상이 다자주의 세계화에서 소수 동맹형으로 통상패러다임이 변해 가고 있다는 것이다. 한·중·일과 대만 등 동북아를 중심으로 형성된 첨단산업 분업구조를 인위적으로 재편하려는 미국의 원대한 기획으로 탄생한 인도-태평양 경제 프레임워크/Indo-Pacific Economic Framework(IPEF)가 그것이다. IPEF는 기존의 자유무역을 하자는 것이 아니라 이건 소수 동맹 간에 글로벌 공급망을 만들겠다는 것이다. 기존의 세계무역기구(WTO) 체제 또는 역내포괄적경제동반자협정(RCEP), 포괄적·점진적 환태평양경제동반자협정(CPTPP)과 완전히 다른 것이다. 이제 미국의 중국에 대한 첨단산업의 공급망 관리 차원에서 다자주의 세계화가 깨지면서 소수 동맹형 경제 블록화 흐름으로 통상패러다임이 바뀌어 가고 있다(한겨레, 2022/06/29).

3 국가경쟁력은 자국의 제품과 서비스를 국제시장의 수준에 맞게 생산 및 판매하여 국민의 고용, 소비, 여가, 복지 등의 생활 수준을 높은 수준으로 유지할 수 있도록 보장하는 사회 내 모든 부문의 총체적 능력을 의미한다. 세계화와 국가경쟁력은 사회 내 모든 부문들이 유기적으로 결합함으로써 국가 전체의 발전 잠재력과 국제적 경쟁력을 확보하는 사회적 시너지(synergy)를 의미한다(송희준, 1994: 15-17).

지방자치행정과 관련된 대외적 환경 변화와 더불어 대내적으로는 국가 경쟁력 강화에 걸림돌로 작용하는 각종 법·제도를 정비하고 행정개혁을 통하여 능률적인 행정을 추구해야 한다. 국가나 중앙이 모든 것을 결정하고 지방은 단순히 사무를 집행하는 구조하에서는 지방의 창조적 경쟁력을 불러일으키기 힘들고 세계화 시대에서 살아남을 수가 없게 된 것이다.

따라서 이를 극복하기 위해서는 지방의 특성에 맞는 자율성을 부여하고 창조적 정책 입안 및 집행권을 부여함으로써 지방 간의 경쟁을 유발할 필요가 있으며, 이를 통하여 국가 하부구조를 건실화하는 것이 세계화 시대의 새로운 패러다임이라 할 수 있다.

1995년 국정 목표로 설정된 세계화 선언에 따라 정부는 '지방의 세계화'를 통하여 국정 이념을 실현하고자 하였다. 지방의 세계화를 위한 구체적인 추진 방향을 보면, 첫째, 공무원과 주민의 세계화 의식 고취와 대응 자세를 구축하는 의식과 행태의 세계화, 둘째, 각종 불합리한 규제와 제도를 완화·철폐하여 각 부문의 행정을 세계적 수준으로 끌어올리려는 행정과 제도의 세계화, 셋째, 지역 공간과 환경 조성을 통하여 주민과 외국인의 삶의 질 향상을 도모하는 지역의 세계화, 넷째, 지방의 자율적 경제 활동을 최대한 보장·지원하여 지역경제를 활성화하고자 하는 지역경제의 세계화 등 네 가지 항목의 지침을 확정한 바 있다.

결국 지방의 세계화는 두 가지 구체적인 과제를 안고 있다. 첫째, 각 지방정부가 지역사회의 제도와 관행을 국제적 기준에 맞게 정비해 나가는

것이며, 둘째, 지방정부가 추진 주체가 되어 지역의 개성을 창출하고 지역
경제의 대외 개방과 국제적 노출의 기회를 활용하여 국제 교류를 활성화
하고 지역에 있는 기업의 국제경쟁력을 향상시킴으로써 지역경제의 발전
과 주민의 복지를 증진하는 것이다(한국개발연구원, 1994: 9).

이러한 관점에서 지방의 세계화는 지방자치단체가 주체가 되어 다른 국
가 또는 다른 자치단체와 물자, 인력, 정보 및 이미지의 상호 교환을 통하
여 국제적 환경 변화에 능동적으로 대처할 수 있는 개방된 시민 의식을 함
양하고 이를 바탕으로 지역경제 강화 및 지역경제 활성화를 도모하고자
하는 활동으로 정의된다(한국지방행정연구원, 1996: 3).

3. 지방자치행정과 정보화

가. 정보화의 의의

오늘날 사회현상에 대한 설명에서 정보화에 대한 개념은 빼놓을 수 없
는 개념이다. 농업혁명과 산업혁명이 시대의 흐름을 바꾸어 놓은 것과 같
이 오늘날은 정보혁명이 새로운 시대적 흐름으로 이해되고 있다. 특히, 정
보통신기술의 발전은 국민의 인식과 삶의 방식은 물론 행정운영방식을 변
화시키고 있으며, 정책 결정의 절차와 참여의 폭에 대한 시각을 새롭게 하
고 있다.

정보화의 일반론적 정의는 산업사회가 정보사회로 이행되는 과정으로
이해할 수 있지만, 기술적인 차원에서 전산화, 자동화, 네트워크화가 전제

되고, 여기에 인간의 자유와 창의력, 자아실현의 의미가 포함된다. 현재의 정보화는 사회의 전 영역에서 나타나고, 개별 영역에서의 영향이 다른 영역으로 네트워킹되며, 다시 해당 영역의 변화에 영향으로 환류하는 특성이 있다. 정보화는 새롭게 도입된 영역을 변화시키는 것에 그치는 것이 아니라, 사회 거시구조는 물론, 개개인의 행동 양식, 의식구조까지 변화시키는 파급력을 가진다.

따라서 '정보화' 개념은 하나의 완성된 개념이라기보다는 지속적으로 변화하고 진화하는 개념으로 정보화 범위에 있어서도 지속적 확대가 진행되고, 다차원적 접근이 필요하다. 우리나라 정보화의 진화단계별 정보화 개념을 다음과 같이 이해할 수 있다(한국정보화진흥원, 2009 참고).

시 기	개념 변화
1975~1986	물질(기술)의 변화 → 거시구조 변화 정보통신기술의 발전으로 인해 나타나게 된 사회 제반 영역에서의 구조 및 제도의 변화
1987~1995	거시구조의 변화 → 미시행위의 변화 정보기술이 개인의 일상과 가치관에 영향을 미치고 보다 효율적인 방식으로 삶의 영역을 재구성해 나가는 과정
1996~현재	거시구조와 미시행위의 변화 ↔ 의식의 변화 정보기술로 가능해진 인간과 정보의 네트워킹이 사회구조 및 개인의 행위와 서로 조응하면서 새로운 가치를 창출해 가는 과정

결국 정보화의 '化'란 단어는 누군가가 어떤 형태로 만들어간다는 능동적 의미이다. 정보화란 정보를 생산·유통 또는 활용하여 사회 각 분야의 활동을 가능하게 하거나 효율화를 도모하는 것이다. 국가 정보화란 국가기관, 지방자치단체 및 공공기관이 정보화를 추진하거나 사회 각 분야의 활동이 효율적으로 수행될 수 있도록 정보화를 통하여 지원하는 것이다.

나. 지방자치행정과 정보화

정보화는 세계화를 가속하고 있다. 즉, 정보통신의 발달은 국제사회를 정보화시킴으로써 하나의 지구촌으로 묶는 세계화를 촉진한다. 이러한 정보화는 지구촌 시민들의 생활방식 · 사고방식 · 가치관 · 의식구조를 근본적으로 바꾸고, 정부의 기능과 역할 그리고 행정구조와 일 처리 방식의 변화를 초래하게 된다.

이러한 정보화의 시대적 흐름을 보다 구체적으로 이해하면 다음과 같다.

첫째, 이제 영화나 음악을 비롯한 문화의 영역에서도 실시간으로 각 국가의 시민들이 문화행사를 동시에 시청하고 있다. 이에 따라 각국 국민의 의식 및 문화의 동조화 현상으로 전 세계 청소년들이 좋아하는 음식, 음악, 사고, 옷차림이 비슷하게 되고, 세계적 유행이 거의 동시적으로 이루어지고 있다. 그 결과 이제 문화의 원산지가 중요한 것이 아니라 누가 문화를 꽃 피우느냐가 중요하게 되었다.[4]

둘째, 정보화는 국가와 국가, 중앙과 지방의 구분을 필요로 하지 않는 네트워크형의 무한경쟁 시대를 초래한다. 따라서 지방정부는 지역 단위의 정보화를 적극 추진하여 지역사회의 산업체 · 공공기관 · 가정 · 개인이 필요한 정보를 용이하게 활용할 수 있게 하여야 할 뿐만 아니라, 전국적인 정보망 및 해외정보망과의 연계를 통하여 정보의 유통을 촉진해야 할 것이다.

셋째, 정보화는 계층구조를 최대한 줄이고 각 업무의 기능별 단위도 정보시스템을 이용하여 통합적으로 처리하여야 시장의 변화에 민첩하게 대응할 수 있다. 즉, 사회체제 내에서 국가의 독점적 지위가 약화되면서 그

---

4 예컨대 K-POP이 대표적이다.

동안 국가에서 수행하여 왔던 여러 역할들이 초국가적 국제기구, 지역공동체, 지방정부, 비영리 사회단체, 민간기업, 개인 등에게 재배분되고 조정되는 과정을 거치게 된다.

이러한 정보화는 늦추면 늦출수록 산술적 손해가 아니라 기하급수적인 국가적 손실이며, 지방정부에서도 예외라고 볼 수 없다. 정보화는 행정서비스 기능을 향상시키며 행정비용을 줄일 수 있을 뿐만 아니라 지역 주민의 생활을 실질적으로 변화시킬 수 있다(안용식 외. 2006: 696-697).

4. 지방자치행정과 지방화

가. 지방화의 의의

지방화(localization)는 지역화(regionalization)와 동일한 개념으로 사용되는 경우가 많다. 지방화는 정부의 역할이라는 측면에서 중앙정부가 지방정부에 기능ㆍ업무ㆍ권한ㆍ책임 등을 위임하는 것을 의미한다. 따라서 지역화는 지방화와 더불어 지역사회가 지역적인 문제의 해결에 중요한 역할과 책임을 갖는 것을 말한다. 다만, 지역화에는 특정한 국가 내에서만 일어나는 것이 아니라 서로 다른 국가에 속하는 지방정부들이 지리적 영역을 초월하여 협력함으로써 지역경쟁력을 높이려는 활동까지 포함한다.

따라서 지방화는 중앙정부와 지방정부 간의 관계를 수직적 상하관계에서 수평적 협력 관계로 전환하면서 지방이 독자적인 정치ㆍ경제ㆍ사회ㆍ문화적 공동체로서 적극적인 역할을 하도록 하는데 근본 목적이 있다. 이러한 목적에 따라 지방화가 확대되면 중앙정부와 지방정부 전반에 걸쳐 행정의 간소화와 효율화를 도모할 수 있으며, 행정의 즉응성과 유연성 및 종합성을 제고할 수 있을 것으로 기대된다.

나. 지방자치행정과 지방화

행정은 그동안 국가를 단위로 하여 논의되어 왔다. 행정의 가장 일반적인 단위는 국민국가이며, 이를 대상으로 한 행정을 국가행정이라고 할 수 있다. 그러나 국가 내에서도 여러 하위 수준의 정부가 존재하며, 이들 주체가 수행하는 행정을 지방행정이라고 할 수 있다. 또한 국민국가의 영토를 초월한 국제적 관계 또는 초국가적 수준에서 전개되는 행정도 존재한다.

최근 세계화와 지방화가 범세계적 현상으로 전개되면서 지방→국가→세계로 이어지는 행정의 공간적 · 조직 간 관계를 무시하고서는 행정의 실체와 역할을 이해하기 어렵게 되었다. 세계화 · 지방화의 와중에서 그동안 국민국가가 담당해 왔던 다양한 역할들이 초국가적 차원과 지방정부 차원, 그리고 시장과 민간부문으로 이전되고 있다.

따라서 세계화, 지방화의 진전과 더불어 국민국가를 중심으로 한 기존의 단층적인 거버넌스[5]만으로는 사회문제 또는 정책을 효과적으로 해결

---

5 거버넌스(governance)이론은 20세기에서 21세기로 넘어 오면서 세계화와 정보화가 급속히 진행되는 과정에서 등장하게 된 새로운 사회과학 분야의 이론이다. 거버넌스의 주체는 국가, 시장, 시민사회(NGO), 시장(기업), 정치사회(정당), 그리고 사이버 공간과 네트워크의 역할이 새롭게 강조되고 있다. 이러한 여러 주체들이 함께 참여하면서 다스린다는 뜻에서 거버넌스는 공치(共治), 협치(協治), 관치(管治), 협력적 통치, 네트워크적 관리 등으로 불린다. 즉 거버넌스

하기 어렵게 되었다. 이제는 초국가적 국제기구, 국민국가, 지방 및 지역을 단위로 한 수직적인 다층적 거버넌스를 구축해 나가야 한다.

우선 국가를 초월하는 지구적 문제를 해결하기 위해서는 국가 간 협력 체제인 글로벌 거버넌스를 구축할 필요가 있다. 세계화가 심화함에 따라 기존의 개별 국가 단위의 정책 결정체제로서는 지구적 정책문제를 효율적으로 대응할 수 없기 때문에 지구적 정책문제는 지구적 차원의 협력적 해결 방안이 필요하게 된다. 이 글로벌 거버넌스는 국가가 대외적으로 다양한 국제기구, 다른 국가와 다국적 기업 및 비정부조직과 같은 민간조직과 관계를 맺으면서 국제사회의 변화와 도전에 대응하는 측면이라고 할 수 있다. 또한 중앙정부의 권한과 책임이 지방정부에 이양되는 수직적 분권화에 대응하기 위해서는 정부 간 거버넌스를 구축할 필요가 있다. 일반적으로 지방정부로의 권한과 책임이 이양되면 정부 간 정책조정의 필요성이 증대하게 되는 바, 정부 간 거버넌스는 이러한 요구에 대응하기 위한 제도적 장치라고 할 수 있다.

이처럼 지방화의 요체는 지방이 독자적인 정치 · 경제 · 사회 · 문화적

(governance)는 공동체운영의 새로운 체제, 제도, 메커니즘 및 운영양식을 다루는 것으로 기존의 통치(governing)나 정부(government)를 대체하는 것으로 등장하고 그 개념도 점차 확대되는 과정에 있다. 그러나 이는 단순히 정부의 내부 문제를 주로 다루는 전통적 행정을 대체하는 개념으로만 설명할 수 있는 것은 아니다. 세계화와 정보화, 지방화라는 새로운 질서의 도래는 기존 국가와 산업화에 익숙한 통치방식과 시스템을 전면적으로 바꿀 것을 요구하고, 이에 부응하여 각 나라에서 공동체운영의 기본 질서를 바꾸는 과정에서 등장한 것이 거버넌스다. 이는 세계화, 정보화, 지방화 등의 21세기라는 새로운 시대에 걸맞은 공동체의 운영체제와 양식에 대한 새로운 이해를 요구하는 것이다. 과거 20세기까지 유지되어 온 정부나 대의민주주의 정치체제를 대체하는 새로운 세계관과 인식체계 위에서 공동체의 운영체제와 양식을 구축한 것이 거버넌스이고 이것은 과거와 다른 패러다임에 의한 것이다(김석준 외, 2002: 31-37).

공동체로서 전 지구적 경쟁 시대에 주도적인 경쟁 단위 또는 경쟁 주체로서 적극적인 역할을 해 나가도록 하는 데 있다(이종수, 2002: 106-109).

참고문헌

경기개발연구원(1998). 『통상상담 공무원의 전문화 및 세계화 교육훈련 방안 연구』.

김석준 외(2002). 『뉴 거버넌스 연구』. 서울: 대영문화사.

송희준(1994). "세계환경의 변화와 각국의 동향", 노화준·송희준 공편. 『세계화와 국가경쟁력』. 서울: 나남.

안용식 외(2006). 『지방행정론』. 서울: 대영문화사.

이종수(2002). 『새 행정학』. 서울: 대영문화사.

한국개발연구원(1994). 『지방의 국제화 추진 전략』.

한국정보화진흥원(2009). "정보화 정책에 기반한 정보화 개념 재정의", 『IT 정책연구시리즈 제 10호』.

한국지방행정연구원(1996). 『지방행정의 세계화 대응전략』.

한겨레. "한국 소득, 일본 추월 '역사적 사건'…영국 제친 아일랜드는 축제도"(검색일 : 2022-06-29, https://www.hani.co.kr/arti/economy/economy_ general/1048887.html)

제2장 지방자치란 무엇인가?

1. 머리말

오늘날 모든 국가는 그 체제에 있어서 선·후진국을 막론하고 행정국가의 특성이 있다. 각국 정부는 국민의 사회적 욕구 변화와 가치관의 변화에 끊임없이 적응하기 위하여 조직과 정책의 개혁을 단행하고 있을 뿐만 아니라, 이를 통하여 합리적이고 효율적인 행정서비스를 제공하고자 꾸준한 노력을 경주하고 있는 것이다.

따라서 국가기능의 확대에 따른 행정기능의 질적·양적 증대는 현대 행정국가로 하여금 보다 적극적으로 시민의 생활에 관여하게 만들었다. 이러한 양상에 부응하여 지방자치행정에 관한 제 문제는 종래의 지방자치행정의 민주화라는 정치 이념적 이유에서뿐만 아니라 국가발전이라는 새로운 각도에서 그 중요성이 새로이 대두되고 있다.

지방자치행정의 이러한 과제는 지역사회 안정 기조의 총체적 조정자로서 국가발전 임무의 지방적 수행을 종합적·민주적·효율적으로 뒷받침해 가야 하는 것이다. 그러면 여기서는 지방자치란 무엇인가에 대한 개념적, 본질적인 측면들을 이해하고자 한다(김종표, 1992: 16).

2. 지방자치의 의의

국가가 지방의 행정사무를 처리하고, 통치권을 행사하는 방법에 있어서는 대개 두 가지 유형으로 대별된다. 하나는 중앙정부가 지방에 자기 기관을 두어 이를 통해서 수행하는 관치(官治)가 있고, 다른 하나는 그 지역 주민으로 하여금 자기 의사, 자기 책임 하에 이를 수행하도록 하는 자치(自治)가 있다.

관치냐 자치냐의 차이는 지배의 주체가 누구냐의 구별이다. 즉 관치는 타율적인 데 반해서, 자치는 자율적이라는 말이다. 관치가 전국적인 통일성과 능률성을 그 속성으로 하는 데 대하여, 자치는 지역성과 민주성을 그 실천이념으로 하고 있다.

그리고 자치를 민주주의적 정치와 행정으로 이해할 때, 한 나라의 정치체제가 얼마나 민주주의적인가 아닌가를 구별하는 또 하나의 가늠자는 중앙집권적인 정치체제인가 또는 지방분권적인 정치체제인가의 차이이다.

민주주의적인 정치체제일지라도 중앙집권적 국가에서는 중앙정치와 행정은 자치적일 수 있으나 지방정치와 행정은 관료에 의한 지배를 면할 수 없다. 이럴 때 지방정치와 행정은 자치가 아닌 타치가 된다는 뜻이다. 이 말은 이른바 반쪽만의 자치일 뿐이다. 따라서 완전한 자치가 되기 위해서는 지방정치와 행정도 중앙정치와 행정 못지않게 민주주의적이어야 한다. 이렇게 하기 위해서는 국가의 권력을 지방으로 분산해야 한다(조창현, 2005: 3-5).

가. 지방자치의 개념

지방자치란

① 주체-일정한 지역과 주민을 기초로 독립적 법인격을 갖는 지방단체가

② 목적-지역의 발전과 주민의 복리 증진을 위해

③ 재원-스스로 조달한 재원에 의해

④ 대상-주민들의 일상생활과 밀접하게 관련되는 지역적 사무를

⑤ 방법-주민 스스로 또는 대표자의 선출을 통해서 자주적으로 판단 · 결정하고, 그 결과에 대해 책임을 지는 제도이다(정일섭, 2006: 14). 즉, 「지방의 사무를 지역 주민이 스스로 처리하는 민주적 지방 제도」라 할 수 있다. 보다 구체화하여 다음과 같이 이해할 수 있다.

첫째로, 일정한 지역을 단위로 하는 지방단체가 그 주체가 된다. 우리나라에 있어 이와 같은 지방단체로는 기초자치단체인 시 · 군 및 자치구가 있고, 광역자치단체인 특별시, 광역시, 특별자치시, 도, 특별자치도가 있다.[1]

---

1   우리나라의 광역자치단체는 서울특별시, 세종특별자치시와 부산, 인천, 대구, 대전, 광주, 울산 등 6개의 광역시, 경기도, 강원도, 충청남도, 충청북도, 전라남도, 전라북도, 경상남도, 경상북도 등의 8개 도와 제주특별자치도가 있다.

둘째로, 지방자치는 이들 지방단체를 단위로 하여 그 지방의 행정사무를 수행한다. 여기에서의 행정사무란 지방적 공공사무(公共事務)로서, 지역적 이해관계가 깊고, 주민의 관심이 높은 사무, 그리고 지역 주민 생활의 질을 높이고 편익을 증진하기 위한 생활행정과 복지행정, 개발행정이 그 주류를 이룬다.

셋째로, 지방자치는 지방주민이 스스로의 책임 하에 자치행정을 수행한다. 이 경우 스스로의 책임이란 의사의 결정과 경비의 부담은 물론이고 그 결과에 대한 책임까지를 의미하는 것이다.

나. 지방자치의 요소

지방자치의 요소는 지방단체, 지역과 주민, 지방적 사무, 자치권, 주민참여, 자주재원 등이다.[2]

(1) 지방단체

자치권을 가지는 지방단체가 그 요소이다. 지방자치단체는 국가로부터 독립된 법인격을 가지는 것이 일반적이다.

(2) 지역과 주민

일정한 지역과 주민이 그 요소의 하나이다. 「일정한 지역과 주민을 기초

2

```
                          구역-영토
지방자치의 3요소 → 〈  자치권-주권  〉 ← 국가의 3요소
                          주민-국민
```

로 하는…」이란 표현이 그것을 의미한다. 예컨대 지방자치단체는 특정한 국가목적을 위하여 설립되는 인적 결합체로서의 공공조합(예: 농업협동조합·농지개량조합 등)과 인적·물적 결합체로서의 영조물 법인[3](예: 지방공사·지하철 공사를 비롯하여 정부투자기관 등)과는 다르다. 왜냐하면, 이들에게 각각 공법상의 법인격은 부여되어 있으나 지역과 주민을 기초로 하지 않으므로 지방자치단체가 아니다.

(3) 지방적 사무

지방적 사무를 그 요소로 한다.「…그 지역 내의 행정사무를…」이란 표현이 이를 나타낸다. 즉 지방자치에는 국가사무와 구별되는 자치단체의 사무가 있어야 한다. 자치단체의 사무를 자치사무와 위임사무[4]로 구별하고 있으나 이론적으로나 실제로 양자의 한계를 명확하게 구분하기는 곤란하다.

따라서 입법론으로도 양자의 구별을 폐지해야 한다는 견해가 대두되어 왔다. 영국에는 처음부터 국가사무와 지방사무의 구별이 없었으며 1982년 이후 프랑스도 또한 그러하다.

---

3 영조물(營造物)이란 나라나 공공단체가 일반 대중의 이용에 제공하거나 공공의 목적에 쓰기 위하여 만든 시설.

4 위임사무는 기관위임사무와 단체위임사무로 구분하는데, 단체위임사무는 국가나 상급 자치단체로부터 지방자치단체 그 자체에 위임된 사무를 말한다. 기관위임사무는 이에 비해 지방단체의 장에게 위임된 사무를 말한다. 단체위임사무의 예로는 조세(租稅) 등 공과금 징수, 전염병 예방접종, 하천보수·유지, 국도 유지·수선 등을 들 수 있다. 기관위임사무는 그 양이 훨씬 많다. 그 예로는 주민등록, 병무, 소방 등을 들 수 있다.

(4) 자치권

자치권이 그 핵심적 요소이다. 그것은 중앙정부의 감독과 통제를 받지 않고 지역 내의 행정사무를 「…지역 주민의 의사에 따라…」 처리할 수 있어야 하기 때문이다. 그러므로 지방정치나 지역적 사무를 처리함에 주민의사에 기초를 두어야 하며, 주민 의사의 우월적 가치가 보장되어야 한다. 자치권에는 자치입법권, 자치조직권, 자치행정권, 자치재정권이 있다. 다만 지방자치는 국가의 전체적 통일성을 전제로 하는 것이므로 그 자치권에 내재적 한계가 있음은 물론이다.

(5) 주민참여

지방정치 및 행정에의 주민참여가 불가결한 요소이다. 「…주민이 선출한 기관을 통하여(또는 스스로)…」라는 표현이 이를 의미한다. 주민이 선출한 기관을 통하여 처리한다는 것은 주민의 간접참정제를 주로 하고, 다만 예외적인 경우에 한하여 직접참정제를 보완적으로 실시하고 있다.

(6) 자주재원

자주재원을 그 요소로 한다. 「…주민의 부담으로 처리하는…」이란 표현이 그것을 가리킨다. 지방자치가 아무리 완벽하게 제도화되어 있다 할지라도 자주재원으로 그 지역 내 사무를 처리하지 못하면 중앙정부의 재정지원에 의존하게 되고, 그에 따르는 통제·간섭을 받게 되므로 지방자치는 한낱 허구에 불과해진다. 지방재원의 확충은 지방자치의 성패를 가름하는 관건이 되고 있다(정세욱, 2003: 7-8).

다. 지방자치의 필요성

지방자치의 필요성은 정치적 필요성과 기술적 필요성으로 나누어 볼 수 있다. 정치적 필요성은 지방자치가 민주주의와 밀접한 관계가 있다는 견해를 전제로 하는 것이며, 기술적 필요성은 행정의 능률성이라는 관점에서 비롯된 것이다(안용식 외, 2006: 28-29; 이규환, 2002: 85-88; 임용주, 2002: 105-110).

(1) 정치적 필요성
① 민주주의 방어기능

지방자치는 전제정치에 대한 방파제로서 기능한다. 권력의 분산이 그 핵심이다.

② 민주주의의 훈련기능

지방자치는 민주주의의 훈련장이 된다. 공공의 문제에 관한 적극적인 참여와 협조, 그리고 지방선거에 의하여 지방의원으로서 지방정치에 등장하여 경험과 훈련을 쌓아 장차 중앙의 정치무대로 진출하는 기반이 그 핵심이다.

③ 정국혼란의 방지

지방자치는 중앙정국의 불안이나 혼란이 지방에까지 파급되는 것을 최소화하는 기능을 한다. 즉, 정권 교체에 따른 혼란을 방지하고 행정의 계속성·안정성·일관성·독자성을 확보할 수 있다.

④ 행정의 민주성 확보

지방자치는 민주주의의 이념을 실현하는 데 필수불가결의 요소이다. 지방자치는 주민참여를 통하여 자주적으로 결정함을 그 내용으로 하기 때문에 주민 의사의 우월적 가치, 자기 책임성, 자기 결정성이 그 핵심이다.

(2) 행정 기술적 필요성

① 지역 실정에 맞는 행정

지방자치는 그 지방의 특성을 살려 지역 실정에 맞는 행정을 실시할 수 있게 한다. 각 지역은 지역적 위치, 사회적·경제적 여건, 문화적 배경 등에 따른 각기 특수한 지역 실정에 적합한 행정을 확보할 수 있다.

② 정책의 지역적 실험

정책의 지역적 실험이 가능함으로 정책을 전국적 규모로 실시하는 데서 발생할지도 모르는 시행착오를 최소화할 수 있다.

③ 지역 안에 통합행정

지방자치는 일정한 지역 단위에서 중앙정부로부터 상대적으로 독립된 지위에서 이루어지기 때문에 일정한 지역에서 이루어지는 모든 행정을 종합화할 수 있다.

④ 분업을 통한 능률 행정

중앙과 지방의 기능적 분업으로 합리적인 행정능률의 향상을 기할 수 있다. 즉, 중앙정부는 정책의 수립에, 지방정부는 수립된 정책의 집행에 각

각 전념함으로써 합리적인 분업체계를 확보할 수 있다.

3. 지방자치의 계보

일반적으로 자치제도는 근대국가의 정치적 통일과정에서 사회문화적 환경의 차이에 따라 크게 2개의 대립적인 계보로 발전해왔다. 하나는 영국·미국을 중심으로 발전한 직접민주주의 정신을 강조하는 주민자치이고, 다른 하나는 대륙계의 프랑스·독일을 중심으로 발전한 간접민주주의 정신을 강조하는 단체자치이다(안용식 외, 2006: 39-43).

가. 주민자치와 단체자치의 개념

주민자치란 주민의 일상생활에 밀착된 지방행정을 국가가 정부 기관에 의하지 않고 그 지역 주민이 스스로 또는 그 대표자를 통하여 자기들의 의사와 책임하에 행하는 것을 말한다. 즉, 주민자치는 주민 한 사람 한 사람에게 자치의 능력이 있고, 그 능력을 토대로 지방자치가 전개되며, 그 지방자치가 기초적 조건이 되어 한 나라의 민주화가 달성되는 것으로 파악하는 것을 말한다.

단체자치란 국가로부터 독립한 별개의 법인격을 가지는 지방자치단체가 그 자신의 목적과 의사를 가지고 그 의사를 결정하는 것도, 결정한 의사대로 실행해 나가는 것도 모두 독립의 기관에 의해서 행하는 것을 말한다. 즉, 지방자치단체가 자기의 독자적 재원에 의해서 국가로부터의 통제·감독을 되도록 배제하며 행정을 해 나가는 방식이다.

나. 주민자치와 단체자치의 비교

(1) 이념적 비교

① 자치권의 근거 학설

주민자치는 자치권을 국가 이전의 권리, 즉 천부적 권리로 인정하는 고유권설을 주장하는 데 비하여, 단체자치에서는 자치권을 국가에 의하여 인정되는 실정법상의 권리로 파악하는 전래설 또는 수탁설의 견해를 취하고 있다. 따라서 주민자치에서 보는 자치권의 범위는 단체자치에서 이해하는 자치권의 범위보다 광범위하다.

② 자치의 의미

주민자치는 지역 주민들이 중앙 및 지방의 모든 행정사무를 주민 자신이 처리하고 지방정치에 참여한다는 정치적 의미의 자치행정인 데 비하여, 단체자치는 국가로부터 독립된 법인격을 가진 자치단체의 행정이라는 이른바 법률적 의미의 자치행정이다.

③ 중시하는 관계

주민자치는 자치단체와 주민과의 관계를 중시하는 데 비하여, 단체자치는 지방자치단체와 중앙정부와의 관계를 중시한다.

④ 추구하는 이념

주민자치는 주민들이 자기 사무를 스스로 또는 그 대표를 선출하여 처리하게 하는 행위의 자기 결정성·자기 책임성에 입각한 민주주의 이념을 실현하려는 것인 데 비하여, 단체자치는 자치단체가 그 자신의 의사와 목

적을 가지고 국가의 간섭을 배제하며 행정을 수행한다는 지방분권의 이념
을 중시한다.

⑤ **자치권을 인정하는 주체**

주민자치는 주민이 자치권을 인정하는 데 비하여, 단체자치는 중앙정부
가 자치권을 인정한다.

(2) 제도적 비교

① **지방정부 형태**

주민자치는 지방의회가 의결기관인 동시에 집행기관인 기관통합형을
채택한다는 점에서 주민이 선출한 대표에게 권한을 집중시키는 의결기관
우월주의를 바탕으로 하는 데 비하여, 단체자치는 의결기관과 집행기관이
분리된 기관대립형을 채택한다는 점에서 집행기관이 의결기관보다 우월
한 지위를 갖는다.

② **자치사무 구분**

주민자치는 국가적 사무나 지방적 사무가 모두 주민 자신에 의하여 자치
적으로 처리되는 것으로 보기 때문에 양자를 구별하지 아니하는 데 비하
여, 단체자치는 국가적 사무와 자치적 사무를 엄격히 구별하여 지방적 사
무에 대해서는 국가의 간섭을 배제하지만, 국가적 위임사무를 처리할 때에
는 국가의 하급행정기관의 지위에 놓이는 까닭에 이중적 성격을 지닌다.

③ 권한배분 방식

주민자치는 그때그때 필요할 때마다 법률을 제정하여 각 지방정부의 행정사무의 종류를 지정하여 개별적으로 지방정부에 권한을 부여하는 개별적 지정주의를 채택하고 있는 데 비하여, 단체자치는 법률의 규정에 의하여 중앙정부에 유보된 사항과 법률로 금지된 사항을 제외하고 지역 주민의 일반적 이익을 조장하기 위하여 지방정부에 포괄적 권한을 부여하는 포괄적 위임주의를 채택하고 있다.

④ 중앙통제 방식

주민자치는 주로 입법통제와 사법통제에 중점을 두는 데 비하여, 단체자치는 주로 행정통제에 중점을 둔다.

⑤ 중앙정부와 지방정부와의 관계

주민자치는 중앙정부와 지방정부가 서로 기능적 협력 관계를 유지하는 데 비하여, 단체자치는 중앙정부가 국가 권력으로 자치단체를 지위·감독·통제하는 권력적 감독 관계를 맺는다.

⑥ 지방세제도

주민자치는 국세와 지방세의 세원을 명확히 구분하여 자치단체는 독립세로서의 지방세를 독자적으로 부과·징수한다는 점에서 조세의 종목이 단순한 데 비하여, 단체자치는 중앙정부가 조세를 부과·징수하여 그 수입 중의 일정한 비율을 자치단체의 재원으로 하는 부가세주의를 채택한다는 점에서 지방세 수입의 종류가 복잡하다.

다. 주민자치와 단체자치의 조화

주민자치와 단체자치는 각각 다른 측면을 지니고 있으면서도 상호 밀접한 관련이 있어 상호 보완적 관계에서 수용하는 것이 중요하다. 주민자치는 지방자치의 주인공인 주민이 주체로 되어서 행하는 자치이고, 단체자치는 지방자치의 무대인 지방자치단체가 국가로부터 독립해서 행하는 자치이므로 양자가 결합하지 않으면 지방자치는 실현될 수 없다. 즉, 주민자치라고 하더라도 개개의 주민이 행정을 하는 것이 아니고 하나의 지방자치단체를 구성하고 그 단체의 활동으로서 하는 것이므로 당연히 단체자치의 형식을 취한다. 또 단체자치가 인정되어 있더라도 그 단체의 행정이 주민의 참여하에 행하여지지 않으면 무의미하다. 따라서 단체자치라는 수단을 통하여 지방자치의 본질적 요소인 주민자치를 실현하는 것이 바로 근대적 의미의 참된 지방자치라고 할 수 있다.[5]

4. 지방자치권

가. 지방자치권의 개념

지방자치권이란 지방자치단체가 스스로를 다스리는 권한의 범위를 말한다. 한 나라의 행정사무는 국가와 지방자치단체가 분담하여 처리하고 있다. 국가의 존립 및 유지에 관한 사무나 전국적 이해관계에 관한 사무는 국가가 직접 자신의 기관(중앙정부)으로 처리하고, 지방주민의 복리에 관한

---

5 우리나라 지방자치의 경우, 주민투표제(지방자치법 제18조, 지방분권법 제15조), 조례 제·개폐 청구권(지방자치법 제19조), 주민감사청구권(지방자치법 제21조), 주민소송제(지방자치법 제22조, 지방분권법 제15조), 주민소환제(지방자치법 제25조, 지방분권법 제15조) 등이 대표적인 주민자치의 예이다.

사무나 지역적 이해관계에 관한 사무는 지방자치단체의 기관(지방정부)이 처리하게 되는 것이다. 이렇게 국가와는 별개의 법인격이 부여되고 그 독자적 사무가 인정되는 지방자치단체가 그 사무를 처리하고 존립하기 위해 가지는 권한을 자치권이라 한다.

이상과 같은 자치 권한의 범위 및 행사의 정도는 국가 간 또는 시대적으로도 차이가 있다. 이러한 차이점이 발생하는 근거는 무엇인가를 설명하기 위하여 자치권에 관한 고유권설, 전래권설, 제도적 보장설 등으로 나누어 볼 수 있다(최봉기, 2006: 217-223; 임승빈, 2006: 6-9; 김종표, 1992: 74-77).

나. 지방자치권의 학설
(1) 고유권설
고유권설은 중세 유럽 도시형성의 영향을 받아 대두되었다. 즉, 지방자치권은 국가와 관계없이 인간이 태어나면서부터 천부 인권을 갖는 것과 마찬가지로 지방자치단체는 고유한 권리를 갖는다는 자연법사상과 역사적으로 국가가 형성되기 전부터 지방이 먼저 존재하였다는 유럽의 역사적 경험에서 기인하는 것으로 본다.

근대적 의미에서의 국민국가가 성립되기 전에 지방이 있었고, 지방이 필요하여 국가를 성립시켰기 때문에 국가로부터 자치단체가 권리를 부여받은 것이 아니고 국가가 지방으로부터 권리를 인수하였다는 것이다. 즉, 지방에는 고유한 지방자치권이 원래 있다는 것이다.

이러한 지방권 사상은 19세기에서 20세기에 걸쳐 일반적 현상이었던 자연법론의 쇠퇴와 더불어 중앙정부의 절대주의 국가가 대의제 민주정치로 대체됨에 따라 지방권 사상에 기초를 둔 고유권설도 점차 퇴조하게 되었다.

(2) 전래권설

수탁설, 위탁설이라고도 하는 전래권설은 고유권설을 비판하는 데서 출발한다. 고유권설이 지방자치단체는 스스로의 고유한 정치적 지배권을 행사하는 것이라는 설에 대하여, 전래권설은 지방자치단체가 행사하는 정치적 지배권은 고유권한에 의한 것이 아니라 국가가 법률로써 위탁한 것이라고 주장한다.

지방단체는 기원이 비록 국가성립 이전에 시작되었다고 하더라도 근대의 단일 주권국가가 성립하여 지방단체의 존재를 인정한다는 것은 마치 분국(分國)의 상태를 초래하는 결과가 되고, 이 경우 국가 주권의 존재근거가 없게 되는 것이다.

따라서 전래권설은 지방단체의 존립이 국가로부터 전래된 것이라고 보아 지방단체의 이익을 위하여 고유의 사무가 설정되었다고 하더라도 그것은 어디까지나 국가의 법률에 의해 수탁된 결과일 뿐 사무의 집행은 국가의 강력한 감독을 받게 되는 것이며, 이러한 면에서 전래권설은 지방자치의 이념적 또는 역사적 실태가 어떤 것이든 자치권의 법적 기초를 국가가마련했다는 입법 사실을 강조하고 있다.

그러나 지방정부는 국가가 대두하기 이전부터 존재해 온 역사적 실체로서의 의미도 있는 데다, 국가 전체의 이익 면에서 보더라도 권력의 국가 독점은 바람직하지 않다는 비판이 제기되고 있다.

(3) 제도적 보장설

제도적 보장설은 국가에 의해서 법적으로 승인된 지방단체의 존재를 인정한다는 점에서 전래권설과 입장을 같이하나, 법적으로 승인된 지방자치제도를 헌법으로 '보장'한다는 점이 전래권설과 다르다. 즉, 자치권은 국가의 통치권에서 유래된 것이나 헌법에 지방자치의 규정이 있기 때문에 지방자치제도가 보장된다고 주장한다. 그래서 지방자치권은 전래권이지만 일정한 독자성을 갖는다는 견해다. 이러한 견해는 고유권설과 전래권설의 극단적인 대립보다는 현실적이고 규범적인 관점에서 자치권을 인식하고 있다. 오늘날 이 학설이 지지를 받고 있다.[6]

다. 지방자치권의 내용

(1) 자치입법권

지방자치단체는 자치권의 한 작용으로서 소관 사무에 대하여 일정한 규정을 정립할 수 있는 기능이 부여되어 있다. 이러한 기능을 국가의 입법권에 대하여 자치입법권이라 하며, 「헌법」 제117조 제1항 및 「지방자치법」 제28조(조례)·제29조(규칙)에서 규정하고 있다.

지방자치단체의 자치입법에는 법령의 범위 안에서 그의 사무에 관하여

---

6 우리나라 헌법에서도 제8장(제117조, 제118조)을 지방자치의 장으로 제도적으로 지방자치를 보장하고 있다.

지방의회의 의결을 얻어 제정하는 「조례」와 지방자치단체의 장이 법령 또는 조례가 위임하는 범위 안에서 그 권한에 속하는 사무에 관하여 제정하는 「규칙」의 2가지가 있다.

「헌법」은 자치입법의 형식을 명시하지 않고 다만, 「자치에 관한 규정을 제정할 수 있다」(제117조 제1항)라고만 규정하고 있다. 이에 따라서 「지방자치법」 제28조는 지방자치단체의 조례제정권을, 동법 제29조는 지방자치단체의 장의 규칙제정권을 각각 인정하고 있고, 「지방교육자치에 관한 법률」 제25조는 교육감의 교육 규칙제정권을 또한 인정하고 있다. 이러한 조례와 규칙을 자치법규라 한다.

〈입법의 종류〉

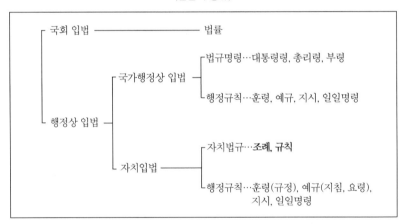

한편, 광의의 자치입법은 조례·규칙 외에 훈령·예규·지시·일일명령 등 행정규칙에 속하는 것도 포함하고 있다. 훈령·예규 등이 준법규성을 띠는 경우가 많아 자치법규에 준하는 것으로 생각할 수 있으나 자치단

체의 집행기관 내부의 행정규칙이므로 「지방자치법」 제28조 및 제29조에서는 조례와 규칙만을 자치법규의 형식으로 규정하고 있다.

(2) 자치행정권

자치행정권이란 자치단체가 주민들을 위해 필요한 일들을 자주적으로 처리할 수 있는 권리와 능력을 뜻한다.

이러한 자치행정권은 헌법 제117조 제1항에서 「지방자치단체는 주민의 복리에 관한 사무를 처리하고 재산을 관리하며…」라고 규정하고 있으며, 이를 근거로 지방자치법 제13조 제1항에는 「지방자치단체는 그 관할구역의 자치사무와 법령에 의하여 지방자치단체에 속하는 사무를 처리한다」라고 규정하는 동시에 동조 제2항에 이들 사무를 다시 구체적으로 예시하고 있다.

(3) 자치조직권

자치조직권이란 지방자치단체가 그 자치권에 근거해서 스스로의 조직, 즉 기관의 설치·운영 등을 정하거나 또한 그 기관을 구성하는 공무원을 임면하는 등의 권능을 말한다. 지방자치단체의 대강은 지방자치법 기타 법률로 정해져 있지만, 구체적인 사항에 관해서는 조례, 규칙에 의해 지방자치단체의 실정에 알맞게 정해지는 것이 많고 대폭적인 자치조직권이 인정되어 있다.

자치조직권의 주요한 예로는 ① 지방자치단체의 행정구역에 관한 사항 중 자치구가 아닌 구와 읍·면·동의 명칭과 구역의 변경(지방자치법 제7조

①), 법정(法定) 리(理)의 명칭과 구역의 변경(지방자치법 제7조 ②) 등, ② 지방의회에 관한 사항 중 위원회의 설치(지방자치법 제64조 ①), 지방의회에 두는 사무직원의 정수(지방자치법 제103조 ①) 등, ③ 집행기관의 행정조직 중에서 직속 기관·사업소·출장소의 설치(지방자치법 제126조~제128조) 자문기관의 설치(지방자치법 제130조), 시·도 및 시·군·구의 행정기구 및 지방자치단체의 지방공무원의 정원(지방자치법 제125조 ②) 등이 있다.

(4) 자치재정권

자치재정권이란 지방자치단체가 자치사무를 처리하는 데 필요한 경비를 충당하기 위하여 자주적으로 재원을 조달·관리하는 권능을 뜻한다. 지방자치단체가 독립된 행정주체로서의 자주성을 보장하기 위한 필수적인 자치권의 하나다.

자치재정권은 성질상 양면성을 갖는 바, 하나는 지방자치단체가 재원을 조달하기 위하여 자치권에 입각, 주민에게 명령하고 강제하는 권력적 작용이고(지방세, 분담금, 사용료, 수수료 등의 부과·징수 등), 다른 하나는 지방자치단체가 그의 재원을 관리하고 예산과 회계를 편성·집행하는 관리적 작용(예산편성, 기채, 재산관리, 회계업무 등)이다.

자치재정권에 관해서는「지방자치법」이외에「지방재정법」,「지방세법」,「지방교부세법」,「지방공기업법」등이 있고, 이에 근거하여 지방자치단체가 각각 구체적인 규정을 두고 권한을 행사한다.

참고문헌

김종표(1992). 『신지방행정론』. 서울: 법문사.
안용식 외(2006). 『지방행정론』. 서울: 대영문화사.
이규환(2002). 『한국지방행정론』. 서울: 법문사.
임승빈(2006). 『지방자치론』. 서울: 법문사.
임용주(2002). 『지방자치론』. 서울: 형설출판사.
정세욱(2003). 『지방자치학』. 서울: 법문사.
정일섭(2006). 『한국지방자치론』. 서울: 대영문화사.
조창현(2005). 『지방자치론』. 서울: 박영사.
최봉기(2006). 『지방자치론』. 서울: 법문사.
국가법령정보센터. 지방자치법, 지방분권법 및 관련 법

제3장 지방행정이란 무엇인가?

1. 머리말

우리가 행정이라고 하면 국가행정과 지방행정으로 생각해 볼 수 있다. 국가행정이 전국을 단위로 통일적 · 일원적으로 실시하는 것이라면, 지방행정은 국가 내에서도 여러 하위 수준의 정부가 특정한 지역인 지방을 단위로 개별적 · 다원적으로 실시하는 행정임을 특징으로 한다. 따라서 국가행정은 전 국민을 대상으로 공공복지를 증진하기 위해 전 국토의 종합적 · 균형적 개발에 중점을 두는 데 비하여, 지방행정은 국가 내의 일정한 지역인 지방이라고 하는 특정 지역의 개발에 중점을 둔다.

이것은 국가 차원과 지방 차원으로 나눌 수 있는 범위의 문제일 뿐 행정의 본래 의미는 같다고 할 수 있다. 즉, 행정이란 공동목표를 설정하고 설정된 공동목표를 달성하기 위한 합리적 협동행위를 의미한다.

따라서 지방행정이란 나라에 따라, 논자에 따라 또는 경우에 따라 매우 다의적으로 쓰이고 있으나 지방자치를 정치 행정의 기본제도의 일환으로 채택하고 있는 나라에서는 '지방자치단체에 의한 행정'을 의미하고 있다.

이러한 의미를 바탕으로 지방행정의 본질을 살펴본다.

2. 지방행정의 의의

가. 지방행정의 개념

지방행정은 지역사회의 복지를 증진하기 위하여 행하는 일체의 행정작용이라 할 수 있다. 이 범주 내에는 ① 지방자치단체가 국가로부터 독립된 법인격을 부여받아 독자적으로 수행하는 자치행정, ② 지방자치단체가 국가로부터 위임받아 수행하는 위임행정,[1] ③ 국가의 특별지방행정기관[2]이 수행하는 국가 사무, ④ 공동사무에 관한 권한을 위임받은 공공단체와 지방주민이 협동적으로 수행하는 협동 행정 등이 포함되고 있다.

따라서 지방행정은 실시하는 국가의 역사적 배경이나 특수성에 따라 지방행정의 개념을 다음과 같은 세 가지로 요약할 수 있다(이규환, 2002: 39-40;

---

1   공공단체, 기관 또는 개인이 국가 또는 공공단체의 위임에 의해 수행하는 위임행정에는 다음과 같은 세 종류가 있다. ① 단체위임사무: 광역 및 기초자치단체에 대한 위임사무로 예방접종, 시·군에 의한 국세 징수, 재해구호, 국도유지관리, 보건소운영, 농촌지도, 생활보호 사무 등이 여기에 속한다. ② 기관위임사무: 지방자치단체의 기관에 대해 위임하는 사무로 호적 사무, 주민등록, 병무사무, 대통령·국회의원의 선거사무, 국민투표, 경찰 사무, 소방사무, 지적, 총포수리업 허가, 산업통계, 공유수면매립면허, 개별지가조사, 천연기념물관리 등이 여기에 속한다. ③ 사인(私人)에 대한 위임사무: 사법인(私法人) 또는 개인에 대해 위임하는 사무로 국고금 취급, 금고 사무의 취급, 소득세·입장세 등의 조세 징수 사무가 여기에 속한다.

2   특별지방행정기관은 국가의 특정한 중앙행정기관에 소속되어 당해 관할구역 내에서 시행되는 소속 중앙행정기관의 권한에 속하는 행정사무를 관장하는 지방행정기관을 말한다. 국가는 특별지방행정기관에 대한 지휘·감독 권한을 가지며, 중앙에서 확정된 국가 사무의 집행권만 갖는다는 특징이 있다(정부조직법 제3조).

정세욱, 2003: 51-52).

첫째, 지방행정을 넓은 의미로 파악하여, 지방자치단체가 처리하는 자치행정과 위임행정뿐만 아니라 중앙정부가 지방에 설치한 특별지방행정기관이 담당하는 관치행정까지도 지방행정의 범주에 포함된다는 견해다. 그예로는 아프리카·중남미대륙과 중동의 일부 국가를 들 수 있다.

둘째, 지방행정을 좁은 의미로 파악하여, 지방자치단체가 처리하는 자치행정과 위임행정만이 지방행정에 포함된다는 견해다. 그 예로는 프랑스, 이탈리아, 우리나라를 들 수 있다.

특별지방 행정기관 현황		
기관 유형	부처	기관명
노동행정기관	고용노동부	지방노동청, 지청, 출장소
세무행정기관	국세청	지방국세청, 세무서, 지서
	관세청	세관, 세관 비즈니스센터
공안행정기관	법무부	지방교정청, 교도소, 구치소, 지소, 소년원, 소년분류심사원, 보호관찰소, 지소, 출입국관리사무소, 출장소, 외국인보호소
	검찰청	고등검찰청, 지방검찰청, 지방검찰청지청
	경찰청	지방경찰청, 경찰서, 지구대, 파출소
	해양경찰청	지방해양경찰청, 해양경찰서, 항만교통관제센터, 연안교통관제센터, 해양파출소
	국토교통부	철도특별사법경찰대·센터, 지방철도특별사법경찰대·센터
현업행정기관	과학기술정보통신부	지방우정청, 우체국, 우편집중국, 국제우편 물류센터
기타행정기관	공정거래위원회	지방공정거래사무소
	국가보훈처	지방보훈청, 지방보훈지청
	조달청	지방조달청
	통계청	지방통계청, 지방통계지청, 사무소
	병무청	지방병무청, 지방병무지청
	기상청	지방기상청, 기상지청, 기상대, 항공기상청, 공항기상대, 공항기상실
	산림청	지방산림관리청, 국유림관리소
	산업통상자원부	광산보안사무소
	중소벤처기업부	지방중소벤처기업청, 사무소
	특허청	서울사무소
	보건복지부	국립검역소, 국립검역소지소
	식품의약품안전처	지방식품의약품안전청, 수입식품검사소, 시험분석센터
	환경부	지방(유역)환경청, 수도권대기환경청, 환경출장소, 홍수통제소
	국토교통부	지방국토관리청, 국토관리사무소, 출장소, 지방항공청, 공항출장소, 항공관리사무소, 비행점검센터
	해양수산부	지방해양수산청, 해양수산사무소, 항로표지사무소, 건설사무소, 해양수산출장소

셋째, 지방행정을 가장 좁은 의미로 파악하여, 지방자치단체가 처리하는 행정 중에서 자치행정만을 의미하게 되며, 결국 지방행정은 지방자치와 같은 의미의 용어로 사용되게 된다. 그 예로는 영국, 미국, 스위스, 호주와 같이 지방자치가 일찍이 발달한 국가에서 볼 수 있다.

〈지방행정의 개념도〉

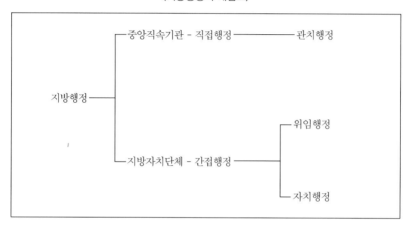

나. 지방행정의 특징

오늘날 정보통신기술의 발달로 시간과 공간 개념이 파괴되면서 도시화의 확대, 국민 생활양식의 변화, 중앙정부로부터 지방정부로의 권한 이양으로 새로운 지방행정 수요의 증대와 행정 범위의 확대 등은 종래 지방행정의 변질을 불가피하게 하는 것이다.

따라서 지방행정의 특성은 지역의 규모와 성격, 자치권의 범위, 행정 역할의 범위 등에 따라 다양하게 나타날 수 있으나, 여기서는 지방행정의 특성을 지역성, 종합성, 현실성(일상성), 자치성 등으로 살펴보고자 한다.

(1) 지역성

선진제국의 지방자치단체를 보면, 단순한 주민들의 지역적 단체라기보다는 대대로 살아온 향토적 토착민들의 인보(隣保)적 단체로서의 성격을 띠어 왔다. 따라서 지방행정 구역은 주민의 경제적 · 사회적 생활권과 일치하는 것이며, 역사적 · 문화적 · 향토애로 얽힌 공동체 의식이 형성될 수 있는 지역적 범위로서의 소구역이었다.

이러한 각 지역은 그 자연적 · 사회적 특성과 조건이 각각 다를 수밖에 없었고, 그로 인한 행정수요도 또한 상이할 수밖에 없었다. 그리하여 지방행정 구역에는 광협(廣狹)의 차이가 있고 내륙지역과 해안지역, 도시지역과 농촌지역, 상업지역과 공업지역 · 관광지역 등의 특성이 있다.

도시에서도 규모 면에서 대도시 · 중소도시가 있고, 기능적인 면에서 공업도시 · 상업도시 · 전원도시 · 항만도시 · 교육도시 · 관광도시 등이 있어 그 특성이 각각 다르다.

이처럼 지방행정의 대상이 지역별로 다양하기 때문에 다양한 행정수요를 충족시키기 위해 지방행정은 개별적일 수밖에 없다. 지방행정은 주민의 복지를 지역별로 증진하는 데 그 특징이 있다(정세욱, 2003: 52-53).

(2) 종합성

지방에서의 국가행정 사무를 처리하기 위하여 중앙정부가 지역별로 설치하는 특별지방행정기관(예: 국세 · 관세 · 조달 · 국토건설 · 검역 · 원호 · 병사 · 철도 · 체신 등)은 그 기능이 특정적 · 부분적인 데 비하여 지방자치단체의 기능은 포괄적 · 종합적이다.

중앙 각 부처의 기능별 · 개별적 시책은 일정한 지역을 단위로 지방자치단체에 집결 · 용해되어 거기에서 다시 종합적으로 산출되고 있다. 따라서 지방행정은 어디까지나 단일 행정주체에 의하여 수행되는 종합행정이지 결코 각 부처행정을 산술적으로 합산한 혼합행정이 아닌 점을 특징으로 한다(김종표, 1992: 28-30).

(3) 현실성(일상성)

지방행정은 주로 주민들의 일상생활에 직결되는 사무와 지방주민들의 복지증진에 관한 사무를 처리하는 생활 행정이라는 데 그 특성이 있다.

지방행정은 주민이 살아가는 데 보편적으로 제기되는 행정수요를 충족시키는 것을 본 업무로 한다. 즉, 주택 · 보건 및 위생 · 상하수도 · 청소 · 시장 · 미곡과 연료 · 도로교통 · 교육문화 · 소방 · 생활 보호 · 사회복지 등 주민들의 일상생활에 직결된 행정수요에 대처하는 것이 지방행정의 주 임무이다.

이에 비하여 국가행정은 국가의 존립 · 유지에 필요한 행정, 전국적으로 통일적 기준의 설정이 획일성을 요하는 행정, 국민 전체의 일반적인 이해관계에 관련되는 행정 또는 광역행정 등의 사무가 주된 내용이다.

이처럼 지방행정이 생활 행정으로서 제 기능을 발휘하기 위해서는 현실에 바탕을 둔 대민행정 · 실천행정 · 봉사 행정이 되어야 할 것이다. 이는 지방행정은 국가행정에 비해서 현실성을 갖고 있기 때문이다. 중요한 정책이나 계획은 중앙정부가 설정하고, 지방자치단체는 이에 대한 구체적인 계획의 집행을 담당하여 현실의 지역 문제를 직접 해결하는 것이 지방행정의 본질이자 사명이라 할 수 있는 것이다(정세욱, 2003: 54; 이규환, 2002:42-43).

(4) 자치성

자주적이고 자율적인 지방행정은 주민과 직접 접촉하여 그들과의 대화를 통하여 지방의 발전을 실제로 구현해 나가는 일선 행정이다. 따라서 지방행정은 중앙행정에서와같이 기안에서 기안으로 끝나는 문서 행정이 아니라, 실제로 뛰어다니면서 현실적인 결과를 직접 구현하는 행정이다.

물론 자치행정의 유형에 따라 그 의미는 각각 달라지지만, 지방주민이 그들의 일상생활에 관한 사무를 중앙정부에 의존하지 않고 스스로 또는 대표자를 통하여 그들의 책임하에 처리하는 것(주민자치)으로 인식할 때에는 말할 것도 없거니와, 법률상 법인격을 가진 지방자치단체가 그 자체의 목적과 의사를 가지고 자치사무와 위임사무를 독자적으로 결정 · 집행하는 것(단체자치)으로 파악하더라도 지방행정이 자치행정이란 특질에는 다를 바 없다(정세욱, 2003: 55).

3. 지방행정의 종류

각국의 지방행정을 개관해보면, 그 수행 양태에 따라 이를 관치적 지방행정과 자치적 지방행정으로 분류할 수 있다. 이러한 지방행정의 형태는 어느 국가에서나 동일하게 2대별하여 나타나는 것이 아니라 그 국가의 민주적 전통이나 정치 · 경제적 상황의 정도에 따라 다양하게 나타날 수 있다. 따라서 자치적 지방행정은 그 자치의 정도에 따라 다시 반자치적 지방행정과 완전자치적 지방행정으로 나눌 수 있다(김종표, 1992: 32-34: 송낙선, 1998: 310-311).

〈지방행정의 유형별 구분〉

가. 관치적 지방행정

일반적으로 중앙집권 국가에서는 지방행정에 관치의 방식이 취해지고 있다. 후진국형이라고도 말할 수 있는 이들 관치적 지방행정의 국가에서는 모든 권력이 중앙에 집중되어 있으므로 유능한 지도자가 나타나면 효율적으로 통치할 수 있는 면도 있으나 민주주의와는 거리가 멀다.

나. 자치적 지방행정

자치적 지방행정은 지방분권적 지방행정 또는 민주주의적 지방행정이라고 말할 수 있다. 따라서 선진민주주의 국가에서는 예외 없이 이 유형의 지방행정 제도를 채택하고 있으나 자치 범위의 광협에 따라서 다시 이를 반자치적 지방행정과 완전자치적 지방행정으로 분류할 수 있다.

(1) 반자치적 지방행정

① 자치권을 가지는 지방자치단체를 통해서 지방행정이 운영되고 있으나 자치의 범위가 협소하고 지방자치 단체가 담당하고 있는 사무의 많은 부분이 국가 사무로 되어 있다. ② 지방자치단체 안에 중앙정부의 관료도 배치되어 있다. ③ 지방자치 단체에 대한 중앙정부의 통제·감독이 엄격하다. ④ 지방행정 조직이 피라미드형의 획일적·정형적·고정적인 구성으로 되어 있는 점 등을 들 수 있다. 이러한 지방행정의 유형에 속하는 나라들은 프랑스, 이탈리아, 네덜란드, 벨기에, 스페인, 구라파 대륙제국과 우리나라 등이다.

(2) 완전자치적 지방행정

① 지방자치단체의 자치권이 광범위하고 지방에서의 행정사무 대부분이 지방자치단체의 책임하에 있다. ② 지방자치단체 안에 중앙정부의 관료 또는 국가공무원이 없다. ③ 지방행정에 지방주민의 폭넓은 참여를 인정하고 있다. ④ 지방 제도가 다양성·탄력성·개별성을 띠고 있는 점 등을 들 수 있다. 영국을 위시하여 미국, 스위스, 캐나다, 호주 등의 지방행정이 이에 해당한다.

4. 지방행정의 이념

가. 지방행정이념의 의의

지방행정이념은 지방행정 수행에 있어 지도 원리나 지침을 말한다. 지방행정의 이념은 지방행정이 어떠한 방향으로 나아가야 하는가를 가르쳐 주는 나침반과 같은 역할을 한다.

이러한 지방행정의 이념은 특정한 국가의 정치철학 내지 지방행정 철학의 문제이므로 그것은 국가에 따라 각각 다른 것이 특징이다. 여기서는 일반적으로 제시되고 있는 민주성·효과성·능률성·합법성을 중심으로 살펴보기로 한다(임용주, 2002: 73-80; 이규환, 2002: 48-57; 정세욱, 2003: 55-68).

나. 지방행정이념의 내용
(1) 지방행정의 민주성

행정에 있어서 민주성이란 행정과정의 민주화를 통하여 주민들의 의사가 우선하고 주민 의사를 존중·반영시킴으로써 공공복지증진을 위한 행정, 시민에게 책임을 지는 행정을 의미한다.

따라서 지방행정에 있어서 민주성이란 대외적으로 주민과의 관계에 있어서뿐만 아니라 대내적으로 행정조직 내에서도 확립되어야 한다.

1) 대외적 측면

① 지방자치가 정착되어야 한다. 주민의 복지증진이라는 외부의 민주화

를 위해서 지방행정은 주민의, 주민을 위한, 주민에 의한 행정일 것이 요구된다. 즉, 지방행정은 민주주의의 실천도장이자 훈련장의 기능과 역할을 다하기 위해서는 주민의 기본권이 최대로 보장되고, 주민 의사가 행정과정에 충분히 반영되며, 주민의 활동이 질서 속에 자유롭게 전개되는 지방자치가 정착되어야 한다.

② 지방행정에 대한 주민참여가 이루어져야 한다. 중요한 발전목표나 정책을 결정할 때에 공청회 등을 개최하여 주민의 참여를 확대함으로써 지방행정에 주민의 의사를 반영시킬 수 있어야 한다.

③ 지방행정은 공개되어야 한다. 지방행정의 중요한 결정 과정과 내용을 폭넓게 주민에게 공개하여 그들에게 비판의 기회를 주고, 누구에게나 동일한 조건에서 결정사항에 대비할 수 있도록 해야 지방행정의 민주성을 확보할 수가 있다. 정책 결정이 비밀리에 이루어지거나 특수층에게만 공개된다면 주민의 의사가 무시되고 기회가 균등하게 보장되지 못하여 지방행정의 민주성이 침해된다.

④ 행정구제제도가 확립되어야 한다. 지방자치단체의 행정행위가 위법 또는 부당하여 주민의 권리나 이익을 침해한 때에는 이를 구제할 수 있는 제도로서 이의신청·소청·심사청구·행정상담제도 등을 통하여 주민의 불이익이나 불만·민원을 구제·해소할 수 있는 행정구제제도가 실질적으로 확립되어야 한다. 따라서 오늘날 지방행정이 복잡화·다기화하여 종래의 행정구제제도만으로는 그 실효를 거둘 수 없으므로 옴부즈만

(Ombudsman) 제도[3]를 도입하고 있다.[4]

2) 대내적 측면

행정조직 내부에 있어서 민주성은 분권화, 공무원의 민주적 행정행태의 확립, 행정인의 능력발전 등을 통해서 유도할 수 있다.

① 지방분권이 실질적으로 이루어져야 한다. 지방분권의 가장 큰 장점은 무엇보다도 각 지역의 특성에 적응한 행징사무의 처리로서 풀뿌리 민

---

3 옴부즈만이란 행정감찰관을 말하며, 공무원의 위법·부당한 행위로 인하여 권리의 침해를 받는 시민이 제기하는 불만·민원을 조사하여 관계기관에 시정을 권고함으로써 시민의 권리를 구제하는 기관이다.

4 국민고충처리위원회가 「국민고충처리위원회의 설치 및 운영에 관한 법률」 제정·시행으로 명칭은 같지만, 성격은 달리하는 옴부즈만으로 새롭게 태어났다. 국민고충처리위원회는 이러한 법률 제정으로 국무총리 소속 비상임위원장 기관에서 대통령소속 장관급 기관으로 개편되면서 옴부즈만으로서 역할 수행을 위한 조사권을 강화하고, 민원 해결과 제도개선의 기능과 권한이 대폭 강화되었다. 그동안 우리나라에서는 1993년에 대통령 직속 기관인 행정쇄신위원회의 건의에 따라 대한민국 행정의 공정성, 투명성, 합리성을 제고하기 위하여 필요한 기본적인 사항들을 체계화시킨 「행정규제 및 민원사무 기본법」이 제정됨에 따라 한국의 옴부즈만 제도라 할 수 있는 국민고충처리위원회가 설치되었다. 그러나 당시 국민고충처리위원회는 기관으로서의 독립성을 충분히 확보하지 못하여, 행정과 국민의 경계에서 민원 해결과 이로부터 발굴된 불합리한 행정제도의 개선을 통해 국민의 목소리를 행정으로 연계시키는 종합적 역할을 하지 못하고 단순히 행정부의 민원을 처리하는 한계가 계속 지적되었다. 이에 따라 2003년 한국 옴부즈만 제도의 개편이 행정개혁과제로 선정되면서 본격적으로 제도 보완에 대한 논의가 시작되었고 그 결과로서 「옴부즈만의 설치 및 운영에 관한 법률(안)」 제정 및 하위법령 개정과 지방자치단체 시민 옴부즈만 제도 도입 등 법제화를 추진하였으나 국회심의과정에서 "옴부즈만"이라는 용어가 아직 국민에게 친숙하지 못한 점을 고려하여 잘 알려진 "고충처리위원회"라는 용어를 그대로 사용하기로 결정되었으며, 이에 따라 법률의 명칭을 「국민고충처리위원회의 설치 및 운영에 관한 법률(2005.10.30)」로 하고 국민고충처리위원회는 명칭을 그대로 사용하며, 지방자치단체 시민 옴부즈만은 시민고충처리위원회로 명칭을 변경하기로 하였다. 2008년 2월 29일 「부패 방지 및 국민권익위원회의 설치와 운영에 관한 법률」을 제정하여 국민고충처리위원회는 국가청렴위원회, 국무총리 행정심판위원회와 합쳐져 국민권익위원회가 되었다.

주주의, 즉 민의에 의한 정치를 구현할 수 있다는 점이다. 지방분권은 지방행정에 관한 의사결정 권한을 국가의 중앙정부로부터 지방으로 분배하여 행사하게 하는 제도로서 지방자치단체에 더욱 폭넓은 자치권, 즉 자치입법권·자치조직권·자치행정권·자치재정권을 부여하는 것이기 때문에 행정의 민주화에 크게 기여할 수 있다.

② 민주적 행정행태가 확립되어야 한다. 지방공무원은 민주적 행정행태의 확립과 민주적 공복으로서의 고도의 행정윤리를 요구한다. 행정조직이 일반이익의 실현보다 그 조직구성원의 권익에만 관심을 가지거나 행정의 구체적 담당자인 지방공무원의 공복의식이 희박하면 지방행정의 민주화는 한낱 허구에 불과할 것이기 때문이다.

③ 공무원의 적극적인 능력발전이 필요하다. 공무원의 능력발전이란 공무원의 직무능력을 유지·향상시키고 발전적 가치관이나 태도를 확립시키는 것을 의미한다. 종래 공무원은 임용 당시의 자격과 능력만을 중요시하여 왔으나 오늘날 공무원은 임용 시의 능력을 유지함은 물론 새로운 변동이나 수요에 대한 대응능력을 발전시켜 나가는 능력발전을 더욱 중요시하기에 이르렀다.

따라서 21세기 급변하는 행정환경에서 공무원이 국민에게 제대로 된 서비스를 제공하고 관련 업무에서 성과를 내기 위해서는, 우수 인재의 유치뿐 아니라 이들이 계속 공직에 근무하면서 자기 능력을 계발할 수 있는 체계적인 능력발전 프로그램이 필요하다. 이에 따라 지방정부는 공무원을 쓰면 없어지는 '비용'이 아닌 투자 성격의 '자본'으로 보아, 적극적인 능력발전의 기회를 제공할 필요가 있다.

(2) 지방행정의 효과성

효과성은 행정이 추구하는 목표의 달성도를 말한다. 능률성은 목표달성 과정상 경제성을 의미하는 행정 내부적인 개념인 데 반해 효과성은 행정이 추구하는 궁극적인 발전목표의 달성도를 뜻하기 때문에 더욱더 포괄적인 개념이다.

행정에 효과성이 하나의 행정이념으로 제시된 계기는 1960년대 개발도상국들이 근대화를 추진함에 발전목표가 제시되기 시작한 때부터이다. 또한, 학문적으로 본격적인 등장이 발전행정이다. 이러한 발전목표를 달성하기 위해서 잠재역량을 총동원시키고 행정이 발전목표를 달성하는 수단으로 간주됨에 따라 효과성이 행정을 평가하는 기준이 되었다.

이와 같은 효과성의 이념은 지방행정에서도 그 의의를 찾을 수 있다.

자치 하의 지방행정은 다양한 지역개발사업을 자체적으로 추진함에 따라 효율적인 지역개발을 위해서 개발목표가 제시된다. 지방행정은 이를 달성하기 위해 노력하게 되고, 어느 정도 목표를 달성했느냐가 지방행정을 평가하는 척도가 되므로 지방행정에서도 효과성이 강조된다.

그러나 효과성은 목표달성도라는 결과를 중요시하기 때문에 과정이 무시될 위험성이 있다. 이를 방지하기 위해 결과로서의 효과성과 과정으로서의 능률성을 종합한 효율성 혹은 생산성의 개념이 제시되고 있다.

(3) 지방행정의 능률성

능률성이란 투입과 산출의 비율을 가리킨다. 이러한 능률성은 두 가지 관점에서 볼 수 있다. 일정한 투입으로 최대의 산출을 확보하거나 일정한 산출을 확보하기 위해서 최소의 투입을 하는 것을 의미한다.

행정에 능률성이 도입되게 된 계기는 19세기 말의 행정 국가화의 경향 때문이다. 행정기능이 양적으로 확대되고, 질적으로 변화됨에 따라 행정부에 많은 재원이 필요하게 되었다. 그 결과 징세액이 급증하게 되었고, 일반 국민은 그들의 부담세액이 커지자 이를 합리적으로 사용할 것을 행정부에 요구하게 되었으며 이러한 요구에 부응하기 위해 능률성이라는 이념이 대두되었다.

지방행정에 있어서 능률성이 기본이념으로 인정되는 것은 주민들이 부담하는 지방세를 보다 능률적·합리적으로 사용해야 한다는 필요성에서 찾을 수 있겠다. 이렇듯 능률성은 국가행정뿐만 아니라 지방행정에도 도입될 수가 있으며, 주민들이 지방세로 납부하는 세금을 합리적으로 사용해야 하는 것은 당연하다.

그러나 능률성을 투입과 산출의 비율이라 할 때 수치로 나타내야 하지만 계량화될 수 없는 행정행위에 대해 산출을 비율로 표시할 수 없으므로 능률측정이 곤란한 분야가 대단히 많다. 특히, 도시 및 지방행정은 주민의 복지증진과 서비스의 제공을 그 목적으로 하고 있으므로 이를 수량화로 나타낼 수 없는 것이 보통이다.

주민에 대한 보다 적은 조세의 부과와 더욱 많은 서비스라는 이념이 지방행정이 지향해야 할 과제이긴 하지만 행정이념을 단순히 투입 대 산출 혹은 비용 대 효과의 비율로 양적으로 비교하는 기계적 능률에서 벗어나 행정의 목표, 지방공무원의 자아실현, 지역사회발전 등에 기여하는 사회적 능률로 인식할 것을 디목(M. E. Dimock)은 제안하고 있다.[5]

특히 능률을 가치 중립적·기계적 능률로서만 파악하지 않고 가치 판단적·사회적 능률로 이해하는 경우 행정의 민주성과 능률성은 상호보완적 관계에 있는 것이며, 참다운 민주적 능률성을 기할 수 있으므로 지방행정이 지향하는 민주주의의 발전과 주민복지에 기여하는 의의를 지닌다 하겠다.

(4) 지방행정의 합법성

합법성이란 행정이 법에 의해서 이루어져야 한다는 법치 행정을 뜻한다. 이러한 합법성은 개인의 권익을 제한하려는 의도보다는 행정권의 자의적인 발동을 억제함으로써 개인의 권리와 자유를 확보하려는 취지에 있다.

그러나 지방행정은 대민행정이고 지역 행정이기 때문에 공직자의 적극적인 봉사 자세가 요구된다. 주민의 민원사항을 지나치게 법에 근거하여

---

5 기계적 능률이란 행정의 목적이나 가치를 무시하고 기술·과정·수단만을 강조하여 최소의 비용으로써 최대의 효과를 올리려는 합리성만을 강조한 능률이다. 사회적 능률이란 타산적인 관점에서 보는 기계적 능률과는 달리 인간성의 존중, 사회적 목적의 실현, 사회적 유효성의 관점에서 본 능률을 의미한다. 즉 조직 내의 인간적인 가치가 존중되고 사회적 목적이 실현되며 시민 생활에 편익을 제공하고 공익을 실현하는 정도에서 능률을 파악하는 것이 사회적 능률이다. 따라서 사회적 능률은 민주성의 개념으로 이해되기도 한다.

처리한다면, 가치 판단적인 발전행정·복지행정을 목표로 하는 행정에 많은 문제점이 수반될 것이며, 무사안일주의적이고 법규만능주의적인 사고 방식에 젖게 될 수 있다. 더 나아가서는 주민의 이익을 해칠 수도 있다.

오늘날 행정의 질적·양적 변화와 강화로 행정 재량의 범위가 확대되고 있으며, 다양한 합목적적 행정 활동을 허용하는 경향이 있다. 이러한 경향이 지나치게 강조되는 경우에도 주민의 권리나 자유의 보장을 해칠 가능성이 있다는 점을 인식하여 합법성과 재량권 간의 조화와 균형이 요구된다.

다. 지방행정이념의 우선순위

민주성·효과성·능률성·합법성이라고 하는 지방행정 이념은 제각기 독특한 사회적인 상황에서 요청되고 있는 것으로서 지방행정에만 고유하게 적용되는 것이 아니라 어디까지나 행정학의 기초이론에서 폭넓게 거론되고 있는 것을 원용하였음을 유의할 필요가 있다.

일반적으로 지방행정 기능의 제1의적 목표를 주민의 생활안정과 지역발전이라고 한다면, 최고의 기본적 이념은 민주성이어야 한다. 다음으로 지방행정에서는 생활안정인 복지증진과 지역발전목표를 현실적으로 구체화하는 것이 해결해야 할 과제이다. 이는 지방행정의 목표달성 정도인 효과성으로 요약될 수 있다.

그리고 이러한 효과성은 어떻게 달성할 것인가의 문제인 과정적·전략적인 문제로서 효과성의 하위개념인 능률성으로 요약할 수 있다. 끝으로 당연히 지켜져야 하지만, 지켜졌다고 해서 행정이 바람직한 것이 되었다고 할 수는 없는 것이 발전행정 하에서 합법성의 문제이다.

결론적으로 지방행정의 이념 간 우선순위는 민주성·효과성·능률성·합법성의 순위로 생각해 볼 수 있다. 여기서 유의할 것은 어떤 이념이나 그 존재가치가 있기 때문에 모두 동시에 추구하는 것이 가장 이상적이다.

그러나 상호 간에 조화를 이루는 것이 있지만 갈등 관계에 있는 것도 있어 불가피하게 우선순위를 정하는 것이다. 어떤 이념이 우선시된다고 해서 다른 이념은 무시된다는 것을 뜻하지 않으며, 시대나 상황에 따라 변할 수가 있다는 것을 유념하여야 한다.

참고문헌

김종표(1992). 『신지방행정론』. 서울: 법문사.

송낙선(1998). 『행정학개론』. 백석대학교 출판부.

이규환(2002). 『한국지방행정론』. 서울: 법문사.

임용주(2002). 『지방자치론』. 서울: 형설출판사.

정세욱(2003). 『지방자치학』. 서울: 법문사.

국가법령정보센터, 정부조직법, 부패 방지 및 국민권익위원회의 설치와 운영에 관한 법률 등

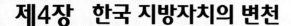

제4장 한국 지방자치의 변천

1. 머리말

우리나라의 지방행정의 근원을 찾는다면 조선시대, 고려시대까지 거슬러 올라간다. 이 시기 절대적 · 중앙집권적인 왕정체제 속에서 지방행정에 유사한 것으로서 고려 초기의 사심관 제도[1]와 향직단체[2], 조선 시대의 향청[3] · 향약[4] 등을 들 수 있다.

---

1   사심관제도(事審官制度)라 하는 것은 고려왕조 초기(935년: 고려 태조 18년)에 건국 공신들을 그들의 출신 지방에 부임시켜 지방주민을 보호, 통치케 하는 행정관리로서 지방호족의 자치제도라고 말할 수 있다.

2   향직단체(鄕職團體)란 사심관제도와 마찬가지로 지방분권적인 요소를 지닌 지방행정 제도로서, 지방 토호의 협조 없이는 요역(徭役) · 공납(貢納) 등의 부과와 징수가 곤란하였던 고려 초에 있어서 그들에게 중앙관직의 위계와 같은 명칭과 직위를 두고 소규모의 조직을 가지게 하여 지방행정을 담당하도록 하기 위하여 주(州) · 군현(郡縣)에 두었던 행정기관을 말한다.

3   조선 시대의 향청제도(鄕廳制度)는 고려 시대의 사심관제도가 변질되어 승계된 것이라고 볼 수 있다. 조선 초에 유향소(留鄕所)라고 불리었다가 왜란 후에는 향소(鄕所) 또는 향청(鄕廳)으로 개칭된 이 지방행정기관은 지방 수령에 대한 자문기관인 동시에 지방행정 감찰을 담당하는 기관이었다. 즉 이들 수령의 전횡을 견제함으로써 지역사회의 권익을 수호하는 제도가 필요했던 점에서 연유한 것이었다.

4   향약(鄕約)이란 지방행정 기구의 일환이었던 향청과는 달리 순수한 민간단체로서 농촌사회의 자

그러나 이들은 참된 의미의 현대적 주민자치와는 거리가 멀다고 할 수 있기 때문에 우리가 살펴볼 수 있는 범위는 해방 이후 현대 지방자치에 한하여 살펴보고자 한다.

현대의 지방자치는 시대적 특성에 따라 몇 단계로 구분할 수 있다(임용주, 2002: 178-216).

① 제1기는 1948년 정부수립에서 1960년 4·19 이전까지이다.

이 기간에는 건국헌법 제97조의 지방자치에 관한 규정을 근거로 1949년에 지방자치법이 제정되고, 1952년에는 최초로 지방의회가 구성되었다는 점에서 도입기라고 규정할 수 있다.

② 제2기는 제2공화국에 해당한다.

이때는 제5차의 지방자치법 개정이 이루어지고 완전한 지방자치가 실시되었기 때문에 확산기라고 규정할 수 있다.

③ 제3기는 1961년 5·16 이후부터 제4공화국까지이다.

이 기간에는 지방의회가 해산되고 관치적 중앙집권으로 복귀했기 때문에 침체기라고 규정할 수 있다.

치적 생활에 크게 기여한 것이다. 조선 중기 이후 지방의 명망 있는 유력가인 양반·토호·유림 등의 상류계급에 의하여 전개된 운동이다. 향약은 원칙적으로 주(州)·현(縣)을 단위로 한 것이나, 지방의 실정에 따라 소규모로 촌락을 중심으로 민간인에 의하여 자발적으로 발전된 지방자치 운동이라는 데 그 의의가 있다.

④ 제4기는 1980년 제5공화국 이후 1991년 지방의회가 구성되기 전까지이다.

이 기간에는 지방자치를 위한 준비와 관계 법령의 개정이 진행되었다는 점에서 여명기라고 규정할 수 있다.

⑤ 제5기는 1991년부터 현재까지로서 민선 지방자치가 부활했다는 점에서 개화기라고 규정할 수 있다.

2. 도입기: 제1공화국

가. 지방자치 변천의 정치적 이해

(1) 지방자치법 제정

우리나라에 현대적 지방 제도가 도입된 것은 1948년 7월 17일에 공포된 제헌헌법에 지방자치 조항이 규정되면서 시작되었다. 건국 당시의 지방행정 조직은 조선총독부 지방 관제에 의했던 것이므로, 이를 시정하기 위해 1948년 11월 17일 6개월간의 한시법인「지방행정에 관한 임시조치법」이 공포되었다. 이후 국회의 심의를 거쳐 1949년 7월 4일「지방자치법」을 공포하여 8월 15일부터 시행할 수 있도록 되었다(강용기, 2002: 66-70; 김병준, 2003: 50-55; 김영기, 2002: 30-34).

당시 제정된 지방자치법은 ① 지방자치단체의 종류로 도와 서울특별시를 두도록 규정하고 있었으며, 도 아래에 시·읍·면을 두도록 하였다. 그리고 ② 지방자치단체의 기관구성에서는 집행기관과 의결기관이 분리되는 시장-의회형 구조의 기관대립형을 취했으며, ③ 도지사와 서울특별시장은 국가공무원으로 하되 대통령이 임명하고, 시·읍·면장은 지방공무원으로 하며 지방의회에 의해 간접 선출되도록 하였다. 또 ④ 지방의원은 4년 임기의 명예직으로 선거에 의해 직접 선출하게 하였다. ⑤ 지방의회에 의해 선출된 시·읍·면장은 당해 지방의회에 의해 불신임권을, 장에게는 의회의 해산권을 부여하였으나 지방의회의 권한이 상대적으로 강할 뿐만 아니라 시·읍·면장이 의회를 해산하고자 할 경우 도지사의 허가를 얻어 해산할 수 있어 실질적으로 쉽지 않게 되었다. 그리고 ⑥ 시·읍·면장과 함께 시·읍·면에 두는 리와 동의 이장과 동장도 주민이 선출하도록 하였다. ⑦ 도의 하부조직으로 군을, 인구 50만 이상의 시에 구를 두며, 군수와 구청장은 국가공무원으로 한다는 것이다.

(2) 지방자치법 제1차 개정

이러한 지방자치법이 제정된 다음에도 이승만 정부는 '치안상태가 불안하다'라는 이유로 지방선거를 실시하지 않았다. 오히려 지방자치법이 공포된 지 얼마 되지 않아 법리적 모순이 있다며 지방자치법 제1차 개정을 단행하였고 경과규정을 신설하였다. 즉, 지방의회 선거가 이루어지지 않을 경우에 지방의회의 기능을 누가 대신할 것이냐를 정리한다는 것이었다. 그 경과규정은 지방의회가 성립될 때까지 의회의 의결을 요하는 사항은 서울시의회와 도의회 기능은 내무부 장관이, 그리고 시·읍·면의회의 기능은 도지사가 대신하는 것으로 되어 있었다. 또 시장은 대통령이, 읍·면장은 도지사가 임명하는 내용도 담고 있었다. 이 개정안은 자유당 의원의 주도 아래 1949년 12월 15일 국회를 통과하였다.

이렇게 지방의회가 구성되지 않을 경우의 대책까지 확정안 이승만 정부는 법률개정 이후 지방선거 실시에 있어 더욱 소극적인 태도를 보였다. 선거는 뚜렷한 이유 없이 무작정 연기되다가 결국 6.25 전쟁을 맞게 되었다. 더 이상 지방자치와 지방선거가 논의될 수 있는 분위기가 아니었다. 그러나 1952년 한국전쟁이 계속되고, 부산 피난 정부 상황에 이승만 정부가 치안유지가 가능하여 우선 선거가 가능한 지역에서 각각 시·읍·면 의회(1952.4.25.)와 도의회의원(1952.5.10.)의 지방선거 실시를 선언하고 나선 것이다.

(3) 지방자치 실시와 개헌

이승만 정부가 전쟁 중에 지방선거 실시를 선언하고 나선 데에는 그만한 정치적 이유가 있었다. 이승만 초대 대통령은 의회에서 간선제로 선출된 대통령이었다. 그러나 당시 국회의 중심세력이었던 한민당과의 의견 대립으로 제2대 대통령으로 재선될 가능성이 없자 국회 간선제를 폐지하고 국민에 의한 직선제로의 개헌을 추진하였다. 그러나 1952년 1월 18일 정부가 제출한 대통령 직선제 개헌안이 압도적인 차이로 국회에서 부결되었다.

국회를 통한 개헌이 어려워지자 집권세력은 원외세력을 동원하여 국회에 압력을 행사하기 시작했다. 친정부단체 회원과 경찰력, 그리고 자유당 당원들을 동원하여 연일 개헌안 부결반대 데모를 하게 하고 국회의원 소환을 주장하게 했다. 이러한 상황에서 시·읍·면 의원선거, 도의회 의원 선거를 실시하였다. 선거 결과는 자유당 대승으로 끝났다.

선거 후 각 지방의회는 국회해산을 요구하는 결의문을 국회로 보내는 등 국회에 압력을 가했다. 집권세력은 경남지역과 전북지역의 잔여 공비를 소탕한다는 명분으로 1952년 5월 25일에 계엄령을 선포하고, 26일에 국회의원이 탄 버스가 공산당과 관련되었다는 이유로 헌병대로 연행되는 공포 분위기와 6월 13일에는 전국의 지방의원 2천여 명이 모여 사흘간 당시 부산의 국회의사당과 대통령 임시관저 앞에서 국회해산을 촉구하는 관제 데모를 벌이면서, 7월 4일 국회는 정부 측 개헌안과 국회 측 개헌안에 대한 발췌·종합한 '발췌개헌안'을 경찰의 삼엄한 경계 속에 기립 표결을 통해 찬성 163, 기권 3표로 대통령 직선제가 가결되었다. 지방자치는 지방 분권화와 지방 민주화를 위한 것이 아니라 이렇게 집권연장의 도구로 악용되었다.

(4) 지방자치법 제2차 개정과 종신 대통령제

1952년 8월 5일 직선제에 의해 이승만 대통령이 제2대 대통령으로 선출되었고, 1954년에는 초대 대통령의 종신제를 보장하는 이른바 사사오입(四捨五入) 개헌안이 국회를 통과하였다.[5]

이러한 배경 속에서 이승만 정부는 1955년 말 시·읍·면장의 지방의회 간선제와 지방의회의 지방단체장 불신임제도에 문제점을 지적하면서

---

5 초대 이승만 대통령 연임 금지 조항을 폐지하여 종신 연임이 가능하도록 하는 개헌안으로 국회에서 1954년 11월 27일 찬성 135표로 부결되었다. 당시 재적의원은 203명으로 3분의 2인 136표 (203명의 3분의 2는 135.3인데 사람이므로 136명이 가결 표수임)를 얻었어야 하나, 1표가 미달하여 부결된 것이다. 그러나 이 법안은 29일 국회 본회의에서 이른바 사사오입(4 이하는 버리고, 5 이상은 반올림)의 원리에 의해 3분의 2는 135.3명이므로 135표면 가결이 가능하다고 우겨 개헌안이 가결되었음을 선포하였다. 이를 통해 이승만 대통령의 3기 집권이 가능하게 되었고, 1956년 5월 15일 제3대 대통령으로 당선되었다.

지방의회의 지방단체장 불신임권 삭제, 시·읍·면장의 직선제, 지방의원의 임기 축소(4년을 3년으로), 지방의회 회기 일수 제한 등을 골자로 지방자치법 제2차 개정을 제안하고 나섰다.

따라서 지방의회의 약화된 권한으로 적지 않은 비판이 따랐다. 여기에는 나름대로 이승만 정부의 정치적 계산도 없지 않았다. 1952년 제2대 대통령선거 때 지방단체장 직선이 도움이 되었던 차에 앞으로 있을 지방선거를 통해 지방행정을 더욱 확실하게 장악할 수 있을 것으로 판단한 것이다. 따라서 1956년 2월 지방자치법 제2차 개정안을 통과시켰다.

그러나 개정안이 통과된 3개월 뒤인 1956년 5월 15일 실시한 제3대 대통령선거에서 승리는 하였지만, 표심의 여촌야도(與村野都) 현상으로 도시지역에서의 낮은 지지율은 이승만 정부로 하여금 불안하게 하였다. 따라서 지방단체장 직선으로 개정해 놓은 것이 앞으로 결코 유리할 것 같지 않았다.

(5) 지방자치법 제3차 개정과 단체장 유임

지방자치법 제2차 개정 내용은 시행도 되기 전에 좌초하여 제3차 개정을 하게 된 이유는 제2차 개정안 부칙에 1956년 8월 15일까지 선거를 실시하여 기존 지방공직자들의 임기가 끝나는 것으로 규정하였기 때문이다. 그러자 지방공직자들의 반발이 거세지자 기득권을 인정하는 제3차 개정을 추진한 것이다. 즉, 선거가 실시되는 1956년 8월 15일까지 임기가 만료되지 않은 지방의원과 시·읍·면장은 오는 선거에서 제외한다는 것이었다. 지방단체장의 60%를 유임시키는 조치였다.

따라서 1956년 8월 8일 제2차 시·읍·면 의회 의원선거와 직선제에 의한 제1차 시·읍·면장 선거를 실시하였고, 동년 8월 13일에는 서울특별시와 도의회 의원선거를 실시하였다. 그 결과는 후보등록 방해와 후보 사퇴 압력, 선거운동 과정에서의 관권개입, 투·개표 부정 등 온갖 부정이 다 저질러진 여권의 승리였다.

(6) 지방자치법 제4차 개정과 단체장 임명제

이승만 정부는 1958년 12월 26일 지방자치법 제4차 개정을 통하여 지방단체장은 물론 통장과 마을 이장까지 모두 임명제로 하여 중앙집권적 체제를 확립하였다. 이때 지방의회의 지방단체장 불신임제도와 지방단체장의 의회해산제도를 부활시켰다. 이로써 서울특별시장·도지사·시장은 대통령이, 읍·면장은 도지사가 임명하게 되었다(서울특별시장과 도지사는 계속 임명직이었음). 지방자치법 제4차 개정안은 국가보안법과 함께 야당이 극력 반대하자 300명의 무술 경위를 투입하여 국회를 날치기 통과했다.

이후 1960년 3·15 부정선거로 네 번째 대통령으로 취임하려던 이승만은 4·19 혁명으로 몰락한다.

나. 지방자치법의 변천
(1) 1948. 7. 12 제헌헌법에서 지방자치제도 도입
○ 지방자치의 제도적 확인(제헌헌법 제8장 제96조~제97조, '48.7.17 공포)

(2) 지방자치법 제정('49.7.4. 법률 제32호)

○ 지방자치단체의 종류: 도·서울특별시, 시·읍·면

○ 지방자치단체의 기관구성: 장과 의회 간의 기관 분립주의 채택

※ 지방자치단체장의 의회해산권, 지방의회의 지방자치단체장에 대한 불신임 의결권 인정

○ 지방의회의원: 주민이 직선(임기 4년)

○ 도지사와 서울특별시장은 임명제, 시·읍·면장은 의회에서 선출

○ 지방자치단체의 사무: 고유사무·단체위임사무·기관위임사무로 구분

(3) 제1차 개정('49.12.15. 일부개정, 법률 제73호)

○ 경과규정 산입: 지방의회구성 시까지 의회의 권한 대행

- 도·서울특별시 → 내무부 장관 승인, 시·읍·면 → 도지사 승인

○ 시·읍·면장의 임명제

- 시장 → 대통령 임명, 읍·면장 → 도지사 임명

(4) 제1차 지방선거 실시

○ '52.4.25 시·읍·면의회 의원선거

○ '52.5.10 도의회 의원선거

※ 부산 피난 시절로 서울·경기·강원 제외

(5) 제2차 개정('56.2.13. 일부개정, 법률 제385호)

○ 시·읍·면장의 선임방법 변경: 의회 간선제 → 주민직선제

○ 시·읍·면의회의 지방자치단체장에 대한 불신임의결제도 폐지

○ 지방의회의원과 시 · 읍 · 면장의 임기 단축: 4년 → 3년

○ 의원 수의 감축 및 회의일수 제한

○ 의회의결에 대한 지방자치단체장의 거부권 인정

(6) 제3차 개정('56.7.8, 일부개정, 법률 제388호)

○ 의원정수, 의원선거구에 관한 사항 개정

○ 지방의회의원과 시 · 읍 · 면장의 임기상의 기득권 인정

※ 선거일 전일까지 임기가 만료되는 자는 임기가 끝나는 것으로 보
되, 임기가 아직 남아있는 자는 법정임기까지 기득권 인정

(7) 제2차 지방선거

○ '56.8.8 시 · 읍 · 면장, 지방의회의원

※ 시 · 읍 · 면장 초대 직선 선거

○ '56.8.13 서울특별시 · 도의회의원

※ 서울특별시의회의 최초 구성으로 전 지방자치단체가 의회 구성

(8) 제4차 개정('58.12.26, 일부개정, 법률 제501호)

○ 시 · 읍 · 면장의 임명제 및 장에 대한 불신임제 채택

○ 지방의회가 법정 회의일수를 초과한 경우에 감독기관에 폐회명령권 인정

○ 의회 폐회 중의 위원회 개최제도 폐지

○ 지방의회의원의 임기 연장: 3년 → 4년

○ 동 · 이장의 임명제 채택

○ 지방의회 의장단에 대한 불신임제도 폐지

3. 확산기: 제2공화국

가. 지방자치 변천의 정치적 이해

이승만 정부의 몰락으로 1960년 6월 15일 헌법을 개정하여 민주당 장면 정부가 들어서면서 통치체제가 내각제로 바뀌었다. 4 · 19혁명 이후 개정된 헌법은 자치단체장의 선임방법은 법률로 정하되 적어도 시 · 읍 · 면장은 주민이 직접 선출할 수 있도록 해야 한다고 규정하고 있었다(강용기, 2002: 70; 김병준, 2003: 55-56; 김영기, 2002: 33-34).

헌법이 개정된 이후 7 · 29 총선거로 새롭게 구성된 국회는 지방자치법을 다시 개정하기 위한 작업에 들어갔다. 시 · 읍 · 면장은 헌법규정에 직선한다고 규정되어 있어 별다른 문제가 없었지만, 도지사와 서울특별시장의 선출과 관련하여서는 국회 내에 상당 수준의 이견이 존재하고 있었다.

논란 끝에 결국 서울특별시장, 도지사, 시 · 읍 · 면장과 지방의원 모두를 주민이 직접 선출하는 제도로 귀결이 되었다. 심지어 동장과 이장까지 주민이 직접 선출하도록 하였다. 따라서 1960년 12월 12일 서울특별시 의원선거와 도의원 선거가 있었고, 일주일 뒤인 12월 19일에는 시 · 읍 · 면의회 의원선거, 12월 26일에는 시 · 읍 · 면장 선거가 있었다. 그리고 12월 29일에는 서울특별시장 선거와 도지사 선거 등 제3차 지방선거가 있었다. 그러나 이 모든 것이 6개월 뒤에 일어난 1961년 5 · 16 군사쿠데타와 함께 끝이 나고 만다.

나. 지방자치법의 변천

(1) 제5차 개정('60.11.1. 일부개정, 법률 제563호)

○ 서울특별시장 · 도지사, 시 · 읍 · 면장, 동 · 이장을 임명제에서 직선
제로 개정하고 그 임기를 4년으로 규정

○ 의원정수 · 선거권 · 피선거권에 관한 사항 개정

○ 부재자 선거제도 채택

○ 지방의회 의장과 부의장에 대한 불신임제도 채택

(2) 제3차 지방선거 실시

○ 시 · 읍 · 면: 의회 의원('60.12.19), 자치단체장('60.12.26)

○ 서울특별시 · 도: 의회 의원('60.12.12), 자치단체장('60.12.29)

4. 침체기: 제3 · 4공화국

가. 지방자치 변천의 정치적 이해

1961년 5 · 16 군사쿠데타 당일 군사혁명위원회 포고 제4호를 통해 전
국의 지방의회를 해산시켰다. 그리고 6월 6일 공포된 국가재건비상조치법
을 통해 서울특별시장과 도지사 및 인구 15만 이상 시의 시장은 국가재건
최고회의 승인을 얻어 내각이 임명하고, 그 외 다른 지방자치단체장은
도지사가 임명하는 체제로 전환하여 사실상 지방자치는 소멸하고 말았다
(강용기, 2002: 70; 김병준, 2003: 56-58; 김영기, 2002: 34).

1961년 9월 1일 지방자치에 관한 임시조치법을 통해 그동안 지방자치
단체의 지위를 지니고 있었던 읍 · 면을 일반 지방행정기관으로 전환하고

그 대신 일반 지방행정기관이었던 군을 지방자치단체로 전환하였다. 그 이유는 지방행정을 더욱 능률화하고 정상화함으로써 지방자치행정의 건전한 토대를 마련하여 국가재건에 힘쓴다는 목적이었다. 따라서 선출직이었던 읍·면장은 군수가 임명하고, 서울특별시는 국무총리의 관할, 부산시는 정부 직할시로 지위를 격상하였다. 지방의회의 의결을 요하는 시·도의회는 내무부 장관의, 시·군의회는 도지사의, 서울특별시 의회는 국무총리의 승인을 얻어 시행하도록 하였다.

이러한 입장은 1962년 12월 26일 개정된 제3공화국 헌법에서도 그대로 나타나고 있다. 헌법에 지방자치에 관한 절을 두어 지방자치제도를 인정했지만, 부칙에 '이 헌법에 의한 최초의 지방의회의 구성 시기에 관하여는 법률로 정한다.'라고 규정함으로써 별도의 법률이 제정되지 않고서는 지방자치를 실시할 수 없게 하였다. 제3공화국 내내 이러한 법률이 만들어지지 않았다.

박정희 정부의 이러한 입장은 1972년의 10월 17일 비상계엄령을 선포, 소위 10월 유신과 함께 제4공화국이 들어서면서 더욱 강화되었다. 대통령 직선이 폐지되고, 국회의원의 3분의 1을 유정회 의원이란 이름으로 지명되는 체제였다. 지방자치 역시 들어설 자리가 없었다. '지방의회는 조국통일이 될 때까지 구성하지 아니한다.'라는 유신헌법 부칙에 의해 그 실시 가능성 자체가 원천적으로 부정되었다.

나. 지방자치법의 변천
(1) 전국 지방의회 해산('61.5.16. 군사혁명위 포고 제4호)

○ 지방의회의 의결사항은 읍·면에서는 군수, 시는 도지사, 서울특별
시와 도는 내무부 장관의 승인을 얻어 집행

○ 서울특별시장·도지사, 인구 15만 이상의 시장은 내각에서 임명, 기
타 지방자치단체장은 도지사가 임명

(2) 지방자치에 관한 임시조치법 제정('61.9.1, 법률 제707호)

○ 지방행정을 더욱 능률화하고 정상화함으로써 지방자치행정의 건전
한 토대를 마련하는 데 목적

○ 위의 포고령 입법 조치

○ 읍·면 자치제도 폐지 → 군을 기초자치단체화 함

(3) 제3공화국 헌법('62.12.26)

○ 헌법에 의한 최초의 지방행정 구성 시기에 관하여는 법률로 정함(지방
자치법 부칙 제7조③)

(4) 유신헌법('72.12.27)

○ 이 헌법에 의한 지방의회는 조국 통일이 이루어질 때까지 구성하지
아니함(법 부칙 제10조)

5. 여명기: 1981~1990

가. 지방자치 변천의 정치적 이해

제5공화국 헌법 역시 지방자치를 원천적으로 부정하기보다는 상황 논

리에 관한 규정을 두면서도 그 부칙에 지방의회를 '지방자치단체의 재정자립도를 감안하여 순차적으로 구성하되, 그 구성 시기는 법률로 정한다.'라고 함으로써 지방자치를 사실상 부정하였다(강용기, 2002: 70-72; 김병준, 2003: 58-60; 김영기, 2002: 34-35).

그러나 정치권에서는 여야 간의 지방자치에 관한 논쟁이 항상 이루어져 오면서 1984년 10월 당시 민정당 측이 국무총리 산하에 지방자치제 실시 연구위원회 설치 의사를 밝힘으로써 지방자치의 실행이 구체화하기 시작하였다. 이어 여야는 1984년 11월 3당(민정, 민한, 국민) 3역 회담에서 1987년부터 지방자치를 순차적으로 확대실시한다고 발표하였다.

이러한 일련의 과정에서 1987년 4월 13일 전두환 당시 대통령이 4·13 호헌 강행조치가 발표되었고, 이에 불만을 가진 전 국민의 저항운동인 이른바 6·10 항쟁이 시작되면서 6월 내내 직선제 개헌을 요구하는 시민들의 시위가 계속되었다. 여기에 굴복하여 1987년 6월 29일 당시 민정당의 대표였던 노태우 씨는 6·29 선언[6]을 통해 직선제 개헌 요구를 수용한다고 발표하였다. 이 내용 중에 지방자치제의 실시가 포함되었다.

이에 따라 1987년 10월 29일 헌법 개정으로 대통령선거가 실시되고, 노태우 씨가 1988년 2월 25일 제13대 대통령에 취임하면서 제6공화국이 들

---

6   주요 내용은 ① 대통령직선제 개헌을 통한 1988년 2월 평화적 정권 이양, ② 대통령선거법 개정을 통한 공정한 경쟁 보장, ③ 김대중의 사면복권과 시국 관련 사범들의 석방, ④ 인간 존엄성 존중 및 기본인권 신장, ⑤ 자유 언론의 창달, ⑥ 지방자치 및 교육자치 실시, ⑦ 정당의 건전한 활동 보장, ⑧ 과감한 사회정화조치의 단행 등이다.

어서게 된다. 이때의 개정 헌법에는 부칙에 지방의회구성에 관한 특례 규정을 삭제하고, 1988년 4월 6일 제7차 지방자치법을 개정하여 지방자치단체를 광역자치단체(특별시·직할시·도)와 기초자치단체(시·군·구)의 두 종류로 대별하였다. 이로 인해 우리나라 건국 초기에 시도되었던 읍·면·동 자치 개념은 사라지게 되었다.

이어 1989년 12월 30일 제8차 지방자치법 개정에서는 의원선거를 1990년 6월 30일 이내, 단체장 선거는 1991년 6월 30일 이내에 실시하도록 규정하였으나 지키지 못했고, 1990년 12월 31일 제9차 지방자치법 개정에서 다시 1년씩을 연기하여 의원선거는 1991년 6월 30일 이내, 단체장 선거는 1992년 6월 30일 이내에 실시하기로 하였다.

나. 제5공화국 지방자치법의 변천

(1) 제5공화국 헌법('80.10.27)

○ 이 헌법에 의한 지방의회는 지방자치단체의 재정자립도를 감안하여 순차적으로 구성하되, 그 구성 시기는 법률로 정함(법 부칙 제10조)

(2) 11대 국회의 3당 주역 회의('84.11.23)

○ 이 회의에서 1987년부터 순차적으로 지방자치를 실시할 것을 합의

○ 이를 위해 국무총리 산하에 '지방자치실시연구위원회' 설치

다. 제6공화국 지방자치법의 변천

(1) 제6공화국 헌법('87.10.29)

○ 부칙에서 지방의회구성에 관한 특례를 두지 아니함

(2) 제6차 개정('88.4.6, 전부개정, 법률 제4004호)

○ 지방자치단체의 종류를 특별시 · 직할시 · 도 및 시 · 군 · 구(특별시 · 직할시의 구에 한함)로 함.

○ 지방의회의원의 정수는 특별시 · 직할시 · 도는 25인 내지 70인, 시 · 구는 15인 내지 25인, 군은 10인 내지 20인으로 하되, 의원은 임기 4년의 명예직으로 함.

○ 지방자치단체의 장은 선거에 의하여 선출하되, 따로 법률로 정할 때까지는 정부에서 임명함.

○ 시장 · 도지사의 피선거권자의 연령을 30세에서 35세로 조정

○ 지방자치단체 행정사무에 대한 감독권을 삭제하고 행정사무 조사권을 신설

○ 서울특별시에 대하여는 법률이 정하는 바에 의하여 그 지위 · 조직 및 운영에 관하여 특례를 둘 수 있도록 함.

○ 주민의 소청권 삭제

○ 지방의회의원의 선거 시기를 지방의회의 종별에 따라 달리하여 정함

- 지방의회는 시 · 군 및 자치구부터 구성하되, 시행일('88.5.1)로부터 1년 이내에 실시

- 시 · 도의회는 시 · 군 및 자치구의회가 구성된 날로부터 2년 이내에 구성

(3) 제7차 개정('89.12.30, 일부개정, 법률 제4162호)

○ 지방자치의 목적을 지방의 균형적 발전과 대한민국의 민주적 발전에 있음을 명시

○ 지방의회의원 정수에 관한 규정을 삭제하고 지방의회의원선거법에

규정하도록 함

○ 지방의회의원의 겸직금지범위 확대: 농·수·축협 외에 농지개량
조합·산림조합·엽연초생산협동조합·인삼협동조합 등 4개 조합
임직원의 겸직 제한 추가

○ 지방의회의 집행기관에 대한 감독 권한을 행정사무 감사 및 조사권
으로 강화

○ 시·도의회의 연간 회의 총 일수를 70일에서 100일로 연장

○ 지방의회의원의 의안 발의 정족수를 복수로 규정

- 재적의원 5분의 1 이상 또는 10인 이상의 연서로 의안 발의

○ 지방자치단체장을 주민이 직접 선거하도록 명시

○ 시·도의 부자치단체장을 당해 시·도지사가 추천한 자를 임명하
도록 함

※ 최초로 선출된 시·도지사의 임기만료까지는 시·도지사의 추천
권 배제

○ 지방의회의 의원선거는 '90.6.30 이내, 지방자치단체의 장 선거는
'91.6.30 이내에 실시하도록 규정

(4) 제8차 개정('90.12.31, 일부개정, 법률 제4310호)

○ 지방의회의원 겸직금지범위 축소: 농업협동조합 등 7개 조합의 조합
장과 그 상근 임·직원

○ 지방의회의 의원선거는 '91.6.30 이내, 지방자치단체의 장 선거는
'92.6.30 이내 실시하도록 규정

6. 개화기: 1991~현재

가. 지방자치 변천의 정치적 이해

그러나 지방자치의 실시는 당시 대통령선거를 앞두고 각 정치세력 간의 이해관계로 계속 미루어 오다가 먼저 지방의회를 구성하고, 다음 단계로 지방자치단체장을 선거하는 과정을 밟기로 하였다. 이에 따라 노태우 대통령 시절인 1991년 3월 26일 전국적인 기초의회 의원선거를 실시하였고, 6월 20일 광역의회 의원선거를 실시하였다. 이 당시에는 의회만 구성하고 단체장은 임명함으로써 반쪽짜리 지방자치가 실시되었다. 그러나 5 · 16 군사쿠데타에 의해 지방자치가 중단된 지 30년 만의 일이었다.

제14대 대통령으로 1993년 2월 25일 김영삼 씨가 취임함으로써 문민정부를 표방하고 김영삼 정부가 들어선다. 그러면서 1995년 6월 27일 단체장을 포함한 지방의회의원을 모두 직접선거하는 제1회 통합 지방선거를 실시하였다. 이후 1998년 6월 4일 제2회 통합 지방선거가 실시되었고 (1995년 선출된 민선 단체장 및 지방의원 임기는 3년, 그 후는 4년), 이후 계속 4년마다 지방선거가 실시되고 있다(강용기, 2002: 70-73; 김병준, 2003: 58-60; 김영기, 2002: 34-35).

나. 제1기 민선자치(1991~1995) 지방자치법의 변천
(1) 전국 지방의원선거 실시

○ 구 · 시 · 군의회 의원선거(1991.03.26.)

○ 시 · 도의회 의원선거(1991.06.20.)

(2) 시 · 군 · 구와 시 · 도의회 구성

○ '91.4.15 전국 260개 시 · 군 · 자치구의회 개원

○ '91.7.8 전국 15개 시 · 도의회 개원

(3) 제9차 개정('91.5.23, 일부개정, 법률 제4367호)

○ 지방의회의원의 겸직금지범위 축소 – 상근 임 · 직원만 제한

※ 헌법재판소의 위헌결정에 따라 비상근조합장은 겸직금지대상에서
제외

(4) 교육위원회 구성

○ '91.7.22~7.30: 교육위원 후보자 추천

○ '91.8.8~8.10: 교육위원 선출

○ '91.9.2: 교육위원회 개원

(5) 지방의회 협의체 구성

○ '91.8.15: 시 · 도의회 의장 협의회

○ '91.10.31: 시 · 군 · 자치구의회 여성의원 협의회

○ '91.11.1: 시 · 군 · 자치구의회 의장 시도대표 협의회

(6) 제10차 개정('91.12.31, 일부개정, 법률 제4464호)

○ 회기 중 지방의회에 출석할 때 여비 지급

○ 지방의회의원 체포 · 구금 시 영장의 사본을 첨부하여 의장에 통지

○ 안건심의와 관련한 서류제출요구권 및 절차 명정

○ 정기회 집회일 조정

- 시 · 도의회: 매년 12월 1일 → 11월 20일

- 시 · 군 · 자치구의회: 매년 12월 1일 → 11월 25일

○ 시 · 도의회 정기회의 회기연장: 30일 → 35일

○ 대통령령으로 정하는 일정기준 이상(의원정수 15인 이상) 시 · 군 · 자치
  구의회의 상임위원회 설치 허용

○ 폐회 중 위원회의 개회 요구범위 확대: 본회의 의결, 지방자치단체
  장 요구 → 본회의 의결, 의장이 필요하다고 인정할 때 재적 위원
  1/3 이상 요구, 지방자치단체장 요구

○ 지방의회 사무기구 명칭 조정

- 시 · 도: 사무국 → 사무처

- 시 · 군 · 자치구: 간사와 약간명의 직원 → 사무국 또는 사무과 설치

○ 예산안 제출 및 의결기한 조정

- 시 · 도: 회계연도 개시 10일 → 15일 전까지 의결

- 시 · 군 · 자치구: 회계연도 개시 30일 → 35일 전까지 제출, 회계연
  도 개시 5일 → 10일 전까지 의결

(7) 제11차 개정('94.3.16. 일부개정, 법률 제4741호)

○ 도농복합형태의 시 설치 근거 마련(법 제3조④항, 제7조②항)

- 종래 군지역의 읍이 인구가 많아지면 시로 분리 독립하던 것을 군
  전체를 도농복합형태의 시로 전환 가능

- 기존의 시와 군을 통합하여 도농복합형태의 시로 설치 가능

- 도농복합형태의 시의 경우에는 하부조직으로 도시화된 지역에는 동,
  기타지역에는 읍 · 면을 둠

○ 주민투표제도 도입(법 제13의 3조)

- 지방자치단체의 폐치·분합, 주민에 대한 과도한 부담이나 중대한 영향을 미치는 사안에 대하여 실시 가능

○ 지방의회의원의 의정 활동비 등 인정

- 명예직 원칙은 유지(법 제32조①항)

- 의정 자료 수집·연구 및 그 보조 활동을 위한 의정 활동비 매월 지급(법 제32조①-1항)

- 회기 중 직무로 인한 상해·사망에 대한 보상제도 신설(법 제32의 2조)

○ 부자치단체장의 국가직화(법 제101조)

- 특별시·직할시·도: 정무직 또는 일반직 국가공무원, 대통령령이 정하는 바에 따라 2인을 둘 수 있음. 이 경우 1인은 정무직 또는 별정직 지방공무원으로 보함, 국가직은 시·도지사 제청으로 내무부 장관을 경유하여 대통령이 임명하고, 지방직은 지방공무원법에 따라 시·도지사가 임명

- 시·군·자치구: 1인만 인정. 일반직 지방공무원, 단 최초로 선출된 시장·군수·구청장 임기만료 시까지는 국가공무원으로 보함. 시장·군수·구청장이 임명

○ 지방자치단체의 행정기구 설치 근거 규정 변경(법 제102조)

- 시·도: 대통령령 → 대통령령의 범위 내에서 조례로 정함

- 시·군·자치구: 시·도지사 승인을 얻어 조례로 정함

○ 지방단체에 두는 국가공무원의 임명절차 규정 신설(법 제103조⑤항)

- 5급 이상: 지방자치단체장 제청 → 소속장관 경유 → 대통령 임명

- 6급 이상: 지방자치단체장 제청 → 소속장관 임명

○ 사업소의 설치기준 변경(법 제105조)

- 자치단체만을 수행하는 사업소는 정원 범위 내에서 조례로 설치 가능

○ 읍·면·동장 일반직화(법 제109조)

- 별정직 지방공무원 → 일반직 지방공무원

○ 광역행정 조정기능 강화(법 제140조, 제140조의2, 제146조, 제147조)

- 내무부 및 시·도에「분쟁조정위원회」설치, 구성·운영은 대통령령
  에 위임

- 지방자치단체 간 분쟁 발생 시 조정절차: 주무부 장관 또는 시·도
  지사가 지방자치단체분쟁조정위원회의 심의 및 중앙행정기관장과
  협의를 거쳐 조정

- 조정 결정사항에 대한 의무 부과 및 불이행 시 직무이행 명령 등 행
  정·재정상 필요한 조치를 할 수 있는 근거 신설

○ 지방자치단체장에 대한 직무이행명령제도 신설(법 제157조의2)

- 지방자치단체장이 국가·상급자치단체의 위임사무 집행을 해태하
  는 경우에는 주무부 장관 또는 상급자치단체장이 기간을 정하여 이
  행할 사항을 명령, 이의가 있을 때 대법원에 제소

- 불이행 시는 행정대집행 또는 행정·재정상의 조치 가능

○ 내무부 장관 또는 시·도지사의 자치사무 감사(법 제158조)

- 위법한 의결에 대한 재의요구 결과 재의결된 경우, 대법원에 재소 시
  그 의결에 대한 집행정지 결정 신청 가능

- 지방자치단체장이 제소하지 않을 경우에는 내무부 장관·상급자치
  단체장이 제소를 지시하거나 직접 제소 및 집행정지 결정 신청 가능

○ 부칙규정

- 지방의회의원의 의정 활동비(법 제32조)는 제2기 지방의회의원부터, 시 · 도 부시장 · 부지사 임명절차(법 제101조③항)는 민선 지방자치단체장 임기 개시일부터, 지방자치단체의 국가공무원 배치근거(법 제101조①항)는 1995.1.1부터 시행
- 민선 지방자치단체장의 선거는 1995.6.30. 이내 실시(법 부칙 제2조)
- 이 법 시행 후 최초의 지방자치단체장 및 지방의회의원의 임기는 1995.7.1부터 개시되며, 임기는 1998.6.30에 만료(법 제3조, 제4조)
- 시 · 군 · 자치구의 부시장 · 부군수 · 부구청장은 최초 민선 지방자치단체장 임기만료일까지 일반직 국가공무원으로 보함(법 부칙 제5조)

(8) 제12차 개정('94.12.20, 일부개정, 법률 제4789호)

○ 직할시 명칭 변경
- 본격적인 지방자치 시대의 명칭으로 부적절한 직할시를 광역시로 변경
○ 도농복합형태의 광역시 · 통합시의 행정구역 특례
- 광역시의 관할구역 안에 자치구 외에 군 설치 허용
- 통합시의 구에 동 외에 읍 · 면 설치 허용
- 읍이 없는 통합시에 인구 기준에 관계없이 1개 면의 읍 승격 허용
○ 지방의회의 감사 · 조사 시 참고인 처벌 배제
- 증인과는 달리 선서 의무가 없는 참고인은 그 불출석 등에 따른 과태료 처분 대상에서 제외
○ 지방자치단체장의 연임제한 신설
- 지방자치단체장의 계속 재임은 3기로 제한

○ 서울특별시 부시장의 수에 대한 특례

- 서울특별시 부시장은 대통령령이 정하는 바에 따라 3인까지 설치 허
  용(국가직 2, 지방직 1)

  ※ 일반 시·도의 부시장·부지사는 2인까지 가능

○ 국가공무원의 임명절차 개선

- 지방자치단체장의 제청권을 삭제하고 의견을 들어 임용하도록 변경

○ 직속 기관의 설치요건 완화

- 지방자치단체가 직속 기관을 조례로써 설치하는 경우 대통령령이
  정하는 바에 따르도록 함

○ 자치 구간 재원조정방법에 대한 내무부 장관 승인 배제

- 특별시·광역시의 자치구 상호 간 재원조정방법에 대한 내무부 장
  관의 승인제 폐지

○ 기초의회 의원의 임기 연장

- 이 법 시행 당시 재임 중인 시·군 및 자치구의회 의원은 그 임기만
  료('95.4.14) 후에도 '95.6.30까지 계속 재임 허용

○ 제2기 지방의회 의장단의 임기 특례

- 임기 3년인 제2기 지방의회 의장단의 임기를 1년 6월로 조정

(9) 제13차 개정('95.1.5, 일부개정, 법률 제4877호)

○ 국가공무원의 임명절차 개선

그동안 지방자치단체소속 국가공무원을 임용함에 있어서 5급 이상 공
무원은 지방자치단체의 장의 의견을 들어 소속 장관의 제청으로 대통령
이 임용하고, 6급 이하 공무원은 지방자치단체의 장의 의견을 들어 소속

장관이 임용하도록 하고 있으나, 앞으로는 지방자치단체의 장의 제청으로 대통령 또는 소속 장관이 임용.

다. 제2기 민선자치(1995~1998) 지방자치법의 변천

(1) 제1회 전국동시 지방선거 실시(1995.6.27.)

- 지방의회의원 5,513명(광역 972, 기초 4541)
- 지방자치단체장 245명(광역 15, 기초 230)

  ※ 광역의회 의원 875명, 비례대표 정수는 97명으로 총 972명이나 민주당의 후보자 추천미달로 95명이 되어 실재 인원은 총 970명이 됨

(2) 제2기 민선 지방자치 체제 출범('95.7.1)

(3) 제14차 개정('95.8.4. 일부개정, 법률 제4959호)

○ 도농복합형태의 시 설치기준 완화
- 인구 15만 이상인 군으로서 그 군내에 인구 2만 이상의 도시형태를 갖춘 지역이 2개 이상 있고, 그 지역들의 인구의 합이 5만 이상인 경우도 도농복합형태의 시로 설치 가능

라. 제3기 민선자치(1998~2002) 지방자치법의 변천

(1) 제2회 전국동시 지방선거 실시(1998.6.4.)

- 지방의회의원: 4180명(광역 690, 기초 3,490)
- 지방자치단체장: 248명(광역 16, 기초 232)

(2) 제3기 민선 지방자치 체제 출범('98.7.1)

○ 지방의회의원 정수 및 선거구 축소 조정

○ 시·군·자치구 부자치단체장의 지방직 전환

- 지방자치법시행령 개정(1998.7.1, 대통령령 제15825호)

(3) 제15차 개정('99.8.31, 일부개정, 법률 제6002호)

○ 주민들의 조례제정 및 개폐청구제도 및 감사청구제도 도입

○ 지방의회의원의 회의수당을 회기수당으로 변경

○ 연 2회 정례회 제도 도입

○ 지방의회 위원회의 의안 발의권 인정

- 지방자치단체의 장, 재적의원 5분의 1 이상 또는 의원 10인 이상의
  연서로만 발의하도록 되어 있었음

○ 지방의회의원의 체포 및 확정판결 통지제도 명확화

○ 지방의회 의장·의원의 제적 대상 범위 확대

○ 지방자치단체의 사임 절차규정 보완 및 타 지역 이주 시 당연 퇴직
  규정 신설

○ 지방자치단체장의 체포 및 확정판결 통제제도 신설

○ 지방자치단체장 유고 시 권한대행제도 도입(직무대리제도 미비점 보완)

○ 지방자치단체의 결산 기간 조정(3개월 이내 → 80일 이내)

○ 사용료·수수료 등에 대한 제소 기간 연장 및 명확화

○ 지방자치단체분쟁조정위원회의 기능 강화(심의기구 → 의결기구)

○ 각급 지방자치단체장 및 의회 의장 협의체 설립근거 마련

○ 중앙행정기관과 지방자치단체 간의 협의조정기구를 둘 수 있는 근
  거 신설

(4) 제16차 개정('00.1.12. 일부개정, 법률 제6115호)

○ 인구 800만 이상인 광역시 및 도에 제2 행정부시장·부지사 신설

(5) 제17차 개정('02.03.25. 일부개정, 법률 제6669호)

○ 부자치단체장의 자치단체장 권한 대행 범위 확대

- 자치단체장이 금고 이상의 형의 선고를 그 형이 확정되지 않은 경우
  를 신설 추가(2002.7.1 시행)

마. 제4기 민선자치(2002~2006) 지방자치법의 변천

(1) 제3회 전국동시 지방선거 실시(2002.6.13)

○ 지방의회의원 4,167명(광역 682, 기초 3,485)

○ 지방자치단체장 248명(광역 16, 기초 232: 시 76, 군 87, 자치구 69)

(2) 제4기 민선 지방자치 체제 출범('02.07.01)

○ 지방의회의원의 정수 및 선거구 축소 조정

(3) 제18차 개정(2003.7.18. 일부개정, 법률 제6927호)

○ 지방의회의원 명예직 규정 삭제

○ 계룡시를 도농복합형태의 시로 설치할 근거 마련

(4) 제19차 개정(2004.1.29. 일부개정, 법률 제7128호)

○ 인구 50만 명 이상의 대도시에 대한 행정·재정 및 국가의 지도·
  감독상의 특례 규정 허용근거 신설

(5) 제20차 개정(2005.1.27. 일부개정. 법률 제7362호)

○ 주민감사청구제도의 개선(법 제13조의4 1항 및 2항)

- 20세 이상 주민 총수의 50분의 1의 범위 안에서 당해 지방자치단체의 조례로 정하도록 하던 것을, 앞으로는 시·도는 500명, 50만 이상 대도시는 300명, 그 밖의 시·군·구는 200명을 초과하지 아니하는 범위 안에서 당해 지방자치단체의 조례로 정하도록 함.

- 주민은 감사청구의 대상이 되는 당해 사무의 처리가 있었던 날 또는 종료된 날부터 2년을 경과한 때에는 감사를 청구할 수 없도록 함.

○ 주민소송제도의 도입(법 제13조의5 및 6 신설)

- 주민의 직접 참여에 의한 지방행정의 공정성과 투명성 강화를 위하여 공금의 지출에 관한 사항, 재산의 취득·관리·처분에 관한 사항, 당해 지방자치단체를 당사자로 하는 매매·임차·도급, 그 밖의 계약의 체결·이행에 관한 사항 또는 지방세·사용료·수수료·과태료 등 공금의 부과징수의 해태에 관한 사항을 감사 청구한 사항과 관련 있는 위법한 행위나 해태 사실에 대하여 당해 지방자치단체의 장을 상대방으로 주민소송을 제기할 수 있도록 함(법 제13조의5 1항).

- 주민소송의 청구유형은 당해 행위의 전부 또는 일부의 중지를 구하는 소송, 당해 행위의 취소 또는 변경을 구하거나 효력의 유무 또는 존재 여부의 확인을 구하는 소송, 당해 해태 사실의 위법확인을 구하는 소송 및 지방자치단체의 장 등 당사자에게 손해배상청구 또는 부당이득반환청구를 할 것을 요구하는 소송으로 함(법 제13조의5 2항).

- 주민소송은 감사결과 등의 통지를 받은 날부터 90일 이내에 이를 제기하도록 함(법 제13조의5 4항).

- 주민소송의 남발을 방지하기 위하여 주민소송이 계속 중인 때에는 동일한 사항에 대하여 다른 주민이 별도의 소송을 제기하지 못하도록 하고, 소송을 제기한 주민이 주민의 자격을 상실한 때에는 다른 주민이 6월 이내에 소송절차를 수계(受繼)할 수 있도록 함(법 제13조의5 제5항 내지 제7항).

- 주민소송에서 승소한 주민은 당해 지방자치단체에 대하여 변호사 보수 등의 소송비용, 감사청구절차 진행 등을 위하여 소요된 여비 그 밖의 실비의 보상을 청구할 수 있도록 함(법 제13조의5 16항).

- 판결에 의하여 그 손해배상청구권 또는 부당이득반환청구권이 확정되면 그 확정판결에 의하여 결정된 금액의 지불을 청구하고 해당 당사자가 이에 불응한 때에는 손해배상·부당이득반환의 청구를 목적하는 소송을 제기하도록 함(법 제13조의6).

○ 지방의회 회기운영의 자율성 확대(종전 제41조 2항 삭제)

- 지방의회 정기회 및 임시회 회기제한규정을 삭제하여 지방의회가 연간 총 회의일수 범위 안에서 정례회 및 임시회의 회기를 자율적으로 조정할 수 있도록 함.

○ 위법한 지방의회의결에 대한 통제강화(법 제159조 7항)

- 지방자치단체의 장이 법령위반을 이유로 재의요구지시를 받았음에도 불구하고 이에 불응할 경우 및 재의요구지시를 받기 전에 법령에 위반된 조례안을 공포한 경우 주무부 장관 또는 시·도지사가 대법원에 직접 제소 및 집행정지 결정을 신청할 수 있도록 함.

(6) 제21차 개정(2005.3.24, 일부개정, 법률 제7410호)

○ 자치구가 아닌 행정구·읍·면·동의 명칭 및 구역변경에 관한 상급기관(행정자치부 장관 및 시·도지사)의 승인제에서 보고제로 함.

○ 지방자치단체 사무소 소재지의 설치·변경에 관한 상급기관 협의제 폐지.

(7) 제22차 개정(2005.8.4, 일부개정, 법률 제7670호)

○ 지방 의원에게 회기에 따라 지급되는 회기수당을 직무 활동에 대하여 지급하는 월정수당으로 전환

○ 수당의 지급기준은 대통령령이 정하는 바에 따라 당해 지방자치단체의 의정비심의위원회에서 결정하는 범위 안에서 당해 지방자치단체의 조례로 정함.

○ 지방자치단체의 장이 그 직을 가지고 당해 지방자치단체의 장 선거에 입후보하는 경우에는 예비후보자 또는 후보자로 등록을 한 날부터 선거일까지 부단체장이 권한을 대행함.

(8) 제23차 개정(2006.1.11, 일부개정, 법률 제7846호)

○ 제주도를 폐지하고 제주특별자치도를 설치할 수 있도록 지방자치단체의 종류에 특별자치도를 신설

○ 지방행정의 민주성과 효율성을 제고하기 위하여 조례 제정·개폐 및 감사청구 관련 제도를 개선

○ 국가가 지방자치단체 또는 그 기관에 위임한 사무의 수수료 등에 대한 표준 요율을 제정할 수 있는 근거를 마련

(9) 제24차 개정(2006.4.28. 일부개정. 법률 제7935호)

○ 지방의회는 지방의회의원이 준수하여야 할 지방의회의원의 윤리강령 및 윤리실천규범을 조례로 정하도록 하고, 의원의 윤리심사 및 징계에 관한 사항을 심사하기 위하여 윤리특별위원회를 둘 수 있도록 함.

○ 지방의회의 연간 회의 총일수와 정례회 및 임시회의 회기는 당해 지방자치단체의 조례로 정하도록 하고, 지방의회의 위원회에는 위원장과 위원의 자치입법 활동을 지원하기 위하여 전문지식을 가진 전문위원을 두도록 함.

(10) 제25차 개정(2006.5.24. 일부개정. 법률 제7957호)

○ 선출직 지방공직자인 지방자치단체의 장 및 지방의회의원에 대한 주민의 통제장치를 마련함으로써 지방행정의 민주성과 책임성을 제고하고 주민의 복리를 증진하기 위하여 주민소환제에 관한 근거 규정을 마련하려는 것임.

바. 제5기 민선자치(2006~2010) 지방자치법의 변천

(1) 제4회 전국동시 지방선거 실시(2006.5.31)

○ 투표율이 역대 최저를 기록한 2002년 6 · 13 지방선거보다는 소폭 상승

- 투표율: 68.4%(1995)→52.7%(1998)→48.9%(2002)→51.6%(2006)

○ 지방의원 유급제, 기초의원 비례대표제 도입, 여성 후보자 추천비율 (20%) 법제화 등 제도변경으로 신진인사들이 대거 진출

- 광역단체장은 16명 중 7명, 기초단체장은 230명 중 118명이 새 얼굴
- 여성 당선자 비중이 3.2%(2002)에서 13.6%(2006)로 수직 상승하였고, 여성 기초단체장도 3명이 선출됨

(2) 제5기 민선 지방자치제 출범(2006.7.1)

○ 2006. 7. 1 제주특별자치도 신설로 4개 기초자치단체 감소

○ 현재 230개 기초자치단체(75개 시, 86개 군, 69개 구)

○ 지방자치단체 수 : 246개(광역 16, 기초 230)

○ 지방의회 : 246개 의회, 의원 수 3,626명(광역 738, 기초 2,888)

○ 읍 · 면 · 동 : 3,584개('07.01.01 현재)

(3) 제26차 개정(2007.5.11, 일부개정, 법률 제8423호)

○ 법적 간결성 · 함축성과 조화를 이루는 범위에서 쓰며, 복잡한 문장은 체계를 정리하여 쉽고 간결하게 다듬어 일반 국민이 쉽게 읽고 잘 이해할 수 있도록 하고, 국민의 언어생활에도 맞는 법률이 되도록 하려는 것임.

(4) 제27차 개정(2009.4.1, 일부개정, 법률 제9577호)

○ 지방자치단체 한자 명칭의 변경(법 제4조 제1항 단서 신설)

○ 지적공부 미등록지의 귀속절차 제도화(법 제4조 3항부터 6항까지, 법 제4조 7항부터 9항까지 신설)

○ 행정면제 도입(법 제4조의2 3항 신설)

○ 국내 거주 외국인 · 재외국민의 주민참여권 확대(법 제15조 1항)

○ 지방의원의 겸직금지 및 영리 행위 제한 강화(법 제35조)

○ 지방공무원으로 보하는 부단체장의 임용자격 확대(법 제110조 2항)

- 지방공무원으로 보하는 부단체장의 신분을 현행 정무직 또는 별정
직에서 일반직 지방공무원을 추가함

○ 지방자치단체의 유사 · 중복 자문위원회의 통합운영 근거 마련(법 제
116조의2 신설)

사. 제6기 민선자치(2010~2014) 지방자치법의 변천

(1) 제5회 전국동시 지방선거 실시(2010.6.2)

○ 전국투표율이 54.5%.

○ 지방자치단체 수 : 244개(광역 16, 기초 228)

○ 지방자치단체 의원 수 3,649명(광역 680, 기초 2,512, 광역비례 81, 기초비례
376), 교육감 16, 교육의원 82.

○ 임기 기간 4년 (2010.07.01.~2014.06.30.)

(2) 제6기 민선 지방자치 체제 출범(2010.7.1.)

(3) 제28차 개정(2010.6.8. 일부개정. 법률 제10344호)

지방자치단체 자치사무에 대해 사전 · 포괄적으로 감사를 실시하는 것
은 감사개시요건을 충족하지 못하여 지방자치권을 침해하는 것이라는 헌
법재판소의 결정(헌재 2006헌라6, 2009. 5. 28. 결정) 취지를 반영하여 위법행위
확인을 위한 감사실시 요건의 강화, 감사중복 금지 등 수감 부담 경감을

위한 방안을 도입하려는 것임.

가. 행정안전부 장관 또는 시·도지사가 지방자치단체 자치사무에 대해 감사를 실시하기 전에 법령위반행위 등을 확인하여 감사를 실시하도록 감사실시 요건을 강화함(법 제171조 제2항 신설).

나. 지방자치단체에 대한 중복감사와 수감 부담문제를 해결하기 위하여 이미 감사원 감사 등을 받은 사안에 대해서는 새로운 사실이 발견된 경우 등이 아니면 종전의 감사결과를 활용하도록 하고, 주무부 장관과 행정안전부 장관이 지방자치단체에 대하여 감사를 실시하는 때에는 공동으로 할 수 있도록 하며, 이를 위해 필요한 감사절차·방법 등에 관한 사항은 대통령령으로 정하도록 함(법 제171조의2 신설).

(4) 제29차 개정(2011.5.30, 일부개정, 법률 제10739호)

지방자치단체의 종류에 정부의 직할로 두는 특별자치시를 추가하여 세종특별자치시 설치를 위한 제도적 기반을 마련하고(2012년 7월 1일부터 시행), 헌법재판소의 헌법 불합치 판결에 따라 지방자치단체의 장이 금고 이상의 형을 선고받은 경우 직무를 정지하고 부단체장이 권한을 대행하도록 한 규정을 삭제(지방자치법 제111조 1항 3)하려는 것임(2011년 5월30일 개정일부터 시행).

(5) 제30차 개정(2011.7.14, 일부개정, 법률 제10827호)

지방의회가 실시하는 행정사무 감사 및 조사의 실효성을 높이기 위하여 행정사무 감사 기간을 연장하고, 서류제출 거부 및 선거거부 등에 대한 벌칙을 신설하며, 행정사무 감사 및 조사 결과에 따른 후속 조치 근거를 마련하여 지방의회의 대 집행부 견제기능이 충실히 수행될 수 있도록 하는 한편, 임시회 소집공고일 단축, 조례안에 대한 예고제도 도입, 단체장이 제출하는 의안에 대한 비용 추계제도 도입 등 지방의회 및 지방자치단체 운영상의 효율성을 높이기 위한 제도적 장치를 보완하고자 하는 것임.

(6) 제31차 개정(2012.3.21. 일부개정, 법률 제11399호)

지방자치단체가 징수하는 수수료 중 전국적으로 통일할 필요가 있는 수수료에 대해서는 대통령령으로 표준금액을 정하도록 하고, 지방자치단체에서 이 표준금액대로 징수할 경우에는 별도의 조례제정·개정 없이도 징수할 수 있도록 함으로써 입법 불비의 문제를 해소하는 한편, 표준금액과 다른 금액으로 징수하고자 하는 경우에는 100분의 50의 범위에서 조례로 가감 조정하여 징수할 수 있도록 하려는 것임.

(7) 제32차 개정(2013.7.16. 일부개정, 법률 제11899호)

현재 지방의회 사무처장 등에게 위임되어 있는 지방의회 기능직공무원, 일부 별정직 공무원의 임용권이 「지방공무원법」 개정(법률 제11531호, 2012. 12. 11. 공포, 2013. 12. 12. 시행)으로 2013년 12월 12일 이후에는 지방자치단체의 장에게 이관될 예정이나, 지방의회 사무 처리의 독립성과 연속성을 보장하고 지방의회 직원의 전문성을 강화하기 위해서는 현재의 인사제도를 유지할 필요가 있는 바, 2013년 12월 12일 이후에 일반직 공무원으로 전환되는 현행 기능직공무원, 일부 별정직 공무원에 대한 임용권을 지방의회 사무처장 등에게 위임하려는 것임.

(8) 제33차 개정(2014.1.21. 일부개정, 법률 제12280호)

주민이 감사를 청구한 사항이 다른 기관에서 이미 감사하였거나 감사 중인 사항임을 지체 없이 알려 주민소송 제기 여부를 판단할 수 있도록 하고(제16조 제4항), 지방의회의 법적 지위가 지역 주민의 대의기관임을 명문화하여 지방의회가 지방자치단체의 독립된 기관임을 분명히 하고(제30조), 국가 행정기관 등의 신설 · 이전 · 운영경비 등을 지방자치단체에 과도하게 부담시키는 일이 발생하지 않도록 하고자 하는 것이다(제122조 3항 및 제4항).

아. 제7기 민선자치(2014~2018) 지방자치법의 변천

(1) 제6회 전국동시 지방선거 실시(2014.6.4.)

○ 전국투표율이 56.8%

○ 지방자치단체 수 : 243개(광역 17, 기초 226) 세종특별자치시 추가

○ 지방자치단체 의원 수 3,687명(광역 705, 기초 2,519, 광역비례 84, 기초비례 379), 교육감 17, 교육의원 5(제주특별자치도).

○ 임기 기간 4년(2014.07.01.~2018.06.30.)

※ 그동안 교육자치제도와 지방자치제도를 분리하여 교육위원과 지방의원을 따로 선출 · 시행해왔으나, 「지방교육자치에 관한 법률」 개정에 따라 2014년 6월 30일을 기점으로 교육위원회를 폐지함. 현재 교육위원회는 지방자치단체 지방의회의 상임위 차원으로 운영되고 있음. 다만, 「제주특별자치도 설치 및 국제자유도시 조성을 위한 특별법」에 의해 제주도만 교육의원을 선출하고 있음.

(2) 제7기 민선 지방자치 체제 출범(2014.7.1.)

(3) 제34차 개정(2017.4.18. 일부개정, 법률 제14768호)

일본식 한자어인 "납골당"을 「장사 등에 관한 법률」의 입법례를 고려하여 "봉안당"으로 변경하고(제9조 2항 2호 사목).

자. 제8기 민선자치(2018~2022) 지방자치법의 변천

(1) 제7회 전국동시 지방선거 실시(2018.6.13.)

- 전국투표율 : 60.2%
- 지방자치단체 수 : 243개(광역 17, 기초 226)
- 지방자치단체 의원 수 3,751명(광역 737, 기초 2,541, 광역비례 87, 기초비례 386), 교육감 17, 교육의원 5(제주특별자치도).
- 임기 기간 4년(2018.07.01.~2022.06.30.)

(2) 제8기 민선 지방자치 체제 출범(2018.7.1)

(3) 제35차 개정(2021.1.12. 전부개정, 법률 제17893호)

가. 이 법에 따른 지방자치단체의 의회 및 집행기관의 구성을 따로 법률로 정하는 바에 따라 달리 할 수 있도록 하며, 이 경우에는 「주민투표법」에 따른 주민투표를 실시하여 주민의 의견을 듣도록 함(제4조).

나. 매립지 및 등록 누락지가 속할 지방자치단체 결정 절차를 개선함(제5조).

다. 지방자치단체 관할구역 경계변경 제도를 개선함(제6조).

라. 주민이 지방자치단체 규칙에 대하여 제정 및 개정·폐지 의견을 제

출할 수 있도록 함(제20조).

마. 주민의 감사청구 제도를 개선함(제21조).

바. 지방자치단체는 지방의회의 의정활동 등의 정보를 주민에게 공개하도록 하고, 행정안전부 장관은 이 법 또는 다른 법령에 따라 공개된 지방자치 정보를 체계적으로 수집하고 주민에게 제공하기 위한 정보공개시스템을 구축·운영할 수 있도록 함(제26조).

사. 지방의회의 역량 강화 및 인사권 독립에 관한 사항을 규정함(제41조 및 제103조 2항).

아. 지방의회의원의 겸직금지 조항을 정비함(제43조).

자. 지방자치단체의 폐지·신설·분할·통합 등에 따라 새로운 지방자치단체가 차질 없이 출범할 수 있도록 새로운 지방자치단체가 설치된 경우 최초의 지방의회 임시회는 지방의회 사무처장·사무국장·사무과장이 해당 지방자치단체가 설치되는 날에 소집하도록 함(제54조 2항).

차. 지방의회의원의 겸직 및 영리 행위 등에 관한 의장의 자문과 지방의회의원 징계에 관한 윤리특별위원회의 자문 등에 응하기 위하여 윤리특별위원회에 윤리심사자문위원회를 두도록 하고, 윤리심사자문위원회의 위원은 민간전문가 중에서 지방의회의 의장이 위촉하도록 함(제66조).

카. 지방자치단체의 장의 직 인수위원회 설치 근거를 마련함(제105조).

타. 지방자치단체는 자문기관 운영의 효율성 향상을 위하여 중복되는 자문기관을 설치할 수 없도록 하고, 지방자치단체의 장은 자문기관 정비계획 및 조치결과 등을 종합하여 작성한 자문기관 운영현황을 매년 지방의회에 보고하도록 의무화 함(제130조).

파. 국가와 지방자치단체 간의 협력을 도모하고 지방자치 발전과 지역

간 균형발전에 관련되는 중요 정책을 심의하기 위하여 중앙지방협력회의를 두고, 그 구성 및 운영에 관한 사항은 따로 법률로 정하도록 함(제186조).

하. 지방자치단체에 대한 적법성 통제를 강화함(제188조 및 제192조).

거. 특별지방자치단체의 설치 근거를 마련함(제199조부터 제211조까지).

(4) 제36차 개정(2021.4.20. 일부개정, 법률 제18092호)

리 및 통은 각각 읍·면과 동에 설치하여 지방행정의 최일선 역할을 수행하고 있음. 그러나 현행법에 근거를 두고 있는 리와 달리 통은 동의 하부조직으로 조례로 정하는 바에 따라 설치되고 있어, 통에 대한 법적 근거를 마련해야 할 필요가 있음. 이에 통에 관한 법적 근거를 마련하려는 것임(법 제4조의2 4항).

(5) 제37차 개정(2021.10.19. 일부개정, 법률 제18497호)

법률에 대한 국민의 이해 정도와 접근 가능성을 확장하기 위하여 일본식 용어 등을 한글화하거나 보다 쉬운 표현으로 정비하는 한편,「국회법」과의 정합성을 갖추기 위하여 지방자치단체의 장이 조례안 등의 안건 등을 지방의회에 보내는 사무에는 '부의'나 '발의'라는 용어 대신 '제출'이라는 용어로 일률적으로 수정하려는 것임.

차. 제9기 민선자치(2022~2026) 지방자치법의 변천

(1) 제8회 전국동시 지방선거 실시(2022.6.1.)

○ 전국투표율 : 50.9%

○ 지방자치단체 수 : 243개(광역 17, 기초 226)

○ 지방자치단체 의원 수 3,860명(광역 779, 기초 2,602, 광역비례 93, 기초비례 386), 교육감 17, 교육의원 5(제주특별자치도).

○ 임기 기간 4년 (2022.07.01.~2026.06.30.)

(2) 제9기 민선 지방자치 체제 출범(2022.7.1)

한국지방자치법 변천개요

구분	특징
제정 · 공포('49.7.4)	• 이층제 구조(서울특별시와 도, 시 · 읍 · 면으로 구분) • 기관대립형 구조(지방의회 주민 직선, 장은 임명제 및 간선) - 시 · 읍 · 면장 지방의회 간선, 도와 특별시장 대통령 임명 • 의회의 불신임제도, 장의 의회해산권 인정
1차 개정('49.12.15)	지방의회가 성립될 때까지 의회의 의결을 요하는 사항은 도와 특별시는 내무부 장관, 시 · 읍 · 면은 도지사의 승인
2차 개정('56.2.13)	• 지방의회, 시 · 읍 · 면장 주민 직선(도, 특별시장은 대통령 임명) • 단체장에 대한 의회 불신임제도 폐지, 임기 축소(4 → 3)
3차 개정('56.7.8)	선거일까지 임기 만료되지 않은 자 종전 임기(4년) 보장
4차 개정('58.12.26)	• 지방의회 주민 직선, 단체장은 전부 임명제로 전환 - 도 · 특별시장 · 시장(대통령 임명), 읍 · 면장(도지사 임명) • 단체장 불신임제 채택
5차 개정('60.11.1)	지방의회 및 자치단체장을 모두 주민 직선
지방자치에 관한 임시조치법 ('61.9.1)	• 5 · 16쿠데타로 지방의회 해산 • 지방자치단체장 전부 임명제
6차 개정('88.4.6)	지방의회 주민 직선(1991년까지 미실시), 자치단체장 주민 직선(경과규정에 의해 대통령 임명), 광역(서울시, 직할시, 도)과 기초(시 · 군 · 구)로 구분, 읍 · 면 · 동의 자치계층 폐지(행정 계층화)
7차 개정('89.12.30)	단체장 직선 명문화
8차 개정('90.12.31)	의원선거(1991.6.30) 규정, 단체장 선거(1992.6월 이내)
9차 개정('91.5.23)	정당공천 허용(기초의원 배제)
10차 개정('91.12.31)	정기회 집회일 조정
11차 개정('94.3.16)	도농 복합시, 주민투표제 도입
12차 개정('94.12.20)	직할시를 광역시, 단체장 연임 제한(3회)
13차 개정('95.1.5)	단체장의 국가공무원 임용·제청권 부여
14차 개정('95.8.4)	도농 복합시 설치기준 완화
15차 개정('99.8.31)	주민 조례제정 및 개폐 청구제, 주민감사청구제 도입, 지방의회 정례회(연 2회), 지방의회와 자치단체장의 연합조직 규정
16차 개정('00.01.12)	부자치단체장 3인 설치(인구 800만 이상인 경우)
17차 개정('02.03.25)	부자치단체장의 자치단체장 권한 대행 범위 확대
18차 개정('03.07.18)	지방의회의원 명예직 규정 삭제
19차 개정('04.01.29)	인구 50만 명 이상의 대도시에 대한 행정 · 재정 및 국가의 지도 · 감독상의 특례 규정 허용근거 신설
20차 개정('05.01.27)	주민감사청구제도의 개선, 정례회와 임시회의 회기제한규정을 삭제
21차 개정('05.03.24)	행정구 · 읍 · 면 · 동의 명칭 및 구역변경에 관한 상급기관의 승인제에서 보고제로
22차 개정('05.08.04)	지방의원의 회기수당을 월정수당으로 전환
23차 개정('06.01.11)	제주도를 폐지하고 제주특별자치도를 설치할 수 있도록 지방자치단체의 종류에 특별자치도를 신설
24차 개정('06.04.28)	지방의회의원의 윤리강령 및 윤리실천규범, 연간 회의 총일수와 정례회 및 임시회의 회기는 당해 지방자치단체의 조례로 정하도록 함.
25차 개정('06.05.24)	주민소환제에 관한 근거 규정을 마련
26차 개정('07.05.11)	법 문장의 표기를 한글화하고 어려운 용어를 쉬운 우리말로 풀어씀
27차 개정('09.04.01)	지방자치단체 한자 명칭의 변경, 지적공부 미등록지의 귀속절차 제도화, 행정면제 도입, 국내 거주 외국인 · 재외국민의 주민참여권 확대, 지방의원의 겸직금지 및 영리 행위 제한 강화, 지방공무원으로 보하는 부단체장의 임용자격 확대, 지방자치단체의 유사 · 중복 자문위원회의 통합운영 근거 마련

구분	특징
28차 개정('10.6.8)	지방자치단체 자치사무에 대해 위법행위확인을 위한 감사실시 요건의 강화, 감사중복 금지 등 수감 부담 경감을 위한 방안을 도입
29차 개정('11.5.30)	지방자치단체의 종류에 정부의 직할로 두는 특별자치시를 추가하여 세종특별자치시 설치를 위한 제도적 기반을 마련(2012년 7월 1일부터 시행)하고, 헌법재판소의 헌법 불합치 판결에 따라 지방자치단체의 장이 금고 이상의 형을 선고받은 경우 직무를 정지하고 부단체장이 권한을 대행하도록 한 규정(111조 1항 3)을 삭제하려는 것임('11.5.30. 개정일부터 시행).
30차 개정('11.7.14)	행정사무 감사 기간 연장, 서류제출 거부 및 선거거부 등에 대한 벌칙을 신설, 임시회 소집공고일 단축, 조례안에 대한 예고제도 도입, 단체장이 제출하는 의안에 대한 비용 추계제도 도입 등
31차 개정('12.3.21)	지방자치단체가 징수하는 수수료 중 전국적으로 통일할 필요가 있는 수수료에 대해서는 대통령령으로 표준금액을 정하도록 함
32차 개정('13.7.16)	2013년 12월 12일 이후에 일반직 공무원으로 전환되는 현행 기능직공무원, 일부 별정직 공무원에 대한 임용권을 지방의회 사무처장 등에게 위임
33차 개정('14.1.21)	주민이 감사를 청구한 사항이 다른 기관에서 이미 감사하였거나 감사 중인 사항임을 지체 없이 알려 주민소송 제기 여부를 판단할 수 있도록 함
34차 개정('17.4.18)	일본식 한자어인 "납골당"을 「장사 등에 관한 법률」의 입법례를 고려하여 "봉안당"으로 변경
35차 개정('21.1.12)	지방자치단체의 기관구성을 다양화할 수 있는 근거를 마련하고, 지방자치단체에 대하여 주민에 대한 정보공개 의무를 부여하며, 주민의 감사청구 제도를 개선하고, 중앙지방협력회의의 설치 근거를 마련하며, 특별지방자치단체의 설치·운영에 관한 법적 근거를 마련하고, 관할구역 경계조정 제도를 개선하는 한편, 주민의 조례에 대한 제정과 개정·폐지 청구에 관한 사항을 현행 법률에서 분리하여 별도의 법률로 제정
36차 개정('21.4.20)	현행법에 근거를 두고 있는 리와 달리 통은 동의 하부조직으로 조례로 정하는 바에 따라 설치되고 있어, 통에 관한 법적 근거를 마련하려는 것임.
37차 개정('21.10.19)	일본식 용어 등을 한글화하거나 보다 쉬운 표현으로 정비, 즉 '부의'나 '발의'라는 용어 대신 '제출'이라는 용어로 일률적으로 수정

참고문헌

강용기(2002). 『현대지방자치론』. 서울: 대영문화사.
김병준(2002). 『한국지방자치론』. 서울: 법문사.
김영기(2002). 『지방자치제의 이해』. 서울: 대영문화사.
임용주(2002). 『지방자치론』. 서울: 형설출판사.
국가법령정보센터. 지방자치법 및 관련 법

제5장 중앙집권과 지방분권

1. 머리말

권력의 집권과 분권은 역사발전에 따라 다양한 형태로 변천해왔다. 그 변천 과정을 국가권력에 저항 시대, 국가권력의 분화시대, 국가기능의 증가시대, 정보통신의 발달시대로 나누어 집권과 분권에 관해 살펴보고자 한다.

① 국가권력에 저항 시대

절대왕정은 중세 봉건국가에서 근대시민국가로 넘어가는 과도기에 나타난 정치형태로서 중세의 지방분권적·다원적인 권력 구조와는 달리, 군주가 국토와 권력을 중앙집권적·일원적으로 통일하여 절대적인 권력을 행사할 수 있었다. 일반적으로 중앙집권적 통일국가가 형성되면 국가행정의 모든 권한이 중앙정부에 집중되고, 단지 행정 편의를 위해 약간의 분권이 이루어질 뿐이었다.

② 국가권력의 분화시대

17C~18C에 있었던 시민혁명[1]을 통해 절대왕정이 몰락하고 성립된 근대국가는 시민의 대표로 구성된 의회에서 시민의 의사에 기초하여 제정되는 법률에 의해 권력작용이 이루어지도록 함으로써 개인의 자유권적 기본권을 확보하는 데 있었다. 바로 이 시대는 헌법을 만들어 그 누구든 법을 어기면 처벌을 받도록 하자는 즉, 말 그대로 법에 의해 돌아가는 자유 방임의 국가로서 입법권이 행정권이나 사법권보다 우월한 위치에 있는 입법국가이다. 따라서 권력이 어느 한 사람 한 부문에 집중되기보다 분권화되기를 지향하는 시대이다.

③ 국가기능의 증가시대

19세기 의회 우선 시대의 입법국가에 대응하는 행정부의 기능과 권한이 확대·강화된 행정부 우위의 국가를 행정국가라고 한다. 행정국가는 자본주의의 진전에 따라 발전하고 복잡화되었고 자본주의 자체가 내포한 모순이 현저한 사회현상으로 출현하여 동태적인 사회문제의 해결을 위해 전문적 지식과 신축성 있는 대응을 할 수 있는 행정부에 주로 의존하면서 강화되었다. 여기에 과학 기술과 교통 통신의 발달은 국가사회의 중요한 문제

---

1 시민혁명은 영국에서 최초로 일어났으나, 근대 시민사회는 프랑스혁명을 계기로 확립되었다. 시민혁명이란 경제적으로 성장한 근대 부르주아계급이 중심이 되어 절대왕정을 뒤엎고 국가권력을 절대군주로부터 시민에게 넘긴 일련의 정치변혁을 의미한다. 이런 시민혁명을 통하여 아테네 이후 단절되었던 민주주의가 근대에 다시 꽃을 피우게 된 것이다. 17, 18세기의 시민혁명은 봉건제적 신분 사회와 절대주의적 전제군주의 속박에서 벗어나 시민이 정치의 주체가 되기 위해 일어났다. 영국의 혁명은 의회를 중심으로 왕권을 제한하는 과정에서 이루어졌으며, 프랑스의 혁명은 절대왕정을 타도하는 과정에서, 미국은 독립을 쟁취하기 위한 과정에서 이루어졌다. 시민의 자유와 평등을 추구한 위의 3가지 혁명을 세계 3대 시민혁명이라고 한다.

들을 전국적·종합적 견지에서 통일적·효율적으로 처리하지 않을 수 없게 하면서 권력을 더욱 중앙에 집중시키는 역할을 하였다.

④ 정보통신의 발달시대

21세기에 접어들면서 행정국가는 지식을 네트워크로 공유하면서 권력이 중앙에 집중되는 것을 분화시키고 새롭게 관리하는 방식으로 변화하게 되었다. 예컨대 과거에 과도한 지방분권체제를 유지해온 영·미제국에서는 신중앙집권화의 경향을 띠고 있는 반면, 과거 중앙집권체제를 가지고 있었던 프랑스, 이탈리아, 독일에서는 신지방분권화로 나아가고 있어서 좋은 대조를 이루고 있다.

2. 집권과 분권

가. 집권과 분권의 개념

집권과 분권의 개념은 그 구분의 초점을 어디에 두는가에 따라 달라지는데, 대체로 세 가지 유형으로 구분해볼 수 있다(유종해, 1986: 442; 안용식 외, 2006: 65).

첫째, 지역적으로 보아 중앙과 지방과의 관계에서 중앙행정 관청이 지방자치단체에 대하여 강한 지휘 감독권을 가지는 경우와 그렇지 아니한 경우를 말하는데, 이때에는 중앙집권과 지방분권이 된다.

둘째, 한 조직 내에서나 정부 전체에서 최고책임자에게 권한이 집중되어 있는가의 여부에 따른 계층 상의 집권과 분권의 개념이 있다.

셋째, 어떤 기능(인사·구매 등)이 한 기관에 집중되어 있는가, 분산되어 있는가에 따른 기능상의 집권과 분권이 있다.

이처럼 집권이란 권력이나 의사결정권이 상급조직이나 조직의 상층부에 집중된 상태를 의미한다. 따라서 집권과 분권은 중앙정부와 지방자치단체, 중앙정부와 중앙정부의 일선 기관, 그리고 단일 조직의 상층부와 하층부 간에 파악할 수 있는 개념이다. 또한 집권과 분권은 상대적인 개념으로 완전한 집권이나 완전한 분권은 존재하지 않는다. 왜냐하면 모든 권한이 중앙정부에 집중되었다면 지방자치단체는 존재할 수 없기 때문이다. 따라서 현실적인 조직은 완전한 집권과 완전한 분권 사이의 어느 지점에 존재하게 된다(정일섭, 2006: 93).

나. 집권화와 분권화의 장·단점

(1) 집권화의 장점

집권화는 대체로 외부 환경 변화에 따른 위기가 존재하여 일사불란한 행정이 요구되거나, 국가 전체적인 통일된 행정이 요구될 때 강조되는 경향이 있다. 또한 조직의 규모가 작고 역사가 짧은 신설 조직일수록, 그리고 정보가 특정인이나 특정 기관에 집중될수록 집권화의 가능성이 높아진다.

왜냐하면 집권화는 위기에 신속히 대처할 수 있고 통일된 정책을 능률적으로 처리할 수 있을 뿐만 아니라 지역 간의 편차와 행정기능의 중복·낭비 현상을 줄일 수 있는 장점이 있기 때문이다.

(2) 집권화의 단점

집권화는 권한의 집중으로 인하여 조직구성원의 창의성과 진취적 기상을 저해하거나 획일주의에 빠지기 쉽고, 중앙집권적 권위주의에 종속되어 지역 실정에 맞는 행정업무를 수행하기 어려운 단점이 있다. 따라서 집권화는 능률성과 민주성과의 관계에서 능률성에 대한 선호도가 상대적으로 높기 때문에 민주성과의 조화가 요구되는 개념이라 할 수 있다.

(3) 분권화의 장점

분권화는 일반적으로 조직의 규모가 확대되면서 다양하고 전문화된 많은 양의 업무를 신속히 처리하기 위하여 강조되는 경향이 있으며, 지역 실정에 맞는 토착적 행정이 요구되거나 조직에 대한 민주적 통제의 요구가 확대될수록 분권화의 가능성이 높아진다.

왜냐하면 분권화는 조직에 대한 창의적 · 적극적인 참여의식의 제고와 자발적 협조를 유도할 수 있고 지역 실정에 맞는 행정을 도모할 수 있는 장점이 있기 때문이다.

(4) 분권화의 단점

분권화는 행정력의 분산에 따른 균질적 행정의 확산에 역행할 개연성도 있다. 따라서 분권화는 능률성과 민주성과의 관계에서 민주성에 대한 선호도가 상대적으로 높기 때문에 능률성과의 조화가 필요한 개념이라 할 수 있다(안용식 외, 2006: 66-67).

3. 중앙집권과 지방분권

가. 중앙집권과 지방분권의 의의

중앙집권과 지방분권은 기술적인 면에서만 논의될 수 있는 것이 아니라 정치적인 이념과 관련된 문제이기도 하다. 기술적인 면에서 국가기능이 복잡·다양해짐에 따라 효율적인 집행을 위해 지방분권이 이루어지고 지역적으로 분산된 국가기능을 종합·조정하기 위해서 중앙집권이 요구된다. 정치적인 면에서 국민의 자치적 분권의 요구에 의해 지방분권이 이루어지고, 권위주의적이고 전체주의적인 통치이념에 의해서 중앙집권이 발생한다.

따라서 중앙집권은 중앙과 지방 간의 갈등을 국정의 통합성을 해치는 부정적 요인으로 간주하지만, 지방분권은 그것을 자율적 국정 운영과정의 불가결한 요소 내지 협력실현과정으로 본다. 이러한 중앙집권과 지방분권은 시대와 상황의 변화에 따라, 그리고 정부의 지도자와 체제 성격에 따라 양자 간에 현저한 차이가 나타날 수 있지만 어느 한쪽만을 강조할 수 없는 상대적 속성을 가지고 있음을 유의해야 할 것이다(임용주, 2002: 59-60; 이규환, 2002: 64).

나. 중앙집권의 장점[2]

(1) 국가적 위기에 대한 신속한 대처

국가가 국제정세의 변동이나 안보상의 위기상황에 직면할 경우 신속하게 대처할 수 있다. 국난을 당했을 때 일사불란한 지휘체계를 확립하여 효율적으로 이에 대응할 수 있다.

---

2 단점은 장점과 상반되는 관계가 있기 때문에 단점에 대한 설명은 생략한다. 중앙집권의 장점이 지방분권의 단점에 해당한다(임용주, 2002: 60-62; 이규환, 2002: 64-68; 정세욱, 2003: 195-199).

(2) 경제개발 · 국민 형성에 기여

중앙집권의 경우에는 경제발전의 초창기에 필요한 자원을 기간산업에 집중적으로 투자할 수가 있어 경제발전에 유리하고, 국민 간의 일체감을 조성하는 데도 효과적이다.

(3) 지역 간의 격차 해소

한 국가 내에서 경제발전의 정도나 지리적인 조건에 의해 각 지방자치단체마다 재정자립도 · 문화 수준 · 복지 수준 · 산업구조 · 사회간접자본 등이 많은 차이를 나타낼 경우 중앙정부의 조정에 의해서 균형발전을 이루는 데 효과적이다.

(4) 전국적 또는 광역적 규모의 사업

전국적 또는 광역적 규모의 사업(고속도로건설 · 보수 · 관리, 대하천개발, 항공관리)과 현업(우편)에 적합하다. 지방자치단체는 이러한 종류의 사무를 처리할 수 없으며, 설사 처리한다 하더라도 그 소기의 성과를 기대하기 곤란하므로 중앙정부나 그 하급기관(지방국토관리청, 지방항공청, 지방환경청)에서 처리함이 타당하다. 또한 부분적 이익을 초월하여 전체적 이익을 도모할 수 있다(외교 · 국방 · 화폐 · 물가관리 · 경제개발 등).

(5) 행정의 통일성, 전문성, 능률성의 확보

전국적인 통일성이 요구되는 행정사무에 적합하며, 인사관리나 예산관리기능을 지방자치단체에 분권화하면 자치단체의 업무수행에 치중하는 나머지 이러한 관리기능에는 소홀해지는 데 비하여, 이를 중앙집권화하면 인사나 예산의 전문가를 중앙정부에 확보하여 활용할 수 있으므로 전문화를 촉진할 수 있게 된다.

다. 지방분권의 장점

(1) 행정의 사회적 능률증진

지방분권은 정치적 측면에서 '주민이 주인이 되는 진정한 민주주의'를 실현하므로 민주주의와 능률의 요구를 동시에 충족시킬 수 있다.

(2) 지역 실정에 맞는 행정

지방분권은 중앙정부에 의하여 행해지는 획일적인 행정의 폐단을 막을 수 있다. 대도시지역은 대도시의 특수한 행정수요에, 농촌지역은 농촌의 실정에, 공업지역은 공업도시의 특수한 여건에, 관광지역은 관광지로서의 특수한 행정수요에 각각 적합하도록 그 지역의 특성을 살려 지역 실정에 맞는 행정을 수행할 수 있다.

(3) 행정의 민주화

주민참여를 촉진하고 민의를 반영할 수 있으며 민주통제가 가능하게 되어 행정의 민주화를 확보할 수 있다. 또한 지방분권화는 주민참여를 통해 정치훈련을 가능하게 하고 주민의 정치 수준을 향상시킨다.

(4) 지방공무원의 사기 및 능력제고

지방분권이 되면 지방공무원에게 의사결정권이 많이 위임되기 때문에 지방공무원들의 주체의식이 향상되고 사기가 높아진다. 지방공무원의 주체의식이나 사기 진작은 지방공무원의 창의성을 높이고 업무수행에 있어서 쇄신성을 가져다준다. 또한 지방공무원들이 정책 결정과 집행에 직접 관여하여 풍부한 경험을 갖게 되므로 넓은 시야와 고도의 판단력, 의견을 가진 능력 있는 관리자로 훈련·양성시킬 수 있다.

(5) 신속한 행정처리

중앙집권하에서는 경미한 행정 사항일지라도 중앙정부의 승인을 받아야 하므로 번잡한 결정절차에 따른 행정의 지체를 초래하게 된다. 그러나 지방분권화에서는 지방정부가 현지에서 모든 행정 사항을 자주적으로 결정·집행하므로 복잡한 결재나 승인을 요하지 않으며 행정의 신속한 처리가 가능해진다.

(6) 지역 단위 행정의 종합·조정

중앙집권화의 경우에는 한 지역에서 이루어지고 있는 행정이 기능적으로 분리되어 중앙부처에 예속되기 때문에 지역 단위에 있어서 기능적인 분화가 심하다. 그러나 지방분권화의 경우에는 지방행정기관에 재량권이 부여되어 있기 때문에 지역별로 행정 전체를 종합하고 조정할 수가 있다.

4. 신중앙집권화

가. 신중앙집권화의 의의

신중앙집권화란 영국이나 미국과 같이 전통적으로 굳건한 지방자치의 기반을 갖춘 나라에서 최근의 사회 경제적 변동과 국제환경의 변화에 따라 야기되는 제반 정책 수요에 대응하기에는 지방정부의 힘이 모자라거나 종래의 소극적인 중앙정부의 태도로서는 감당하기 어려울 경우에 새로운 책임과 역할이 중앙정부에 주어지는 현상을 말한다.

그러나 이러한 현상은 전통적 지방자치가 축소 또는 쇠퇴하는 것은 결코 아니며, 그 동안 비교적 소극적 자유방임적 자세를 가져왔던 중앙정부가 적극적 능동적으로 당면한 과제에 대응하는 것을 뜻한다(이규환, 2002: 75-76).

(1) 권력의 조정이나 재편성

신중앙집권화는 지방분권, 지방자치를 부정하는 것이 아니라 행정국가의 정치구조에 있어서 권력의 조정이나 재편성을 의미한다.

(2) 중앙과 지방의 새로운 협력 관계

신중앙집권화는 중앙과 지방의 새로운 협력 관계 또는 행정의 능률화와 민주화의 조화를 모색하는 것이다.

(3) 새로운 개념의 집권

신중앙집권화는 종래의 관료적 · 권력적 · 지배적 집권이 아니라 지식적 · 기술적, 협력적, 비권력적 집권을 의미한다.

나. 신중앙집권화의 촉진요인

신중앙집권화는 지방자치단체의 행정기능이 지방에서 상급단체 또는 중앙으로 이관되고 있는 현상에서 찾고 있는데 그 주요 요인을 다음과 같이 살펴볼 수 있다.

(1) 행정기능의 양적 확대와 질적 변화

현대사회는 산업화·도시화의 진전에 따라 행정기능이 양적으로 확대되고 질적으로 변화되었다. 따라서 고도로 발달한 현대사회에서는 노사대립, 빈부의 격차, 대기업독점, 실업의 증가, 과대 도시화에 따른 주택난·교통난·급수난 등의 생활환경의 악화, 환경오염 등의 새로운 문제가 나타나기 시작하였다.

이러한 상황변화에 지방자치단체는 이에 적응할 수 있는 기술적, 재정적 능력을 갖출 수 없게 되어 중앙정부가 각종 지원을 통하여 지방자치행정에 더욱 관여하게 되었다. 즉 사회 경제적 문제의 성격이 지역적이 아닌 전국적이어서 중앙정부의 주도적 역할이 불가피하다(이규환, 2002: 77).

(2) 지방재정의 취약성

지방자치단체가 재정적으로 중앙의 보조금(국고보조·지방교부금·국가균형발전특별회계)에 의존할 수밖에 없기 때문에 중앙의 재정적·행정적 통제가 불가피하다는 데서 신중앙집권화의 경향이 나타난다(최봉기, 2006: 118-126).

(3) 과학 기술과 교통·통신의 발달

과학 기술의 발달은 시간적·공간적 제약을 해소함으로써 지방정부보다 고도의 전문지식과 기술적인 행정 능력에서 우월한 중앙정부에 의한 집중관리를 용이하게 하였다. 또한 교통·통신의 발달은 중앙과 지방 간의 거리를 단축했을 뿐만 아니라 신속한 의사소통과 즉각적인 지시·통제를 가능하게 하였다. 따라서 지방자치단체의 사무를 중앙정부가 처리하는 것이 좀 더 능률적이라고 할 수 있어 신중앙집권화가 나타난다.

(4) 국민 생활권의 확대

산업화·도시화로 인해 국민의 생활영역이 확대되고 교통 통신의 발달로 행정 공간·시간을 단축시켜 현대사회의 복잡 다양한 문제의 해결을 위해서는 국가적 견지에서 통합·조정하는 것이 좀 더 효과적이라고 할 수 있어 신중앙집권화가 나타난다.

(5) 국민적 최저수준의 유지

현대국가는 복지국가로서 모든 국민에게 기초적인 생활 수준이라 할 수 있는 국민적 최저수준을 유지하는 것이 공익차원에서 필요한 것이다. 지방자치단체에 이러한 국민적인 복지정책을 위임할 경우 자치단체의 재정적 능력에 따라 지역주민들 간의 생활 수준의 격차가 발생하게 된다. 따라서 전국적으로 균형된 복지 수준을 유지하기 위해서는 중앙정부가 재정적 지원을 확대하든지 복지 사무를 중앙정부가 맡아서 통제할 필요성에서 신중앙집권화가 나타난다.

(6) 국제사회의 급격한 변화

외부의 위협으로부터 국가를 보호하고 급변하는 국제정세에 신속하게 대처하기 위해서는 전 국민의 역량 집중이 필요하다는 점에서 신중앙집권화가 나타난다.

다. 신중앙집권화의 한계

오늘날 아무리 집권화를 촉진하는 요인들이 있다고 하더라도 행정에 있어서의 신중앙집권화는 분명한 한계가 있음을 잊어서는 안 된다. 왜냐하면 행정의 능률성만을 따른다면 신중앙집권화가 유용할지 모르지만 그에 못지않게 중요시되는 행정의 민주화의 요구가 동시에 표출되기 때문이다.

따라서 어떻게 하면 능률성의 확대와 민주성의 행정의 이념을 적절하게 조화시키면서 중앙정부와 지방정부 간의 협력적 행정업무를 수행하느냐가 신중앙집권화의 성격을 규정짓는다는 점에서 다음과 같은 내재적 한계가 있음을 유의하여야 한다(조창현, 2005: 126-130; 정일섭, 2006: 95-96; 정세욱, 2003: 31-34; 이규환, 2002: 74-79).

① 신중앙집권화로 인해 자치권이 지나치게 축소되어 지방행정자치가 형식화되어서는 안 된다.

② 중앙통제는 권력적·지배적인 방식이 아니라 지방자치단체가 보유하지 못한 지식과 기술을 지원하고 정보를 제공하여 행정 능력을 향상시키는 방식이 되어야 한다.

③ 지방적 사무가 전국적 이해관계를 갖는다고 해도 획일적 방식보다 지방의 특수성을 존중해야 한다.

5. 신지방분권화

가. 신지방분권화의 개념

종래의 지방분권은 시민의 자유를 억압하던 절대군주의 중앙정부의 권력을 극복하는 데 존재의의가 있었으나 현대의 지방분권은 중앙정부와 지방자치단체는 다 같이 국가의 통치기구의 일환으로서 국민복지의 증진이라는 공동목표를 향하여 기능을 분담하면서 서로 협력하여 행정을 처리하는 데 그 특징이 있다. 이러한 의미에서 현대의 지방분권을 신지방분권이라고 한다.

따라서 신지방분권이란 중앙정부와 지방정부와의 관계가 종래와 같은 배타적인 상하 관계 혹은 대립 관계의 지방분권이 아니라 병렬적이고 협력적인 관계를 말한다(이규환, 2002: 79-81).

나. 신지방분권화의 촉진요인

신중앙집권화가 진행되는 이면에는 그것이 결과하는 행정서비스의 획일성·경직성과 행정능률의 저하로 신지방분권화의 필요성이 다시 증대되고 있다는 점에서 그 주요 요인을 다음과 같이 살펴볼 수 있다(최봉기, 2006: 129-132).

(1) 지방적 이해의 전국적 사무 증가

행정사무 중에는 전국적인 성격을 가지면서 동시에 지방적 이해를 갖는 사무가 크게 증가하고 있다. 이러한 사무가 실효를 거두기 위해서는 지방정부가 중앙정부와 각각 대등한 입장에서 기능을 분담하면서 협동적으로 처리하지 않을 수 없게 되었다. 예컨대 보건소운영, 각종 예방접종 등이다.

그리고 주민들의 생활권이 확대됨에 따라 전국적인 이해관계를 갖는 행정사무가 증가하고 있지만 그 이해관계가 지방에 한정되는 사무는 여전히 존재하기 때문에 지방자치의 활성화를 위한 신지방분권화가 필요하다.

(2) 지방정부의 행정 능력의 향상

과거와는 달리 오늘날에는 지방정부도 많은 전문인력과 기술 및 정보를 비롯하여 유능한 인재와 다양한 경험을 가진 인재들이 많이 근무하게 되었다. 그래서 지방정부도 점차 다양화되고 고도화되어 가는 복잡한 행정수요에 신속하고 효과적으로 대응할 수 있는 역량을 상당한 수준 갖추게 되었다. 이와 함께 지방에서 이루어지는 공공사무는 원칙적으로 지방정부가 담당해야 한다는 지방자치 의식이 점차 증대하게 되었다.

(3) 행정수요의 지역적 다양성

지방 행정수요는 지역적 특성에 따라 지방마다 다르며, 주민의 특성과 욕구 수준 변화에 따라 부단히 변화한다. 따라서 지역 문제 해결은 지역 특성에 맞도록 각 지방정부가 직접적인 정책을 수립하고 집행할 필요성이 증대하게 되었다.

(4) 참여민주주의에 대한 인식증대

오늘날 민간영역의 발전에 비하여 공공영역의 능률저하, 행정체제의 집권적 권위주의적 폐단에 대해 시민적 비판의식이 제고되면서 행정에 대한 시민적 통제의 필요성이 강화되었다. 이와 함께 대의민주주의에 대한 새로운 인식과 가치가 부각함으로써 신지방분권의 필요성이 강조되기에 이르렀다. 또한 지역주민의 참여요구의 증대, 지방의 실정에 맞는 자치인식,

지방분권을 통한 민주정치의 발전기대, 최고 통치권자의 지도 철학, 국가
와 지방정부의 긴밀한 협력 관계 증대 등이 주요 요인으로 작용하고 있다.

(5) 중앙집권의 폐해증대

중앙집권적 국정 운영은 집권을 통한 많은 성과에도 불구하고 그로 인
한 피해도 성과 못지않게 늘어났다. 전국적 총량적 성과는 거두었지만 형
평적 배분적 정의실현에 실패함으로써 산업 간 불균형 성장, 지역 간 불균
형발전, 개인 간의 소득 격차를 야기했다. 그 결과 자본과 산업, 인구와 기
회를 수도 중심으로 집중시키는 폐해를 겪고 있다. 또한 중앙정부는 과중
한 업무에 시달림으로써 능률과 효과가 떨어지고, 지방정부는 자주적 권
한을 상실하여 창의성이나 책임성 없이 모든 것을 중앙정부에 의존하려는
속성을 키우게 되었다(최창호, 1995: 83).

(6) 정보화, 세계화, 지방화 시대의 도래

토플러(A. Toffler)는 그의 제3의 물결(The Third Wave)이라는 책에서 21세기
는 대량화·표준화·획일화·집중화에 대한 반동으로 개별화·다양화·
특수화·분권화의 시대가 될 것이라고 예측하면서 지방분권시대나 지방
시대를 예언하였다. 결국 정보화, 세계화는 중앙의 권한을 지방으로 이전
시키지 않을 수 없도록 하는 지구촌 사회의 대변화를 야기함으로써 신지
방분권을 정당화하고 강화하게 된 것이다. 그리하여 지구촌 사회는 점차
국가 간 경쟁에서 지방 간 경쟁으로 경쟁패턴이 바뀌어 가고 있고, 이에 따
라 지방정부와 지역주민들의 역할도 확대·강화되지 않을 수 없게 되었다.

다. 신지방분권화의 방안

신지방분권은 지방자치단체의 자치권의 회복 또는 활성화 등으로 표현할 수 있는데 지방자치단체가 이를 달성하는 데에는 한계가 있다. 즉 완전한 지방분권을 달성하기 위해서는 지방재원의 확충, 지방공무원의 능력계발, 행정구역의 재편성, 지방행정 제도의 개선, 지방주민의 자치의식의 제고 등이 요구되지만, 현실에 있어서는 이를 달성하는 데 한계가 있다.

따라서 지방분권을 추구한다고 하지만 어디까지나 중앙정부와의 관계를 고려해야 하기 때문에 절대적인 지방분권은 기대할 수 없고, 다음과 같은 방법으로 신지방분권화를 생각할 수 있다.

① 지방자치단체의 이해와 직접관계가 있는 사항을 중앙정부가 정책 결정을 할 때 지방자치단체의 참가 · 의견진술 · 공동결정 등을 보장해 주어야 한다.

② 국가적 이해관계와 지방적 이해관계를 동시에 갖는 사업에 대해서는 중앙정부는 기본적인 정책 방향을 정하고, 지방정부는 그 범위 내에서 지역 실정에 맞도록 구체적인 사업계획을 결정하고 집행하도록 한다.

③ 중앙정부가 지방자치단체에 관여하는 경우에는 기준결정 · 조언 · 정보제공 · 재정지원 등 협력적인 방법을 사용하고 권력적인 방법은 배제되어야 한다.

④ 지방자치단체의 국가에 대한 발언권을 강화하고 자치능력을 보강하기 위한 지방자치단체 간의 자주적인 연합 및 협력체를 결성할 수 있고, 그 활동이 활성화되어야 한다.

이상과 같은 방법에 의해서 신지방분권화가 이루어지면 중앙집권과 지방분권의 장점을 동시에 취할 수 있어 행정에 있어서 국민 최저수준과 지역적 타당성을 동시에 확보할 수 있게 된다(이규환, 2002: 81-82; 임용주, 2002: 129-131).

참고문헌

안용식 외(2006). 『지방행정론』. 서울: 대영문화사.

유종해(1986). 『현대행정학』. 서울: 박영사.

이규환(2002). 『한국지방행정론』. 서울: 법문사.

임용주(2002). 『지방자치론』. 서울: 형설출판사.

정세욱(2003). 『지방자치학』. 서울: 법문사.

정일섭(2006). 『한국지방자치론』. 서울: 대영문화사.

조창현(2005). 『지방자치론』. 서울: 박영사.

최봉기(2006). 『지방자치론』. 서울: 법문사.

최창호(1995). "중앙과 각급 지방 간의 적정한 기능배분." 『지방자치연구』, 7(1).

Toffler, A.(1989). 「제3 물결」. 한국경제신문.

제6장 지방자치단체의 계층, 구역, 광역행정

1. 지방자치단체의 의의

가. 지방자치단체의 개념

지방자치단체란 일반적으로 국가의 영토의 일부를 관할「구역」으로 하고, 그 구역 내의 모든「주민」을 구성원으로 하여 국가로부터 독립해서 일정한「자치권」을 가질 수 있도록 국법으로 법인격(法人格)을 부여한 공법인으로서의 단체이다. 지방자치단체는 의결기관과 집행기관을 포괄하는 개념이다.

따라서 지방자치단체는 첫째로 장소적 요소로서의 구역과 둘째로 인적 요소로서의 주민, 셋째로 법적 요소로서의 자치권을 기본적인 구성요소로 하여 성립된다. 이러한 지방자치단체는 일정한 지역을 기초로 하고 그 구역 내의 주민에 대하여 지배권을 가지는 공공단체라는 점에서 국가와 같은 통치단체에 속한다고 볼 수 있으나, 국가와 다른 점은 지방자치단체가 국가영토의 일부를 자기의 구역으로 한다는 점과 그 지배권이 국가로부터 전래한다는 점에 있다고 할 수 있다.

지방자치단체란 우리나라 지방자치법에서 사용하는 법률용어이며, 통상적으로 자치단체, 지방단체, 지방공공단체, 공공단체, 지방정부 등과 같은 의미의 용어로 사용하기도 한다(정세욱, 2003: 431-432: 김종표, 1992, 156-157).

나. 지방자치단체의 특성

지방자치단체는 국법의 범위 내에서 존재하는 헌법상 기관으로서 행정·재정적 독립성이 보장되는 실질적 자치권을 향유하고 있고, 소송의 당사자능력·계약체결능력·재산 소유능력 등을 가지고 있는 공법인으로서, 일정한 지역을 단위로 하는 지역적 통치단체로서의 성격을 갖고 있다(조창현, 2005: 140-142).

(1) 헌법상 기관으로서의 지방자치단체

다른 공공단체는 그 기능을 일반 법률에 의하여 창설·부여받는 데 비하여 지방자치단체는 개인의 기본권과 마찬가지로 헌법에 의해 부여받음으로써 헌법 개정에 의하지 않고는 그 기능을 제한 또는 폐지할 수 없는 정치적 성격의 기능을 수행하는 단체이다. 따라서 지방자치단체는 그 지역에 대한 포괄적인 행정권을 국가로부터 부여받고 있는 것이다.

우리나라 헌법 제117조 제1항에서는 "지방자치단체는 주민의 복지에 관한 사무를 처리하고 재산을 관리하여, 법령의 범위 안에서 자치에 관한 규정을 제정할 수 있다."라고 하여 국가로부터 독립한 별개의 공법인으로서 그 존재를 인정하고 있으며, 제2항에서는 "지방자치단체의 종류는 법

률로 정한다."라고 하여, 국회에서 규정하는 법률 이외의 다른 법형식으로
는 정하지 못하게 하고 있다.

이어 헌법 제118조 제1항에서는 "지방자치단체에 의회를 둔다. 제2항
에서는 지방의회의 조직·권한·의원선거와 지방자치단체의 장의 선임방
법, 기타 지방자치단체의 조직과 운영에 관한 사항은 법률로 정한다."라고
하여 주민의 선거에 의해 선출된 대표자로 의회를 구성하고, 이들로 하여
금 지방자치단체의 의사결정 기능을 담당케 함으로써 지방자치행정에 지
방주민의 참여를 보장해 준다는 취지를 내포하고 있다.

(2) 공법인으로서의 지방자치단체

지방자치단체가 법인[1]이라고 하는 것은 그 자신이 국가와는 별개의 권
리·의무의 주체라는 것을 의미한다.[2] 국가가 행정집행의 편의를 위해 설
치한 단순한 행정구역이 아님을 나타내는 것이다. 지방자치단체는 법인으
로서 각각 고유한 명칭과 스스로 재산을 취득·관리하고 사업을 경영하는
등의 행·재정적 독립성에 따른 권리와 의무의 주체가 된다. 이러한 지방
자치단체는 국법에 의하여 주민에 봉사하기 위한 공공적 사무를 집행함을
존립의 목적으로 하는 공법인이라는 점에서 사법인과 구별된다.

---

1 법인이란 자연인(개인)이 아니면서 법률상의 권리·의무의 주체로 되어 있는 것. 사회에서 법적
   활동을 하는 것은 자연인만은 아니다. 일정한 목적으로 결합한 사람의 단체인 사단(社團), 일정한
   목적으로 거출된 재산의 집합(財團)도 일종의 법적 활동을 한다. 이러한 사단 또는 재단에 법적
   인격을 부여하여, 권리·의무의 주체로 인정한 것이 법인이다.
2 우리나라 지방자치법 제3조 제1항에 "지방자치단체는 법인으로 한다."라고 규정하고 있다.

(3) 지역단체로서의 지방자치단체

지방자치단체는 국가영토의 일부를 그 구성요소의 기초로 하고 있어서 그 구역 내의 주민은 당연히 자치단체의 구성원이 되는 동시에, 그 지역 내에 있는 자에 대하여 일정한 지배권을 갖고 있다. 따라서 지방자치단체 는 특정한 국가목적을 위하여 설립되는 인적 결합체로서의 공공조합(예: 농 업협동조합 · 농지개량조합 등)과 인적 · 물적 결합체로서의 영조물 법인[3](예: 지방 공사 · 지하철공사 · 한국은행을 비롯하여 정부 투자기관 등)과는 다르다. 왜냐하면 이 들에게 각각 공법상의 법인격은 부여되어 있으나 지역과 주민을 기초로 하지 않으므로 지방자치단체가 아니다.

2. 지방자치단체의 종류

우리나라의 지방자치단체의 종류는 헌법 제117조 제2항에서 "지방자치 단체의 종류는 법률로 정한다."라고 규정하고 있다. 이에 근거하여 지방자 치법 제2조에서 수행하고자 하는 목적이 특정한지의 여부에 따라 보통지 방자치단체와 특별지방자치단체로 크게 나누고 있다.

가. 보통지방자치단체

보통지방자치단체라 함은 전국에 걸쳐서 보편적 일반적으로 존재하는 지방자치단체를 말하며, 그 존립목적 · 조직 · 기능 등에 있어서 일반적 · 보편적 · 종합적 성격을 지니고 있다. 우리가 통상 지방자치단체라고 할 때에는 이 보통지방자치단체를 가리킨다. 우리나라 보통지방자치단체의

---

3   영조물(營造物)이란 나라나 공공단체가 일반 대중의 이용에 제공하거나 공공의 목적에 쓰기 위하 여 만든 시설.

종류는 17개 광역자치단체로서 시·도(특별시·광역시·특별자치시·도·특별자치도[4])가 있고[5], 226개 기초자치단체로서 시·군·구의 2종류가 바로 여기에 해당한다(지방자치법 제2조).

우리나라 보통지방자치단체의 종류는 1949년 7월 지방자치법이 제정된 이래 시대적 요청과 사회적 환경의 변화에 따라 몇 차례에 걸쳐 변천이 있었는데, 중요한 변천을 정리하면 아래 표와 같다(조창현, 2005: 145).

보통지방자치단체 종류의 변천 과정

구분	지방자치법 제정 (1949.7.4)	임시조치법 (1961.9.1)	제6차 개정 (1988.4.6)	제12차 개정 (1994.12.20)	제23차 개정 (2006.1.11)	제29차 개정 (2011.5.30.)
종류	①특별시·도 ②시·읍·면	①특별시·도 ②시·군	①특별시·직할시·도 ②시·군·구	①특별시·광역시·도 ②시·군·자치구	①특별시·광역시·도·특별자치도 ②시·군·자치구	①특별시·광역시·특별자치시·도·특별자치도 ②시·군·자치구

---

4 제주도의 지역적 특수성에 맞는 지위와 행정체제를 부여하여 국제자유도시 조성을 효율적으로 추진할 수 있도록 『제주도 행정체제 등에 관한 특별법(제정 2006.1.11 법률 제7847호)』이 제정되었다. 제주특별자치도의 설치로 기존의 제주시, 서귀포시, 북제주군, 남제주군이 폐지되었으며, 제주도에는 관할구역 안에 지방자치단체인 시와 군을 두지 않는다(동법 제3조). 제주도의 관할구역 안에는 지방자치단체가 아닌 시(행정시)를 두고, 행정시에는 도시 형태를 갖춘 지역에는 동을, 그 밖의 지역에는 읍·면을 둔다(동법 제4조). 행정시의 폐치·분합, 명칭 및 구역은 제주도의 조례로 정하는데, 이 경우 제주도지사는 그 결과를 행정안전부 장관에게 보고 하여야 한다(동법 제5조). 행정시에는 시장을 두되, 행정시의 시장은 일반직 또는 계약직 지방공무원으로 보하되 제주도지사가 임명한다(동법 제6조). 행정시의 부시장은 일반직 지방공무원으로 보하되 제주도지사가 임명한다(동법 제9조).

5 우리나라 17개 광역자치단체

특별시 1개	광역시 6개	도 8개	특별자치시 1개	특별자치도 1개
서울	부산, 인천, 대전, 대구, 광주, 울산	경기, 강원, 충북, 충남, 전북, 전남, 경북, 경남	세종	세종

나. 특별지방자치단체

(1) 특별지방자치단체의 도입

특별지방자치단체란 보통지방자치단체에 비해 그 기능, 구역, 조직 등이 특수한 것을 말한다. 그동안 지방자치법은 지방자치단체의 종류로 일반지방자치단체와 특정한 목적을 수행하기 위한 특별지방자치단체로 구분하여 왔다. 하지만 이를 구체화할 대통령령의 내용이 제정되지 않으면서 학계에서도 지방자치단체 간 행정협의회나 지방자치단체조합이 특별지방자치단체에 속하는지에 대한 의견도 분분했다. 그러면서도 그동안 지방자치단체조합을 특별지방자치단체라고 해왔다.[6] 이제 전부개정 지방자치법 제12장에 별도로 특별지방자치단체의 설치 근거에 대해 규정하면서 그동안의 논란이 사라지게 되었다.

특별지방자치단체를 도입한 목적은 각 지방자치단체의 정체성은 유지하면서도 협력을 통한 강력한 시너지를 일으키는 것이다. 즉, 특별지방자치단체의 도입을 통해 ① 자치단체 간 중복 투자의 방지와 규모의 경제실현, ② 관할구역과 행정서비스의 공급구역 불일치 해소를 통한 주민편의, ③ 국가사무의 위임에 따른 자치단체 기능 확대 및 특별행정기관 확장 방지, ④ 지방분권에 대한 지방자치단체의 수용 능력을 강화하는 것이다.

---

6   우리나라의 경우 서울특별시와 인천광역시, 경기도가 참여하여 1992년 설립한 '김포쓰레기매립장운영조합'이 1995년 행정구역변경으로 '수도권매립지운영관리조합'으로 명칭을 변경하였으나 2000년도에 폐지되고 수도권매립지관리공사로 전환하였지만, 한때 지방자치단체조합으로서 특별지방자치단체의 대표적인 예라고 볼 수 있다. '03년도에 자치정보화조합, 부산·거제간연결도로건설조합이, '04년도에는 부산·진해경제자유구역청, 광양만권경제자유구역청, 부산·김해경량전철조합이, '05년도에는 수도권 광역교통 체계를 효율적으로 운영하기 위해 서울·인천시 및 경기도를 구성원으로 하는 '수도권 교통조합' 등을 예로 들 수 있다(최봉기, 2006: 191-192).

(2) 특별지방자치단체의 내용

2022년 1월 13일 시행된 전부 개정 지방자치법은 제8장 지방자치단체 상호 간의 관계에서 행정협의회나 지방자치단체조합을 다루고, 제12장에서 별도로 특별지방자치단체의 설치 근거에 대해 규정하고 있다.[7]

특별지방자치단체의 성격규명을 위해서는 행정협의회나 지방자치단체조합과의 차이점을 살펴보는 것이 중요하다.

① 사무 범위의 차이

행정협의회나 지방자치단체조합은 2개 이상의 지방자치단체가 하나 또는 둘 이상의 사무를 공동으로 처리할 필요가 있을 때 설치하는 데 반해 (지방자치법 제169조, 제176조), 특별지방자치단체는 2개 이상의 지방자치단체가 공동으로 특정한 목적을 위하여 광역적으로 사무를 처리할 필요가 있

---

7 현재 법적 근거에 따라서 광역과 기초의 제반 단위에서 특별지방자치단체를 설치하기 위한 계획들이 추진되고 있는 실정이다. 광역 단위에서는 부울경과 대경권, 충청권 등에서 그리고 기초 단위에서는 지리산권과 나주·남구권 등이 그러한 사례들이다.

구분		추진동향
광역 단위	부울경권	▶ 추진 목적 : 지역경쟁력 강화 ▶ 구성 단체 : 부산광역시+울산광역시+경상남도 ▶ 주요 기능 : 생활공동체, 경제공동체, 문화공동체
	대구·경북	▶ 추진 목적 : 행정구역 통합의 기능연계 강화 ▶ 구성 단체 : 대구광역시+경상북도 ▶ 주요 기능 : 교통, 관광, 환경
	충청권역	▶ 추진 목적 : 지역경쟁력 강화 ▶ 구성 단체 : 대전광역시+세종특별자치시+충청북도+충청남도 ▶ 주요 기능 : 광역교통, 광역경제 등
기초 단위	지리산권	▶ 추진 목적 : 지방자치단체조합의 한계 보완 ▶ 구성 단체 : 남원시, 구례군, 곡성군, 장수군, 하동군, 산청군, 함안군 ▶ 주요 기능 : 광역교통, 지역개발, 산림관리, 광역의료, 교육연수 등
	나주·남구	▶ 추진 목적 : 연담화권역 공동대응 ▶ 구성 단체 : 광주광역시 남구+나주시 ▶ 주요 기능 : 생활서비스 등 검토

을 때 설치할 수 있다(지방자치법 제199조). 이런 광역적 사무처리는 국가사무나 시·도사무의 위임을 요청할 수 있고, 국가나 시·도가 위임사무처리를 위한 재정지원을 할 수 있는 법적 근거를 마련할 수 있고, 향후 사무이양으로 이끌 수도 있다.

② 조직구성 면에서 차이

행정협의회는 회장과 위원으로 구성되고(지방자치법 제170조), 지방자치단체조합은 지방자치단체조합장, 지방자치단체조합회의, 사무직원으로 구성된다(지방자치법 제177조). 특별지방자치단체는 특별지방자치단체장과 특별지방자치단체의 의회, 사무직원으로 구성된다(지방자치법 제204조, 제205조). 지방자치단체조합회의나 특별지방자치단체의 의회는 지방의회의원이 겸직하도록 되어 있고 그 수나 선임방법은 규약에 의해 정해진다. 지방자치단체조합회의는 규약이 정하는 중요사항에 대해 심의·의결하긴 하지만(지방자치법 제178조), 특별지방자치단체의 의회는 일반지방자치단체의 권한에 대한 준용규정을 두고 있어 법령의 범위 내에서 자신의 사무에 관한 조례로 제정할 수 있는 권한 등이 있다(지방자치법 제210조).

③ 특별지방자치단체와 구성지방자치단체와의 관계

특별지방자치단체는 구성지방자치단체의 주민이 아니라 구성지방자치단체를 구성원으로 한다. 특별지방자치단체의 설립, 규약변경, 탈퇴, 해산은 구성지방자치단체들 간의 상호협의에 기초한다. 특별지방자치단체의 장은 소관 사무를 처리하기 위한 기본계획을 수립하여 특별지방자치단체의회의 의결을 받아야 하고, 기본계획에 따라 사무를 처리하는 독립성을 띤다(지방자치법 제199~제211조).

④ 특별지방자치단체에 대한 중앙부처나 시도지사의 지도감독권의 문제

지방자치단체조합의 경우 설치에 있어 행정안전부 장관의 승인 또는 시도지사의 승인이 필요하며, 행정안전부 장관은 최종적으로 지방자치단체조합에 대해 지도·감독권을 가지며 공익상 필요하면 설립, 해산 또는 규약변경을 명할 수 있다. 그러나 특별지방자치단체에 대해서는 설치, 해산 또는 규약변경에 행정안전부 장관의 승인을 필요로 하지만 전반적인 감독권을 인정하고 있지 않다(지방자치법 제199~제211조).

3. 지방자치단체의 계층구조

가. 한국의 계층구조

"특별시, 광역시, 특별자치시, 도, 특별자치도(이하 "시·도"라 한다)는 정부의 직할(直轄)로 두고, 시는 도의 관할구역 안에, 군은 광역시, 특별자치시나 도의 관할구역 안에 두며, 자치구는 특별시와 광역시, 특별자치시의 관할구역 안에 둔다."라고 규정하였다(지방자치법 제3조 제2항).

따라서 한국의 시·도는 계층구조에 있어서 국가와 기초적 자치단체인 시·군 및 자치구 사이에 위치하는 중간적 자치단체로서의 지위를 가진다. 결국 한국의 지방자치제도는 계층구조에 있어서 광역시·특별자치시·도-시·군, 특별시·광역시·특별자치시-자치구의 2계층제를 채택하고 있다.

나. 계층구조의 변화

우리나라 지방자치법은 1949년의 제정 당시에 일제 시의 중앙집권적·

관료제적 통치기구의 하부조직으로 있었던 지방행정 골격을 지방자치
라는 형식으로 법제화한 것이다. 즉 지방자치법상 변화를 가져온 것이라
고는 일제 시의 지방행정 조직 가운데 '부'를 '시'로 개칭한 것과 '도'와
'시·읍·면'에 자치권을 부여한 것 이외에는 종전의 관치적 지방행정 구
조와 특성을 그대로 계승하였다.

한국 지방 제도의 변천 연혁

시대	실시연도	지방행정 계층 내역		
		1계층	2계층	3계층
통일신라	685	주·소경	군	현
고려 시대	1009	경기·도·양계	경, 도호부, 목	부, 군, 현, 진
조선 시대	1413	한성부·개성부·도	부·대도호부·목·도호부·군·현	(명·방·사)[8]
	1895	부	군	(명·방·사)
	1896	한성부·도	부·목·군	(명·방·사)
일제 시대	1914	도	부·목·도	면(지정면[9])
	1931	도	부·군·도	읍·면
정부수립 후	1949	[특별시][도]	[시]군·구	[읍·면]동
	1961	[특별시][도]	[시][군]구	읍·면·동
	1963	[특별시][직할시][도]	[시][군]구	읍·면·동
	1988	[특별시][직할시][도]	[시][군][자치구]구	읍·면·동
	1995	[특별시][광역시][도]	[시][군][자치구]구	읍·면·동
	2006	[특별시][광역시][특별자치도][도]	[시][군][자치구]구	읍·면·동
	2011	[특별시][광역시][도][특별자치시][특별자치도]	[시][군][자치구]구	읍·면·동

주:[ ]는 지방자치단체임.

---

8 조선 시대의 지방행정 조직은 전국을 8개 도(道)로 나누고, 각 도에는 관찰사(觀察使)를 배치하
   는 동시에 도의 하부조직으로 부(府), 대도호부(大都護府), 목(牧), 도호부(都護府), 군(郡), 현(縣)
   을 두었으며, 도호부의 하부조직으로 면(面) 또는 사(社) 방(坊)이 있고, 그 아래 동(洞) 리(里) 촌
   (村)이 있었다.
9 여러 면 중에서 중심지 면으로 지정하는 면은 1914년 대전군 대전면이라는 명칭이 최초이다. 바
   로 이때 행정구역개편에 따라 일반 면과 일반 면 가운데 중심지 면으로 지정해주는 지정면 제도
   가 있었다.

이후 1961년에 읍·면 자치제가 폐지되고 군이 자치단체로 되었으며, 1988년의 지방자치법 개정에 의해 특별시와 직할시의 구가 자치단체로 승격되었고, 1995년 광역시가, 2006년 제주특별자치도가, 2011년 특별자치시(세종시)가 새롭게 변화를 맞이하였으나, 한국 지방행정 구조는 오랜 전통을 지니고 국민 생활 속에 내재화됨으로써 제도적 측면이나 기능적 측면에서는 급변하는 사회적 환경이나 현대행정의 흐름에 적합하지 못한 문제가 지적되고 있다(조창현, 2005: 151).

다. 자치계층과 행정계층

한국 지방자치법은 중간자치단체로서 특별시, 광역시, 특별자치시, 도를 중앙정부의 직할 하에 두고, 그 관할구역 안에 기초자치단체로서 시와 군 및 자치구를 두고 있다. 뿐만 아니라 이와 아울러 특별시·광역시 및 특별자치시가 아닌 인구 50만 이상의 시에는 자치구 아닌 행정구를 둘 수 있고, 군에는 읍·면을, 시와 군에는 동을, 그리고 읍·면에는 리를 두도록 규정하고 있다.

따라서 한국 지방행정 체계는 법률상으로는 광역과 기초로 2계층제를 채택하고 있다. 행정단위의 계층구조는 기본적으로 3계층에서 5계층까지 다양하게 존재한다. 예컨대 '서울시 종로구 관훈동'과 같은 곳은 3계층, '경상북도 포항시 남구 동해면 신정리'와 같은 곳은 5계층 구조를 이루고 있다.

구분	행정계층(3~5계층)	사 례	자치계층(2계층)
특별시	시-구-동	서울특별시 종로구 인사동	특별시/구(2계층)
광역시	시-구-동 시-군-읍-리 시-군-면-리	부산광역시 중구 중앙동 부산광역시 기장군 기장읍 교리 부산광역시 기장군 일광면 삼성리	광역시/구(2계층) 광역시/군(2계층)
일반시	도-시-행정구-동 도-시-동	경기도 수원시 팔달구 인계동 전남 목포시 용당동	도/시(2계층) 도/시(2계층)
도농통합시	도-시-행정구-동 도-시-행정구-읍-리 도-시-행정구-면-리	경북 포항시 남구 송도동 경북 포항시 남구 구룡포읍 삼정리 경북 포항시 남구 동해면 신정리	도/시(2계층)
	도-시-동 도-시-읍-리 도-시-면-리	전북 남원시 향교동 전북 남원시 운봉동 행정리 전북 남원시 대신면 옥율리	도/시(2계층)
농촌지역	도-군-읍-리 도-군-면-리	충북 청원군 오창읍 가곡리 충북 청원군 낭성면 관정리	도/군(2계층)

이러한 지방행정 체계는 일제 시의 통치구조의 원형을 급격한 사회 · 경제적 변화에도 불구하고 오늘날까지 그대로 답습 · 유지해 오고 있는 것으로서, 행정의 중복 · 중첩된 감독을 가져옴으로써 지방행정의 민주성과 능률성을 저해하고 지방자치의 발전에 장애 요인이 되고 있다.

그러므로 이 문제에 관하여는 현행의 여러 계층 가운데 어느 한 계층을 줄이는 방향으로의 개편론이 제기된 지 오래이며, 그것은 지방자치단체의 적정규모의 설정 문제나 전산화를 비롯한 행정 능률화의 차원에서 끊임없이 논의되고 있다(강용기, 2002: 126-127; 조창현, 2005: 151-152).

4. 지방자치단체의 구역

가. 자치구역의 개념

자치구역이란 지방자치단체의 통치권 또는 자치권이 미치는 지역적 범위를 의미한다. 따라서 구역은 일정한 지리적 공간이라는 차원과 통치권이 미치는 정치적 공간이라는 차원을 갖는다. 여기에는 육지뿐만 아니라 하천·호수 등의 수면과 그 지역에 접속하는 해역도 육지의 연장으로 포함된다.

나. 구역의 구분

구역은 법적 성격과 수행하는 목적이 특정한지의 여부에 따라 보통지방자치구역과 특별지방자치구역으로 나눌 수 있다(김영기, 2002: 41-42).

(1) 자치구역과 행정구역

법적 성격에 따라서 자치구역과 행정구역으로 나누어진다. 자치구역은 지방자치단체의 자치권이 미치는 범위로서 우리나라의 광역자치단체(특별시·광역시·도·특별자치시·특별자치도)와 기초자치단체(시·군·자치구)의 구역을 말한다. 행정구역은 행정상의 편의나 특정한 행정기능을 관리하기 위하여 설정한 인위적 지역 단위로서 읍·면·동이나 국립공원 관리구역과 같은 것이다.

따라서 우리나라 지방자치단체는 자치구역인 동시에 국가의 지방행정 기관으로서의 지위도 겸하고 있기 때문에 그 자치구역은 행정구역으로서의 의미도 갖고 있다. 그러나 읍·면·동은 행정상 편의를 위하여 인위적으로 확정한 행정단위에 불과하기 때문에 그 구역은 행정구역이지 자치구역은 아니다.

(2) 보통지방자치구역과 특별지방자치구역

보통지방자치구역은 우리나라 지방자치단체의 구역과 같다. 특별지방
자치구역은 대개 단 하나의 광역적 기능을 전담하는 지방자치단체의 구역
으로서 미국의 경우 광역 지방자치구역인 군(county)과 기초 지방자치구역
인 시·읍·면(municipalities) 이외에 각종 특별지방자치구역인 교육구, 소방
구, 도서관구, 위생구 등이 여기에 속한다.

다. 구역설정의 근거

구역설정의 근거는 법률적 근거, 자치적 근거, 역사적 근거, 시대변화의
근거, 동의의 근거 등으로 살펴볼 수 있다.

(1) 법률적 근거

구역설정은 지방자치법 또는 지방자치단체의 구역에 관계되는 법률로 정
하게 되면 어떠한 지리적 영역도 지방자치단체의 구역이 될 수 있다. 사실상
지금까지 정부는 여러 가지 이유로 지방자치단체의 구역을 바꾸거나 지방
자치단체를 폐지하거나 설치하거나 나누거나 합쳐왔다(지방자치법 제5조).

(2) 자치적 근거

자치적 의미에서는 우리 지방자치법 제1조에도 명시된 대로 지방자치
실시의 기본목적인 민주성과 능률성을 동시에 만족시킬 수 있어야 한다.
즉, 어떠한 지역사회에서 '주민의식'이 생겨나서 그 지역사회의 공공적 문
제해결에 주민이 충분히 주체적으로 참여할 수 있는 구역이어야 한다.

(3) 역사적 근거

현실적으로는 지방자치구역은 현존하는 구역을 변경하기보다는 오랫동안 역사적으로 전래되어 온 구역을 그대로 수용하고 있는 것을 보게 된다.

한국의 보통지방자치단체인 도와 군의 현행 구역은 조선 시대와 일제 시대에 획정된 것을 그 골격으로 하고 있다. 즉 도의 구역은 조선 시대 말기인 1896년에 13도제가 실시되면서 획정된 것이었고, 군은 일제 초기인 1914년에 행정구역의 대개편이 행해질 때에 획정된 것으로서, 그간 많은 세월이 흘렀음에도 그간 부분적인 구역조정은 있었을지라도 대체로 그 골격을 그대로 유지해 오고 있는 것이다. 그것은 아무리 합리적 이론으로 뒷받침된 재설정이라도 역사적·전통적으로 주민들의 생활이나 정서와 밀접하게 구성된 구역의 벽을 허물기엔 벅차기 때문이다.

그러나 현재의 기초적 자치단체인 군은 원래 기초자치단체인 읍·면과 상위자치단체인 도의 중간에 위치한 단순한 행정단위에 불과하였던 것인데, 이것이 1961년에 기초자치단체로 개편되고 난 후에는 과연 이러한 단위가 기초자치단체로서 적합한가 등에 관하여 많은 의문이 제기되고 있다. 그것은 군이 기초자치단체가 되기에는 그 규모가 지나치게 커서 그 구역 내에 거주하는 주민들 간에 공동체 의식이 희박하다는 데에 그 주된 이유가 있다.

(4) 시대변화의 근거

오늘날 지방자치에 있어서 구역은 그 자치권이 미치는 지리적 범위만큼 그 구역의 획정도 한 나라의 경제 사회의 발전과 교통통신의 발달 그리고 인구의 유동 등 많은 행정 외적 변화와 국민의 행정수요 자체의 변동 등에 대하여 시대와 지역에 따라서 언제든지 변경의 소지가 있는 것이며 절대 불변의 것으로 생각하는 것은 잘못이다.

(5) 동의의 근거

어떠한 지방자치단체의 구역변경도 그 지방주민의 동의가 전제되어 있다. 왜냐하면 이러한 변경 자체가 곧 자치권에 속하기 때문이다. 지방자치법에도 구역을 변경하는 경우에는 지방의회의 의견을 듣도록 하고 있고 (지방자치법 제5조 제3항), 지방자치단체의 구역을 바꾸거나 지방자치단체를 폐지하거나 설치하거나 나누거나 합치는 경우에는 주민투표에 부칠 수 있도록 하고 있다(지방자치법 제18조, 주민투표법 제8조 제1항).

라. 구역 적정화의 조건

지방자치 구역의 적정화는 기능, 계층구조, 지방자치 이념, 공공서비스 등의 조건들과 밀접한 관련이 있다(김영기, 2002: 42-43; 최창호, 1988: 213; 이영조, 1995: 201-202; 정일섭: 149-150).

① 기능 : 구역은 기능의 문제와 긴밀하게 결합해 있다. 따라서 구역과 기능은 결코 분리되어 생각될 수 없다고 할 수 있다. 왜냐하면 수행하는 공공서비스의 성격과 내용에 따라 그 지역적 범위도 달라져야 하기 때문이다. 예컨대 신속한 대응을 필요로 하는 소방서비스 구역은 가능한 한 좁을수록 좋을 것이며, 쓰레기 청소구역은 약간 넓어도 좋을 것이다.

② 계층구조 : 구역은 계층구조와 밀접한 관련을 갖는다. 구역이 좁아지면 계층이 늘어나게 되고, 구역이 넓어지면 계층의 수가 줄어들 수밖에 없는 상대적인 관계에 있다. 기초자치단체의 구역이 넓다면 중간자치단체의 설치가 불필요할 것이고, 좁다면 연락·조정 및 광역기능을 수행할 중간자치단체의 설치가 필요할 것이다.

③ 이념 : 구역이 작을수록 주민의 참여를 통한 민주성 이념을 실현하기 용이하지만, 구역이 클수록 능률성 이념의 실현이 용이할 것이다.

④ 공공서비스 : 구역은 공공서비스 공급과 밀접한 관련을 갖게 된다. 첫째, 주민의 행정수요의 양·질적 차이가 클수록 분권화된 많은 수의 지방정부가 필요하게 되며, 둘째, 공공서비스의 공간적 외부성이 클수록 큰 자치구역이 필요하고, 셋째, 규모의 경제를 위해서는 큰 구역이 필요하며, 넷째, 관리비용을 절약하려면 큰 구역을, 순응 비용을 줄이려면 작은 구역을 지향하게 된다.

마. 구역변화의 촉진요인

지방자치단체의 구역은 행정서비스를 제공하는 지역적 단위이기 때문에 행정서비스에 대한 수요의 변화에 따라 구역도 적정하게 조정되어야 한다. 이러한 구역변화를 촉진하는 현대적 경향은 지방행정 기능의 양적 확대, 광역행정에 대한 수요, 행정의 형평성에 대한 요구, 행정의 전문화 및 기술화 요구, 생활권의 확대와 자치구역의 불일치 등으로 살펴볼 수 있다(조창현, 2005: 210-212).

(1) 지방행정 기능의 양적 확대

지방자치단체의 행정수요가 증가함에 따라 동시에 재정수요도 증가하게 된다. 그러나 기존의 자치단체가 이러한 행정수요를 충족시킬 만한 재정적 능력이 부족하다면 적정하게 확대될 필요가 있다.

(2) 광역행정에 대한 수요

도시의 규모가 확대됨에 따라 지방자치단체의 관할구역을 넘어서 도시계획, 하수처리, 교통, 도로, 주택, 소방, 경찰 등의 문제가 발생한다. 이러한 문제는 종래의 소규모 자치단체가 개별적으로 처리하는 것보다는 광역적으로 처리하는 것이 효과적이다.

(3) 행정의 형평성에 대한 요구

현대국가는 복지국가로서 모든 국민에게 기초적인 생활조건을 확보해 주기 위한 급부행정에 대한 요구가 증대되고 있다. 그러나 전통적인 소규모 지방자치단체로서는 행정적 · 재정적 능력이 빈약하여 형평성 있는 행정서비스를 제공하기가 어렵다.

(4) 행정의 전문화 및 기술화 요구

지방자치단체가 학교 교육 · 직업교육 · 보건 및 환경 · 위생업무 등 전문화된 기능을 담당하게 됨에 따라 이러한 기능을 수행하기 위해서는 대규모의 시설과 전문가의 채용이 불가피하게 되었다. 그러나 소규모 지방자치단체의 행정 재정 능력으로서는 이것이 불가능하게 된다.

(5) 생활권의 확대와 자치구역의 불일치

지방자치구역은 주민의 현실적인 생활권과 일치할 때 그의 기능수행이 가장 이상적으로 이루어질 수 있다. 그러나 교통·통신수단의 발달은 경제적 유통권의 확대 및 상호융합을 가져옴으로써 생활권을 광역화했다. 그리고 이와 같이 확대된 생활권은 자연히 종래의 협소한 생활권을 기반으로 했던 지방자치단체의 구역을 벗어남으로써 양자 간의 불일치가 나타나게 되었다.

바. 구역설정 기준에 관한 학설

지방자치단체의 구역을 적정하게 정하는 기준은 각국의 역사적 전통, 경제·사회적인 환경 및 정치와 행정의 발전 정도에 따라 다양할 수 있기 때문에 보편타당한 기준을 제시할 수는 없지만 이에 관한 일반적 학설을 몇 가지 소개하면 다음과 같다(조창현, 2005: 213-216: 정일섭, 2006: 152-153).

(1) 리프만(V. D. Lipman)의 기준

① 구역 결정 시 양적 척도

② 지리적 요인, 경제적 요인, 전통적 요인

③ 교통 및 주민의 소비 동향

(2) 밀스포(A. C. Millspaugh)의 기준

① 공동사회, 즉 주민의 공동생활권과 일치

② 행정능률의 확보에 적합한 행정단위

③ 행정의 편의에 적합한 지역

④ 자주적인 재원을 조달할 수 있는 단위

(3) 페슬러(J. W. Fesler)의 기준

① 자연적 · 지리적 배정

② 행정의 능률성

③ 자주적 재원조달 능력

④ 주민 통제의 활성화

(4) UN 보고서의 기준

① 기초적 자치단체 구역의 기준

공동체 의식이 존재하고 주민의 직접적 행정참여가 가능해야 한다.

② 제2차적 자치단체 구역의 기준

자신이 처리하는 대부분의 행정사무를 가장 능률적으로 처리할 수 있는 최대구역으로 하되 의회 의원이 자주 회합할 수 있어야 한다.

(5) 영국 지방행정위원회의 구역설정 기준

① 효과성

② 편의성

여기에 지방성 장관이 훈령으로 지시한 지방행정위원회의 규정에서는 동위원회가 구역의 심사를 함에 있어서 고려하여야 할 요소로서 다음의 아홉 가지를 열거하고 있다.

① 이해관계가 공통되는 공동사회, ② 장래의 발전성, ③ 산업 경제적 특성, ④ 재정적 수요에 비추어 본 재원, ⑤ 물리적 특질, ⑥ 인구의 규모, 배분 및 특성, ⑦ 행정실적, ⑧ 구역의 크기와 형태, ⑨ 주민의 소망

사. 구역설정의 기준

(1) 기초자치단체

① 공동체 의식

주민 상호 간에 공동체 의식을 가지고 있는 지역적 범위를 구역으로 결정해야 한다.

② 생활권

경제 · 사회 · 문화적 생활권의 범위를 고려해야 한다.

③ 행정의 능률성

행정의 능률성을 극대화할 수 있는 지역적 범위를 고려해야 한다.

④ 주민의 참여 가능성

주민의 참여가 용이한 정도의 지역인지를 고려해야 한다.

⑤ 재원조달의 가능성

자치단체에 필요한 재원을 조달할 가능성이 있는 크기의 지역이어야 한다.

(2) 광역자치단체

① 조정 가능성

기초자치단체 간의 갈등이나 분쟁의 조정이 용이한 정도의 지역이어야 한다.

② 기능적 보완성

기초자치단체의 능력을 초월하는 기능을 보완하기 용이한 정도의 지역

이어야 한다(정일섭, 2006: 154).

아. 한국 자치단체 구역의 제 문제

사회 · 경제적 변화에 따라 자치구역이 조정되지 못한 채 1896년의 13도와 1914년 이래의 군이 기본적 구조로 현재까지도 유지되고 있다. 따라서 현행의 지방자치단체 구역과 관련하여 일반적으로 거론되는 몇 가지 문제점을 지적할 수 있다(조창현, 2005: 222~225).

(1) 도 구역의 개편문제

지방행정 체계에 있어서 중간자치단체로서의 도의 존재가치는 그 광역적 · 보완적 · 조정적 기능에서 찾을 수 있다.[10] 그러나 한국의 경우 현행 도의 행정구역이 과연 적정한가에 관해서는 다음의 세 가지 측면에서 문제점이 지적되고 있다.

---

10 1. 광역행정기능이란 2개 이상 시 · 군의 구역에 걸치는 광역적 사무를 계획하고 집행하는 기능을 의미한다. 예컨대 지방도로의 건설, 하천의 관리, 운하, 간척, 임산자원 · 수산자원 기타 천연자원의 보전 · 개발, 치산 · 치수, 운수, 산업입지조건의 정비, 경찰 등의 기능을 들 수 있다.

2. 보완 · 대행기능이란 시 · 군의 능력으로는 적절히 처리할 수 없거나 처리하기 곤란한 사무, 또는 시 · 군이 처리하는 것이 비경제적 · 비능률적이거나 행정의 질을 저하할 우려가 있는 사무를 도가 처리함을 의미한다. 예컨대 병원 · 요양소 기타 보건의료시설, 연구소, 중 · 고등학교, 맹아학교, 시험장, 중소기업 기타 산업의 지도 · 진흥, 식품검사시설, 직업안정소와 같은 사회복지에 관한 기능을 들 수 있다.

3. 연락 · 조정기능이란 중앙정부와 시 · 군 사이에서 양자 간의 의사소통을 원활히 하고, 시 · 군 간의 정책의 상충을 해소하며 행 · 재정의 불균형을 시정하는 기능을 의미한다. 예컨대 중앙정부의 명령과 지시의 이첩, 시 · 군으로부터의 보고의 접수 및 중앙에의 보고, 시 · 군의 조직 · 운영의 합리화에 관한 조언 · 권고 및 지도, 분쟁의 조정, 심사청구 기타 불복신청에 대한 재결 · 심결, 2개 이상의 시 · 군에 걸치는 개발계획과 정책의 조정에 관한 사무 등을 들 수 있다.

한국의 도의 규모 비교

(2020.12.31 기준)

도 명	인 구	면 적(㎢)	관할 시 · 군수
경기도	13,427,014	10,195.27	31
강원도	1,542,840	16,829.68	18
충청북도	1,542,840	7,406.95	11
충청남도	2,121,029	8,246.17	15
전라북도	1,804,104	8,069.84	14
전라남도	1,851,549	12,348.09	22
경상북도	2,639,422	19,034.03	23
경상남도	3,340,216	10,540.55	18
제주특별자치도	674,635	1,850.21	0

자료: 행정안전부, 「지방자치단체 행정구역 및 인구 현황」(2021).

한국 군의 규모 비교

(2020.12.31 기준)

구 분	인 구	면 적
최 대	(달성군) 259,339명	(홍천군) 1,820.34㎢
최 소	(울릉군) 9,077명	(울릉군) 72.94㎢
평 균	53,143명	669.92㎢

자료: 행정안전부, 「지방자치단체 행정구역 및 인구 현황」(2021).

① 각 도별 규모의 불균형: 인구, 면적, 재원 기타행정 재정적 능력 등.

② 경제개발권역과 도 구역의 불일치: 특히 태백산 지역.

③ 행정기능과 행정구역의 부적합성: 특히 경상남북도, 전라남도, 충청남도, 경기도는 광역행정 면에서는 적합하나 보완행정구역으로서는 너무 광대하고, 충청북도의 구역은 보완행정 면에서는 적합할지 모르나 광역행정 면에서는 너무 협소하다.

(2) 군 구역의 문제

기초적 지방자치단체의 행정구역은 기본적으로 민주적 차원에서 공동사회와 일치되고, 능률적 차원에서 적당한 행정량과 이에 대응할 수 있을 정도의 자주 재원을 가질 수 있는 규모로 책정되는 것이 바람직하다. 이러한 관점에서 군 구역의 문제로 지적되는 사항을 정리하면 다음과 같다.

① 현행의 군 구역은 규모 면에서 기초적 자치단체로서는 너무 확대되어 주민의 공동체 의식이 조성되기 어렵고 주민의 행정참여나 통제에도 문제가 있다.

② 지방자치단체의 행정량과 행정 · 재정적 능력을 결정하는 기본적 척도로서의 인구, 면적, 읍 · 면수 등에서 심한 불균형을 보일 뿐만 아니라, 특히 과대하거나 과소한 군이 상당히 많으며, 전반적으로 재정자립도가 낮다.

③ 군은 군청소재지인 읍을 중심핵으로 하여 주변의 수개 면이 함께 생활권을 형성하고 있으므로 실제에 있어서는 읍 · 면 단위가 제1차적 공동사회로 되고, 군은 제2차적 공동사회가 되고 있다.

④ 실질적으로 전혀 다른 생활권을 형성하고 있는 여러 지역이 무리하게 하나의 자치단체를 구성하고 있는 경우도 있다는 점. 예컨대 육지와 섬 지역이 하나의 지방자치단체로 통합되어 있다.

⑤ 그 동안의 대규모 건설공사로 말미암아 자연적인 경계선이 크게 변동되었음에도 불구하고 이에 부응하는 행정구역의 변경이 뒤따르지 못하고 있는 경우가 많다.

⑥ 교통·통신의 발달로 말미암아 부분적으로 주민의 생활권이 달라진 경우도 있다.

(3) 시·군의 하부행정구역의 문제

① 면 구역의 문제: 면 구역의 규모가 심한 불균형을 이루고 있을 뿐만 아니라, 면 구역이 지나치게 넓거나 교통이 불편하여 면 출장소가 설치됨으로써 경비의 증가와 이중행정의 폐단을 가져오고 있는 지역도 있다.

② 동·리 문제: 현행 지방자치법은 리의 명칭과 구역 및 동·리의 하부조직에 관한 규정을 신설하여, 리의 경우 구역은 자연의 촌락을 기준으로 하되 그 명칭과 구역은 당해 자치단체 조례로 정하고, 하부조직을 동·리에 둘 수 있도록 하고 있다.

이러한 규정을 신설한 것은 동·리가 모든 행정의 출발점인 동시에 종결점이란 사실을 중시한 때문으로 생각된다. 그런데도 법적 지위와 기능은 명확히 정립되어 있지 못할 뿐만 아니라 그 지역도 법정 동·리, 행정 동·리, 자연촌락 등으로 다원화되어 있어 혼란이 있는 실정이다.

5. 광역행정

가. 광역행정의 개념

광역행정이란 기존의 자치단체 구역을 넘어서 두 개 이상의 자치구역에 걸쳐서 공공문제를 처리하는 활동 또는 기능이다. 이처럼 광역행정은 대도시 간의 문제를 해결하고 행정의 능률성과 효과성 등을 향상시키기 위하여 기존의 자치구역을 초월하여 더 넓은 지역에 걸쳐 행정을 종합적 · 통일적으로 처리하려는 행정업무처리방식을 말한다. 결국 광역행정은 현대 행정의 핵심적 과제의 하나인 중앙집권과 지방분권 간의 조화로 귀결된다.

따라서 지방자치단체가 처리하는 사무 중에는 ① 한 자치단체의 구역 내에 한정시켜 처리하기 곤란한 사무, ② 2개 이상의 자치단체에 걸치는 행정이 많아 그 구역을 엄격히 분리할 때에는 행정능률을 저해하거나[11] 행정 목적을 효과적으로 달성할 수 없는 사무, ③ 국가 전체에 큰 영향을 미치는 사무가 있다(정세욱, 2003: 771). 이러한 사무는 어떠한 방식으로 또한 어떠한 기구에 의하여 행할 것인지가 문제가 된다.

나. 광역행정의 목적

① 국가적 · 종합적 입장에서 지방조직을 이상적으로 구성할 수 있고, 행정의 능률적 · 통일적 운영을 기할 수 있다.

② 국가행정과 지방행정의 연관성을 원활하게 전개할 수 있다.

③ 지역개발 내지 지역경제의 균형성장을 촉진하는 데 도움이 된다.

④ 인구와 산업을 적정하게 분산 배치함으로써 대도시로의 인구 및 산업의 과도한 집중을 억제할 수 있다.

⑤ 주민의 사회적 · 경제적 생활권과 행정구역을 일치시킬 수 있다.

⑥ 각종 공공시설을 정비하여 국민의 문화복지 수준을 증진하는 데 효과적일 수 있다(김영기, 2002: 51-52).

---

11 자치단체의 구역이 협소하면 토지를 대상으로 하는 종합개발 · 국립공원 · 어구(漁區) · 도로 · 전기에 관한 행정에 많은 장애가 발생한다. 따라서 이러한 행정의 비능률을 해소하려면 행정처리방식의 개선이 필요하다.

다. 광역행정의 촉진요인

광역행정을 촉진하는 요인은 대체로 신중앙집권화의 요인과 유사하다. 그러나 광역행정의 촉진요인은 광역주의에 입각하면서도 중앙집권화에 까지는 이르지 않고 지역적 수준에서 행정을 처리하게 하려는 점에 그 특징이 있다. 따라서 생활권·경제권의 확대, 도시화의 급격한 진전, 행정서비스의 균질화, 중앙집권과 지방분권의 조화 등을 살펴볼 수 있다(정세욱, 2003: 773-775).

(1) 생활권·경제권의 확대

교통·통신의 발달로 인하여 인구의 지역 간 이동이 활발해지고 지역주민의 교통권·생활권·경제권이 확대되어 서로 괴리된 교통권·생활권·경제권에 행정권을 일치시킴으로써 행정의 효율성과 주민의 편의를 높여야 할 필요성이 증대되었다.

(2) 도시화의 급격한 진전

대도시화에 따라 중심도시는 위성도시 및 근교 지역을 흡수하여 일종의 집합도시인 대도시를 이룸으로써 광역도시권이 형성되었다. 이러한 광역도시권 내에서는 특히, 지역 간의 기능적 의존성이라는 측면에서 볼 때 인구·교통·상하수도·도로·경찰 등 각종 행정문제의 양적 증대와 질적인 변화에 따라 일정한 지방자치단체의 관할 지역뿐만 아니라 인접 구역에까지 관계되는 광역권 전체를 대상으로 하는 행정업무처리방식이 요구되었다.

(3) 행정서비스의 균질화

대도시나 중심도시는 행정 및 재정적 능력과 기술이 주변 지역에 비해 높은 데다가 대도시에 인접해 있는 지방자치단체의 재정 능력 부족, 세수원의 빈곤, 주민의 낮은 담세능력 등을 고려하여 중심권의 행정권에 흡수시킴으로써, 지방자치단체 간의 행·재정적 격차를 완화하고 지역주민의 복지향상과 행정서비스의 평준화를 도모할 수 있어 광역행정이 요구되고 있다.

(4) 중앙집권과 지방분권의 조화

광역행정은 중앙집권과 지방분권을 조화시키기 위하여 요구된다. 광역행정이 지방자치를 옹호하는 논리는 바로 그 지방의 경제·사회·문화에 관한 지역적 특수성과 주민의 편의를 도모하기 위해 중앙정부에 의한 획일적·권력적 행정으로부터 자치행정을 보호하는 데 있다. 즉, 중앙정부가 전적으로 관여해서도 안 되고 지방자치단체의 능력에만 맡겨서는 효율적으로 처리할 수 없는 사무가 증대되고 있어 광역행정이 대안으로 떠오르고 있다.

라. 광역행정의 방식

광역행정의 방식은 여러 가지로 분류될 수 있으나 중앙정부의 통제를 강화하는 방향과 지방자치를 존중하는 방향으로 나누어 집권방식과 분권방식으로 분류하는 것이 지배적인 경향이다(조창현, 2005: 229-236).

(1) 공동처리방식

자치단체가 단독으로 처리할 수 없는 사무를 상호 간의 협력을 통해 처리함으로써 사무처리의 융통성을 거둘 수 있는 반면, 연대성이 약해서 이해관계로 대립하는 경우에는 협력 관계가 유지되기 어려운 단점이 있다.

① 협의회

둘 이상의 지방자치단체가 공동사무에 대한 연락·조정을 도모하고 광역에 걸친 종합적인 계획을 작성하고 처리하기 위하여 협의기관을 설치하는 방식이다. 그러나 협의한 사항에 대한 법적 구속력이 없기 때문에 협력의 실질적 효과는 그리 크지 못하다.

② 기관의 공동설치

둘 이상의 자치단체가 전문직원의 확보, 재정 절약 등을 위해 계약에 의해 공동으로 기관을 운영하는 방식이다.

③ 사무의 위탁

사무의 위탁은 지방자치단체가 자기의 사무 또는 자치단체의 장의 권한에 속하는 기관위임사무의 일부를 다른 단체에 위탁하여 관리 집행하게 하는 방식이다.

④ 일부 사무조합

둘 이상의 자치단체가 사무의 일부를 공동으로 처리하기 위하여 계약에 의해 새로운 법인인 조합을 설치하는 방식이다. 사무처리의 효과가 조합에 귀속하며 협력의 효과는 협의회의 경우보다 크다고 할 수 있다.

(2) 통합의 방식

① 합병

몇 개의 기존 자치단체를 통폐합하여 하나의 법인격을 가진 자치단체를 신설하는 방식이다. 합병의 방식에는 크게 두 가지가 있을 수 있는데, 하나는 도시지역을 합병하는 도시합병이고, 다른 하나는 농촌지역을 합병하는 도시통합이다.

② 흡수통합

하급자치단체의 권한이나 지위를 흡수통합하는 방식이다. 흡수통합에는 하급자치단체의 기능을 상급자치단체 또는 국가가 흡수하는 기능의 흡수통합과 하급단체의 기능뿐만 아니라 지위까지도 흡수하는 지위의 흡수통합이 있다. 지위 흡수는 한국의 읍·면 자치제가 군 자치제로 개편된 것을 그 대표적인 예로 들 수 있다.

③ 전부 사무조합

둘 이상의 지방자치단체가 계약에 의해 모든 사무를 종합적으로 처리할 조합을 설립한다는 점에서 전부 사무조합은 사실상 자치단체의 합병을 의미한다.

(3) 특별구역 방식

특수한 광역적 사무를 처리하기 위하여 자치구역과는 별도로 항만관리구, 하수처리구 등의 구역을 정하는 방식이다. 일부 사무조합방식도 특별구를 설치하는 결과가 되지만, 일부 사무조합은 두 개 이상의 자치단체 간의 협력에 의하여 설립되는 데 반하여, 특별구역방식은 지방자치단체를 처음부터 그렇게 정한 것이라는 데 차이가 있다.

마. 한국의 광역행정 제도

현행 우리나라 지방자치법에서는 광역행정 제도로서 자치단체 간 협력 제도인 사무위탁, 행정협의회, 지방자치단체조합, 특별지방자치단체, 중앙지방협력회의 등을 규정하고 있으며, 자치단체 관련 분쟁을 조정하기 위하여 중앙(지방)분쟁조정위원회와 행정협의조정위원회를 두고 있다.

지방자치단체 간 갈등 조정 및 협력 증진 제도

구 분	제도적 장치	비 고
갈등 관련 제도	분쟁조정위원회	중앙분쟁조정위원회
		지방분쟁조정위원회
협력 관련 제도	사무위탁	협력 기능수행
	행정협의회	갈등 조정 기능수행
	지방자치단체조합	협력 기능수행
	지방자치단체 4대 협의체	갈등 조정 기능수행
	특별지방자치단체	광역적 기능수행
	중앙지방협력회의	협력 기능수행

(1) 사무위탁

지방자치단체나 그 장은 소관 사무의 일부를 다른 지방자치단체나 그 장에게 위탁하여 처리하게 할 수 있다. 이 경우 지방자치단체의 장은 사무위탁의 당사자가 시·도나 그 장이면 행정안전부 장관과 관계 중앙행정기관의 장에게, 시·군 및 자치구나 그 장이면 시·도지사에게 이를 보고하여야 한다(지방자치법 제8장).

(2) 행정협의회

지방자치단체는 2개 이상의 지방자치단체에 관련된 사무의 일부를 공동으로 처리하기 위하여 관계 지방자치단체 간의 행정협의회를 구성할 수 있다. 이 경우 지방자치단체의 장은 시·도가 구성원이면 행정안전부 장관과 관계 중앙행정기관의 장에게, 시·군 또는 자치구가 구성원이면 시·도지사에게 이를 보고하여야 한다(지방자치법 제8장). 현재 전국의 각 도시권에는 행정협의회가 구성되어 있고, 대도시권에는 대도시권 도시 행정협의회가 구성되어 있다. 수도권에는 서울특별시, 인천광역시, 경기도와 강원도, 충청북도가 참여하는 수도권 행정협의회가 구성되어 있다.

(3) 지방자치단체조합

우리나라의 경우, 2개 이상의 지방자치단체가 하나 또는 둘 이상의 사무를 공동으로 처리할 필요가 있을 때에는 규약을 정하여 그 지방의회의 의결을 거쳐 시·도는 행정안전부 장관의, 시·군 및 자치구는 시·도지사의 승인을 받아 지방자치단체조합을 설립할 수 있다. 다만, 지방자치단체조합의 구성원인 시·군 및 자치구가 2개 이상의 시·도에 걸치는 지방자치단체조합은 행정안전부 장관의 승인을 받아야 한다(지방자치법 제8장).

(4) 지방자치단체 장 등의 협의체

지방자치단체가 상호 공동관심사를 협의하기 위하여 자치단체협의체를 구성하여 상호 협조하기도 한다. 우리나라의 경우 광역단체장 협의회, 지방의회 의장단협의회 등이 있다.[12] 이러한 협의체를 통해 지방자치단체의

---

12   지방자치단체 4대 협의체

권익을 주장하고, 상호 간 공동 노력을 시도할 수 있다. 또한 관계기관끼리 상호 친선 및 협력을 위해 자매결연이나 공동문제 처리를 위한 협력 체제를 구축할 수 있다(지방자치법 182조).

(5) 중앙지방협력회의

그동안 중앙정부와 지자체 간 소통 채널은 시·도지사협의회, 중앙행정기관·지방자치단체 정책협의회, 지방재정부담심의위원회, 자치분권위원회, 국가균형발전위원회 등 다양하게 존재해왔다. 그러나 이들 기구는 정부와 지자체가 대등한 위치에서 협의할 수 있는 위상에까지는 이르지 못

지방4대 협의체 기본현황

① 전국 시·도지사협의회
- 설 립 : '99. 1. 23 ('00. 3. 18, 법적 단체로 등록)
- 회 원 : 시·도지사 16명(회장: 김진선 강원도지사)
- 운 영 : 정기회(분기 1회) 및 임시회 수시 개최
- 회 비 : 서울·경기·강원 각 2억원, 기타 시·도 각 9천만 원

② 전국 시장·군수·구청장협의회
- 설 립 : '99. 9. 18 ('00. 4. 26, 법적 단체로 등록)
- 회 원 : 시장·군수·구청장 234명(회장: 신중대 안양시장)
- 운 영 : 총회(정기회 및 임시회), 공동회장단 회의(매월)
- 회 비 : 회원별 연 300만 원

③ 전국 시·도·의회의장협의회
- 설 립 : '91. 8. 15 ('00. 6. 28, 법적 단체로 등록)
- 회 원 : 의장 16명(회장 : 박주웅 서울시의회의장)
- 운 영 : 정례회 연 1회, 임시회 월 1회
- 회 비 : 회원별 기본 100만 원+분담금

④ 전국 시·군·자치구의회의장협의회
- 설 립 : '99. 11. 1 ('00. 4. 12, 법적 단체로 등록)
- 회 원 : 시·군·자치구의회의장 230명(정동수 서울 송파구의회의장)
- 운 영 : 정례회 월 1회
- 회 비 : 회원별 연 300만 원

했다는 지적이 끊임없이 제기됐다.

따라서 문재인 정부 들어 기존의 국무회의 외에 대통령과 시·도지사 등이 참여하는 제2국무회의 성격의 협의체가 논의돼왔다. 이에 2021년 1월 전부 개정된 지방자치법에 협력회의 도입 근거가 마련됐고(지방자치법 제186조), 그해 7월 '중앙지방협력회의 구성 및 운영에 관한 법률'이 제정되면서 협력회의가 닻을 올리게 됐다.

협력회의는 의장인 대통령, 부의장인 국무총리, 시도지사 전원, 기획재정부·교육부·행정안전부 장관, 국무조정실장, 법제처장, 시장·군수·구청장협의회장, 시·도의회의장협의회장, 시·군·구의회의장협의회장으로 구성된다(중앙지방협력회의의 구성 및 운영에 관한 법률 제3조).

회의에서는 국가와 지자체 간 협력, 권한과 재원 배분, 균형발전 등 지방자치 발전과 관련한 사항을 심의하며 국가와 지자체는 회의 결과를 존중하고 성실히 이행하도록 법에 명문화돼 있다(중앙지방협력회의의 구성 및 운영에 관한 법률 제2조, 제3조).

이러한 협력회의는 비정기적으로 열리던 대통령과 시도지사 간담회 등을 정례화·제도화해 대통령이 직접 지방의 의견을 듣고 이를 정책에 반영한다는 데 의미가 있다.

바. 광역행정의 방향

결론적으로 광역행정은 자칫하면 행정의 능률성을 지나치게 강조한 나머지 자치행정 내지 지방자치의 종언을 결과하게 될 것이므로, 중앙과 지방을 협조적 수평관계로 파악하고 나아가 중앙집권과 지방분권이 조화와 균형을 이룩함으로써 행정의 능률성과 민주성을 보장하는 방향으로 광역행정을 실시하여야 할 것이다.

참고문헌

강용기(2002). 『현대지방자치론』. 서울: 대영문화사.
김영기(2002). 『한국지방자치론』. 서울: 대영문화사.
김종표(1992). 『신지방행정론』. 서울: 법문사.
이영조(1995). 『지방재정론』. 서울: 대명출판사.
정세욱(2003). 『지방자치학』. 서울: 법문사.
정일섭(2006). 『한국지방자치론』. 서울: 대영문화사.
조창현(2005). 『지방자치론』. 서울: 박영사.
최봉기(2006). 『지방자치론』. 서울: 법문사.
최창호(1988). 『지방자치제도론』. 서울: 삼영사.
행정안전부(2021). 「지방자치단체 행정구역 및 인구 현황」.
국가법령정보센터. 지방자치법, 중앙지방협력회의의 구성 및 운영에 관한 법률.

제7장 중앙정부와 지방정부 간의 기능배분

1. 머리말

한나라의 민주주의가 실현되고 있는 정치 현상은 국민이 자신에게 주어진 권리를 마음껏 요구할 수 있는 것이며, 이런 요구들이 잘 될 수 있도록 하고 그 요구들의 의미인 삶의 질을 증진하는 것이 행정 현상이다. 바로 한 나라의 정치 현상을 최대한 받아들이고 행정 현상을 통해 국민의 삶을 한 단계 높이는 노력 간의 균형이 이루어져야 한 나라의 총화가 이루어졌다고 볼 수 있다. 마찬가지로 특정한 구역을 단위로 이루어지는 지방자치도 마찬가지일 것이다.

따라서 지방행정의 처리방식으로 관치보다는 자치가 좋다는 이유는 그것이 민주정치원리의 지역적 실천이라는 정치적 가치에 합치되기 때문이라는 이유 이외에 주민에게 유용한 생활수요를 가장 합리적으로 발견하고 이를 가장 실효성 있게 수행해 줄 수 있는 제도라는 점에 있다는 것이다.

이러한 지방자치의 지역적 실천을 위한 사무는 어디에 근거하고 구체적으로 무슨 일인가를 자치의 제도적 근거와 제도의 내용이 되는 행정기능을 통해 살펴볼 수 있다.

2. 지방자치사무의 제도적 근거

가. 헌법의 근거

우리 헌법을 보면, 제117조에서 지방자치단체의 사무는 '주민의 복리에 관한 사무'라 규정하여 상당히 포괄적으로 정의되어 있다. 이러한 규정은 선언적이고 실제로는 중앙정부가 주민의 복리에 대한 사무를 보다 더 적극적으로 맡는 것이 세계적인 추세이다. 왜냐하면 각 자치단체마다 재정 자립도가 다양하고 취약한 가운데 특정한 지역의 기초자치단체 주민은 특정한 광역자치단체 주민이며 한 나라의 국민이라는 점에서 주민의 복리와 관련된 사무를 지방정부에만 일임하기 힘들기 때문이다. 따라서 헌법 제117조는 주민 복리에 대하여 지방정부가 일차적 책임이 있다는 것을 의미할 뿐, 후생에 대한 궁극적인 책임은 중앙정부에 있는 것으로 해석할 수 있다.

나. 지방자치법의 근거

지방자치법 제13조 ①항은 '지방자치단체는 관할구역의 자치사무와 법령에 따라 지방자치단체에 속하는 사무를 처리한다.'라고 규정하고, ②항에서 지방자치단체의 사무를 예시한 뒤, 법령에 별도의 규정이 있는 경우에는 예외를 인정하고 있으므로 각 개별법은 다양한 사무를 지방자치단체에 위임하고 있음을 알 수 있다. 따라서 지방자치법은 지방자치단체의 자치사무와 단체위임사무의 법적 근거를 마련하고 있다.

지방자치법 제115조는 "시 · 도와 시 · 군 및 자치구에서 시행하는 국가 사무는 법령에 다른 규정이 없는 한 시 · 도지사와 시장 · 군수 및 자치구의 구청장에게 위임하여 행한다."라고 하여 집행기관인 자치단체장에게 위임해서 처리하는 기관위임사무의 법적 근거를 마련하고 있다.

따라서 우리나라의 공공부문에 존재하는 사무는 크게 국가사무[1]와 지방자치사무로 나눌 수 있다. 국가사무는 중앙정부가 중심이 되어 처리하는 사무이다. 지방자치사무는 자치사무와 위임사무로 나뉘고, 위임사무는 단체위임사무와 기관위임사무로 나누어진다. 따라서 지방자치사무의 종류는 지방자치법 제13조와 제115조에 근거하여 자치사무, 단체위임사무, 기관위임사무의 세 가지로 나누어진다.

이와 같은 지방자치사무의 구분은 자치행정을 수행하고 지방의회를 운영하는데 있어서 대단히 중요한 의미를 갖는다. 사무가 어떻게 구분되느냐에 따라 경비부담의 주체, 중앙정부의 지도 · 감독, 지방의회의 관여, 사무처리의 강제성의 범위 등 많은 부분에서 차이가 나기 때문이다(임승빈, 2006: 94-96).

---

1   국가사무란 국가 전체의 이해관계가 걸린 업무로, 국가(중앙정부)가 직접 처리하는 사무이다. 지방자치단체는 이러한 국가사무에 관여하지 못하며, 국가사무에 소요되는 경비는 국가가 전액 부담하고, 이 업무는 국정감사의 대상이 된다.

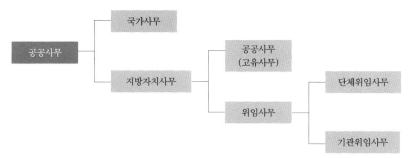

[우리나라 공공분야 사무의 분류체계]

3. 지방자치사무의 종류

가. 자치사무

자치사무는 지방자치단체의 존립목적과 바로 직결되는 사무를 의미하는 것으로서, 지방자치단체가 자기의 의사와 책임 및 재정적 부담 하에 지역주민의 복리 증진을 위해 수행하는 본래의 사무라는 뜻에서 고유사무라고도 한다(조창현, 2005: 276-280; 강용기, 2002: 287).

자치사무는 자치단체의 고유사무이므로 원칙적으로 지방자치단체의 자주 재원과 지방교부세로 이루어지는 사무이며, 지방의회가 관여하게 되고, 중앙정부에서는 사후 감독 및 합법성 감독만 허용하고 있어 소극적 감독에 한하고 있다. 이러한 자치사무는 지방자치법 제13조 제2항에 아래와 같이 예시적으로 명시하고 있다. 이러한 자치사무는 지방자치법 시행령 제10조 별표 1에 다시 광역자치단체의 사무와 기초자치단체의 사무로 상세하게 구분하여 예시하고 있다.

① 지방자치단체의 구역, 조직, 행정관리 등에 관한 사무

② 주민복지증진에 관한 사무

③ 농림 · 수산 · 상공업 등 산업 진흥에 관한 사무

④ 지역개발과 자연환경보전 및 생활환경시설의 설치·관리에 관한 사무

⑤ 교육·체육·문화·예술의 진흥에 관한 사무

⑥ 지역민방위 및 지방 소방에 관한 사무

⑦ 국제교류 및 협력에 관한 사무

나. 단체위임사무

단체위임사무란 법령에 의해 국가 또는 상급 지방자치단체로부터 해당 지방자치단체에 처리가 위임된 사무를 말한다. 우리나라 지방자치법에 '지방자치단체는 관할구역의 자치사무와 법령에 따라 지방자치단체에 속하는 사무를 처리한다.'라고 규정하고 있는데, 여기서 '법령에 따라 지방자치단체에 속하는 사무'가 바로 단체위임사무를 의미하는 것이다(지방자치법 제13조 ①).

단체위임사무는 전염병 예방과 같이 지방적 이해관계와 전국적 이해관계를 동시에 가지는 사무로서, 경비는 지방자치단체와 국가가 분담해서 부담한다(지방재정법 제21조).

따라서 단체위임사무는 비록 국가의 사무이지만 일단 지방자치단체에 위임되면 바로 지방자치단체의 사무가 되며, 자치사무와 동일하게 취급된다. 그러나 ① 법령상 규제가 가해지는 범위가 보다 넓고, ② 국가의 감독 범위도 넓으며, ③ 그 사무의 처리에 필요한 경비의 일부를 국고에서 부담하는 점 등에서 자치사무와 다소 차이가 있을 뿐이다(강용기, 2002: 288-289).

* 단체위임사무의 예시

① 예방접종에 관한 사무(감염병의 예방 및 관리에 관한 법률 제24조), ② 감염병원 예방조치에 관한 사무(감염병의 예방 및 관리에 관한 법률 제49조), ③ 시·군의 국세징수사무(국세징수법 제8조), ④ 시·도의 국도 수선·유지사무(도로법 23조), ⑤ 보건소의 운영(보건소법), ⑥ 농촌지도소의 운영(농촌진흥법) 등

다. 기관위임사무

기관위임사무란 국가 또는 상급자치단체가 법령 등에 의하여 지방자치단체의 장에게 그 처리를 위임한 사무를 말한다. 전국적인 이해관계가 있는 사무 또는 원래 국가기관에서 처리하여야 할 사무를 사무처리의 편의성과 능률성 또는 국민의 편의 등의 이유에서 지방자치단체의 장에게 위임하여 처리하는 사무를 말한다(지방자치법 제115조).

기관위임사무는 원래 국가가 자기의 일선 기관을 설치하고 처리하여야 할 국가사무를 지방자치단체의 집행기관에 위임하여 처리하는 것이기 때문에, 위임받은 지방자치단체의 집행기관은 중앙정부의 하급기관과 동일한 지위에서 그 사무를 처리하게 된다. 따라서 기관위임사무에 대한 위임기관의 감독을 교정적 감독과 합법성의 감독은 말할 것도 없고 예방적 감독 및 합목적성의 감독도 인정된다.

한편 기관위임사무의 처리에 소요되는 경비는 그 전액을 국고에서 부담하는 것을 원칙으로 한다. 이 경우 교부되는 국고보조금은 의무적인 위탁금 또는 교부금으로서의 성격을 가진다. 따라서 지방의회는 필요한 경비부담에 관한 사항을 제외하고는 원칙적으로 그 사무처리에 간여할 수 없다.

＊ **기관위임사무의 예시**

① 호적 사무, ② 주민등록사무, ③ 병사사무, ④ 대통령·국회의원의 선거에 관한 사무, ⑤ 국민투표에 관한 사무, ⑥ 경찰 사무, ⑦ 소방사무, ⑧ 지적사무, ⑨ 국세조사, ⑩ 산업통계에 관한 사무, ⑪ 국책·국민저축사무, ⑫ 기부금품 통제사무, ⑬ 경비계획 및 경비통제사무, ⑭ 농지개발사무, ⑮ 상공업진흥사무, ⑯ 수산업진흥사무, ⑰ 공유수면매립사무 등

이처럼 한국의 지방자치제도는 법률상 또는 관념상으로는 고유사무와 단체위임사무, 기관위임사무를 구별해 놓고 있으나 중앙정부가 지방자치단체의 장에게 사무를 위임할 때에는 법령의 개별적인 위임규정이 있어야 하는 것이 원칙임에도 불구하고 법령의 근거 없이 훈령이나 통첩 등으로 사무를 위임하는 경우가 많다. 국가가 기관위임사무로 할 필요가 있다고 하여 개별 법률을 제정할 때마다 고유사무는 국가사무로 대체되어 소멸하는 것이다. 다시 말하면 고유사무는 국가가 그에 관한 개별 법률을 제정할 때까지만 존재한다는 것이 되고 만다. 따라서 지방자치의 발전을 위해서는 가능한 한 기관위임사무의 범위를 분명히 하고 줄여가는 것이 바람직하다고 할 것이다(이규환, 2002: 263; 강용기, 2002: 289; 조창현, 2005: 281-285).

4. 정부 간의 기능배분

공공사무는 가능한 한 주민과 가장 가까운 기초자치단체에서 처리되어야 하고, 기초자치단체에서 처리될 수 없는 사무는 광역자치단체에서 처리하며, 광역자치단체에서 처리할 수 없는 사무는 국가가 처리하는 것이 바람직하다. 이같이 국가 전체의 사무를 효율적으로 수행하기 위하여 사

무처리의 권한을 중앙정부와 지방자치단체에 부여하는 것을 사무배분 또
는 기능 배분이라고 한다.

가. 기능배분의 원칙

모든 나라에 똑같이 공정하게 적용될 수 있는 그러한 기준이나 원칙이
있을 수는 없겠으나 일반적으로 거의 모든 나라에서 사용하고 있는 몇 가
지의 공통된 기준이나 원칙이 없는 것 또한 아니다. 그럼 여기서 그러한
원칙을 살펴보기로 하자(최봉기, 2006: 139; 정일섭, 2006: 162).

① 현지성의 원칙

주민의 참여와 통제가 용이한 기초자치단체에 가능한 한 많은 사무를
배분해야 한다.

② 행정책임의 명확화의 원칙

국가와 자치단체별로 사무를 명확히 배정하여 행정 책임을 명확히 하여
야 한다.

③ 종합성의 원칙

지방자치단체가 사무를 자기의 책임 하에 종합적으로 처리할 수 있도록
관련 사무를 포괄적으로 배분해야 한다.

④ 경제성의 원칙

최소의 처리경비로 행정업무를 처리할 수 있도록 사무를 배분해야 한다.

⑤ **통일성의 원칙**

서비스의 수준을 전국적으로 일정하게 유지할 필요가 있는 행정사무는 중앙정부가 수행해야 한다.

나. 기능배분 방식

① 개별적 배분 방식

주민자치에서는 지방적 자치사무를 당연히 자치단체의 관할 사무로 보고, 이에 부가적으로 지방자치단체가 처리할 수 있는 사무를 종류별, 자치단체별로 분류하여 필요할 때마다 중앙의 의회인 국회의 개별법에 의해 사안별로 부여하는 제도이다.

이러한 개별적 배분 방식은 주민자치의 유형을 취하고 있는 영국, 미국, 호주, 캐나다, 스웨덴, 덴마크 등에서 채택되고 있다. 이 방식은 사무가 구체적으로 명시되고 주어진 사무에 대해서는 자치단체의 특성에 맞는 자치행정을 확보할 수 있다.

② 포괄적 배분 방식

지방자치단체에 대한 기능 배분에 있어서 법률에 의해 금지된 사항이나 중앙정부의 전통에 속한 사무를 제외한 모든 지방적 행정사무를 헌법이나 법률에 의해 일괄적으로 배분하는 방법이다. 이러한 포괄적 배분 방식은 단체자치를 취하고 있는 프랑스, 독일을 비롯한 대륙계 국가에서 많이 볼 수 있다.

포괄적 배분 방식은 개별적 배분 방식보다 자치권의 범위가 넓은 것같이 보이나 사실은 그렇지 않다. 왜냐하면 지방자치단체의 사무는 원래 국가사무였는데 이를 중앙정부가 자치단체에 위임하는 것으로 보고 중앙정부의 포괄적인 지휘·감독권을 인정하고 있기 때문이다. 따라서 행정주체 간의 사무 관할과 자치단체의 자치사무와 위탁사무의 구분이 불명확하며 중앙정부의 통제가 광범위하기 때문에 지방자치를 명목적인 것으로 만들 우려가 있다.

③ 절충적 배분 방식

개별적 배분 방식과 포괄적 배분 방식을 절충한 것으로 개별적 배분 방식에 따라 구체적 사무 종목을 예시 또는 열거하고, 포괄적 배분 방식에 따라 광역자치단체와 기초자치단체가 처리할 사무를 일괄적 또는 포괄적으로 배정하는 방식이다. 이러한 절충적 배분 방식을 택하고 있는 일본이나 우리나라가 그 예이다.

절충적 배분 방식은 그 절차가 복잡하고 행정사무의 종류와 기준을 중앙정부가 정하기 때문에 관치행정의 성격이 농후하다(임용주, 2002: 312-314).

다. 우리나라 기능배분 원칙

① 국가 사무처리 금지의 원칙

'지방자치단체는 법률에 다른 규정이 있는 경우에 의하지 아니하고는 국가사무를 처리할 수 없다.'라고 규정하고 있다(지방자치법 제15조).

② 비중복성의 원칙

'시·도와 시·군 및 자치구는 사무를 처리할 때 서로 겹치지 아니하도록 하여야 한다.'라고 규정하고 있다(지방자치법 제14조 ③). 비중복성은 사무의 귀속과 권한, 책임의 소재 등을 명확히 하고 이중행정, 중복행정을 피하기 위한 것이다. 따라서 '국가는 지방자치단체가 행정을 종합적 · 자율적으로 수행할 수 있도록 국가와 지방자치단체 간 또는 지방자치단체 상호 간의 사무를 주민의 편익증진, 집행의 효과 등을 고려하여 서로 중복되지 아니하도록 배분하여야 한다.'라고 규정하고 있다(지방자치 분권 및 지방행정 체제개편에 관한 특별법 제9조 ①).

③ 기초자치단체 우선의 원칙

'사무가 서로 경합하는 경우에는 시 · 군 및 자치구에서 먼저 처리한다.'라고 규정하고 있다(지방자치법 제14조 ③). '지역주민 생활과 밀접한 관련이 있는 사무는 원칙적으로 시 · 군 및 자치구의 사무로, 시 · 군 · 구가 처리하기 어려운 사무는 시 · 도의 사무로, 시 · 도가 처리하기 어려운 사무는 국가의 사무로 각각 배분하여야 한다.'라고 규정하고 있다(지방자치 분권 및 지방행정 체제개편에 관한 특별법 제9조 ②).

④ 일괄성의 원칙

국가가 지방자치단체에 사무를 배분하거나 지방자치단체가 사무를 다른 지방자치단체에 재배분하는 때에는 사무를 배분 또는 재배분 받는 지방자치단체가 그 사무를 자기의 책임하에 종합적으로 처리할 수 있도록 관련 사무를 포괄적으로 배분하여야 한다고 규정하고 있다(지방자치 분권 및 지방행정 체제개편에 관한 특별법 제9조 ③). 또한 국가는 권한 및 사무를 지방자치단체에 포괄적, 일괄적으로 이양하기 위하여 필요한 법적 조치를 마련하여야 한다고 규정하고 있다(지방자치 분권 및 지방행정 체제개편에 관한 특별법 제11조 ②).

라. 우리나라의 기능배분 방식

(1) 국가사무: 지방자치법 제15조

① 외교, 국방, 사법(司法), 국세 등 국가의 존립에 필요한 사무

② 물가정책, 금융정책, 수출입정책 등 전국적으로 통일적 처리를 요하는 사무

③ 농산물·임산물·축산물·수산물 및 양곡의 수급조절과 수출입 등 전국적 규모의 사무

④ 국가종합경제개발계획, 국가하천, 국유림, 국토종합개발계획, 지정항만, 고속국도·일반국도, 국립공원 등 전국적 규모나 이와 비슷한 규모의 사무

⑤ 근로 기준, 측량단위 등 전국적으로 기준을 통일하고 조정하여야 할 필요가 있는 사무

⑥ 우편, 철도 등 전국적 규모나 이와 비슷한 규모의 사무

⑦ 고도의 기술을 요하는 검사·시험·연구, 항공관리, 기상 행정, 원자력개발 등 지방자치단체의 기술과 재정 능력으로 감당하기 어려운 사무

(2) 지방사무

지방자치법 제13조에서 '지방자치단체는 관할구역의 자치사무와 법령에 따라 지방자치단체에 속하는 사무를 처리한다.'라는 규정을 두고, 동시에 지방자치단체의 사무를 7개의 사무영역에 걸쳐 61개의 사무를 예시하고 있다.[2] 이러한 자치사무는 지방자치법 시행령 제10조 2항 별표 2에 다

---

2 지방자치법 제14조에 제13조 제2항 제1호의 예시된 사무는 각 지방자치단체에 공통된 사무로 한다고 규정하고 있다.

시 광역자치단체의 사무와 기초자치단체의 사무로 상세하게 구분하여 예시하고 있다. 따라서 우리나라는 지방자치단체의 기능 배분에 있어서 「포괄적 예시주의」를 취하고 있다고 할 수 있다.

① 지방자치단체의 구역, 조직, 행정관리 등에 관한 사무

② 주민의 복지 증진에 관한 사무(주민복지, 노인, 아동, 전염병, 청소 등)

③ 농림 · 상공업 등 산업 진흥에 관한 사무(농업용수시설, 중소기업육성 등)

④ 지역개발과 주민의 생활환경시설의 설치 · 관리에 관한 사무

⑤ 교육 · 체육 · 문화 · 예술의 진흥에 관한 사무(유아원, 도서관, 지방문화재 등)

⑥ 지역민방위 및 소방에 관한 사무

⑦ 국제교류 및 협력에 관한 사무

(3) 광역과 기초 간의 기능배분 기준(지방자치법 제14조)
-시 · 도의 사무 기준[3]

3　① 광역행정기능이란 2개 이상 시 · 군의 구역에 걸치는 광역적 사무를 계획하고 집행하는 기능을 의미한다. 예컨대 지방도로의 건설, 하천의 관리, 운하, 간척, 임산자원 · 수산자원 기타 천연자원의 보전 · 개발, 치산 · 치수, 운수, 산업입지조건의 정비, 경찰 등의 기능을 들 수 있다.

　② 보완 · 대행기능이란 시 · 군의 능력으로는 적절히 처리할 수 없거나 처리하기 곤란한 사무, 또는 시 · 군이 처리하는 것이 비경제적 · 비능률적이거나 행정의 질을 저하할 우려가 있는 사무를 도가 처리함을 의미한다. 예컨대 병원 · 요양소 기타 보건의료시설, 연구소, 중 · 고등학교, 맹아학교, 시험장, 중소기업 기타 산업의 지도 · 진흥, 식품검사시설, 직업안정소와 같은 사회복지에 관한 기능을 들 수 있다.

　③ 연락 · 조정기능이란 중앙정부와 시 · 군 사이에서 양자 간의 의사소통을 원활히 하고, 시 · 군 간의 정책의 상충을 해소하며 행 · 재정의 불균형을 시정하는 기능을 의미한다. 예컨대 중앙정부의 명령과 지시의 이첩, 시 · 군으로부터의 보고의 접수 및 중앙에의 보고, 시 · 군의 조직 · 운영의 합리화에 관한 조언 · 권고 및 지도, 분쟁의 조정, 심사청구 기타 불복신청에 대한 재결 · 심결, 2개 이상의 시 · 군에 걸치는 개발계획과 정책의 조정에 관한 사무 등을 들 수 있다.

가. 행정처리 결과가 2개 이상의 시·군 및 자치구에 미치는 광역적 사무

나. 시·도 단위로 동일한 기준에 따라 처리되어야 할 성질의 사무

다. 지역적 특성을 살리면서 시·도 단위로 통일성을 유지할 필요가 있는 사무

라. 국가와 시·군 및 자치구 사이의 연락·조정 등의 사무

마. 시·군 및 자치구가 독자적으로 처리하기에 부적당한 사무

바. 2개 이상의 시·군 및 자치구가 공동으로 설치하는 것이 적당하다고 인정되는 규모의 시설을 설치하고 관리하는 사무

─시·군·자치구의 사무 기준

시·도가 처리하는 것으로 되어 있는 사무를 제외한 사무로 ① 지방자치단체의 존립유지에 관한 사무,[4] ② 주민의 공공복리에 관한 사무[5] 등 지역 단위의 사무이다.

(4) 광역과 기초 간 기능배분의 예외

우리나라 지방자치법의 기능배분 방식은 포괄적 예시주의를 채택하고 있으나 광역과 기초자치단체 간에는 지방자치단체의 특수성에 따라 예외를 적용하고 있다.

---

4 자치입법, 자치조직, 자치재정에 관한 사무 등

5 지방자치단체 내의 토목, 건설사무, 지방도로, 지방하천의 관리, 도시계획, 개발계획 및 그와 관련되는 사무, 지방자치단체가 소유 또는 경영하는 공기업, 공공시설에 관한 사무, 지방자치단체가 계획한 특수시책이나 사업에 관련된 사무, 기타 위생·청소업무 등 주민 편익을 위한 사무 등

－자치구에 대한 사무의 예외(지방자치법 제2조 ②)

지방자치단체인 자치구는 특별시와 광역시의 관할구역 안의 구만을 말하며, 자치구의 자치권의 범위는 법령으로 정하는 바에 따라 시·군과 다르게 할 수 있다고 규정하고 있다. 이에 따라 지방자치법 시행령 제10조 ②항에서 시·군과 다르게 자치구에서 처리하지 아니하고 특별시·광역시에서 처리하는 사무를 모두 14개 종류로 예시하고 있다. 이같이 자치구에 대한 예외를 인정하는 이유는 자치구가 시·군과 달리 생활권의 단위가 아니라 행정적 편의에 의해 만들어진 행정구역이라는 성격이 강하기 때문이다.

1. 지방자치단체의 인사 및 교육 등에 관한 사무
2. 지방재정에 관한 사무
3. 매장 및 묘지 등에 관한 사무
4. 청소·오물에 관한 사무
5. 지방토목·주택건설 등에 관한 사무
6. 도시계획에 관한 사무
7. 도로의 개설과 유지·관리에 관한 사무
8. 상수도사업에 관한 사무
9. 공공하수도에 관한 사무
10. 공원 등 관광·휴양시설의 설치·관리에 관한 사무
11. 지방궤도사업에 관한 사무
12. 대중교통 행정에 관한 사무
13. 지역경제 육성에 관한 업무
14. 교통신호기, 안전표시 등의 설치·관리 등에 관한 사무

−인구 50만 이상의 시에 대한 사무의 예외(지방자치법 제14조 ①, ②)

지방자치법에는 인구 50만 이상의 시에 대하여는 도가 처리하는 사무의 일부를 직접 처리하게 할 수 있다고 규정하고, 지방자치법 시행령 제10조 ③항 별표 3에서 인구 50만 이상의 시가 직접 처리할 수 있는 도의 사무를 모두 25개의 개별법을 통해 예시 나열하고 있다. 그리고 지방자치법 시행령 제10조 ④항 별표 4에서 인구 100만 이상의 대도시가 직접 처리할 수 있는 도의 사무를 모두 6개의 개별법을 통해 예시 나열하고 있다.

마. 기능배분의 문제점

① 국가사무와 지방사무의 불명확

지방자치법 제13조 ①항에는 '지방자치단체는 관할구역의 자치사무와 법령에 따라 지방자치단체에 속하는 사무를 처리한다.'라고 규정하고, 제13조 ②항에서는 지방자치단체의 사무를 예시하고 '다만, 법률에 이와 다른 규정이 있으면 그러하지 아니하다.'라고 규정하여 국가사무와 지방사무의 구별이 불명확하다.

② 계층 간 사무 배분의 불명확

단위 사무를 시·도나 시·군·자치구 중에서 어느 한 계층에 전적으로 배분하지 않고 두 계층에 사무 배분을 하여 자치단체 간에 권한 다툼이나 책임 전가의 문제가 발생할 수 있다. 예컨대 지방자치법 시행령 제10조 ①항 지방자치단체의 종류별 사무의 예시인 [별표 1]에서 아동상담소의 설치·운영이 시·도 사무(2. 주민복지 증진의 사무, 라의 5항)와 시·군·자치구의 사무(2. 주민복지증진의 사무, 마의 4항)로 배분된 것이 그런 예에 해당한다.

③ 단위 사무의 계층 간 분할 배분

단위 사무를 한 자치계층에 전적으로 배분하지 않고 이를 분할해 동시에 시·도와 시·군·자치구에 배분하여 두 자치계층 간에 권한과 책임이 불분명한 문제가 발생할 수 있다. 예컨대 지방자치법 시행령 제10조 지방자치단체의 종류별 사무의 예시인 [별표 1]에서 시·도 사무에는 보건교육 지도·감독(2. 주민복지 증진의 사무, 마의 3항)이, 시·군·자치구 사무에는 보건교육의 실시 및 지도·감독(2. 주민복지증진의 사무, 마의 4항)으로 배분된 것이 그런 예에 해당한다.

④ 자치단체의 특성 무시

인구 50만 이상의 시나 자치구에 대한 사무 배분에서는 예외가 적용되고 있지만 지방자치단체의 행정적·재정적 능력, 산업구조의 특성, 인구 규모 등에 따른 특성을 반영하지 못하고 일괄적인 사무 배분이 이루어져 왔으나 2022년 지방자치법부터 특례를 인정하고 있다(지방자치법 198조).

⑤ 중앙정부 주도의 사무배분

지방자치단체의 계층별 사무 배분에 대해서는 지방자치법 제14조 ①항에 시·도와 시·군·자치구 간의 배분 기준에 대해 규정하고, 구체적인 기능 배분은 지방자치법 제14조 ②항에서 '①항의 배분 기준에 따른 지방자치단체의 종류별 사무는 대통령령으로 정한다.'라고 규정하고 있어서 중앙정부가 광역과 기초 간의 사무 배분을 주도할 수 있게 되어 있다.

⑥ 사무 배분과 재정의 불일치

기관위임사무는 국가적 이해관계가 큰 사무로 사무처리에 소요되는 경비를 전액 국가가 부담하는 것이 원칙이나 국가가 이를 이행하지 않는 경우가 있어 지방의 재정적 부담을 가중시킨다.

⑦ 감독의 남용

고유사무, 단체위임사무 등 지방자치단체의 사무에 대해서도 법령상 허용되고 있지 아니한 적극적 감독을 하는 경우가 많으며, 따라서 기관위임사무와의 구별을 무의미하게 하고 있다는 점을 들 수 있다.

5. 국가와 지방 간 사무처리제도 개선

가. 사무처리제도 개선

우리나라 국가와 지방 간 사무 구분을 특별법에 의해 '국가사무'와 '자치사무'로 단순 · 명료하게 하기로 2010년 12월 발표하였고, 「지방자치 분권 및 지방행정 체제개편에 관한 특별법」을 2013년 5월 제정하였으며, 지방이양일괄법은 2004년부터 제정이 추진됐지만 소관 사무를 넘겨야 하는 각 부처의 동의를 얻기가 쉽지 않아 제정이 미뤄져 왔으며, 2018년 제정하여 차근차근 실현해 간다는 것이다.[6] 그간 중앙정부의 일방적 위임과 포괄적 지도 · 감독으로 지방의 자율성을 저해한다는 지적을 받아 온 기관위

---

6 대통령소속 자치분권위원회(http://pcad.go.kr/) 홈페이지. 지방이양일괄법 보도자료, 지방자치발전위원회 백서(2013년 9월~2017년 9월) 참고. 중앙사무는 2018년 10월 23일 1차 국무회의에서 19개 부처 소관 66개 법률의 571개 사무를 지방 이양하고, 22년 1월 25일 2차 국무회의에서 13개 부처 소관 36개 법률의 261개 사무를 지방 이양하며, 앞으로도 계속 이양해 간다는 것이지만, 여기에는 법적인 측면과 실질적인 인력과 재정의 지원이 있어야 하는데 그렇지 못하다는 것이다. 그래서 현재 중앙사무의 지방 이양은 실질적으로 거의 이루어지고 있지 않다는 것이다.

임사무는 본격적인 폐지절차에 들어가게 되었다(지방자치 분권 및 지방행정 체제개편에 관한 특별법 제11조).

국가위임사무 중 '단체위임사무'는 자치사무로 전환하고, '기관위임사무'는 국가로 환원하거나 지방 이양을 통해 자치사무로 전환해 가고 있으며, '기관위임사무' 중 국가사무의 성격을 유지하면서 지방에서 처리하는 것이 불가피한 사무(예: 국유재산관리업무, 국가하천 점용허가, 가족관계등록사무 등)는 예외적으로 '법정수임사무'로 전환하기로 하였다.

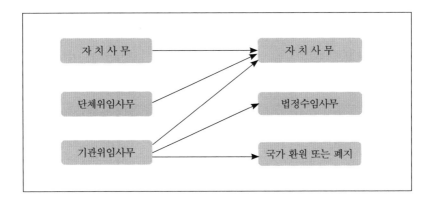

법정수임사무는 국가가 지방에 위임하는 '법령에 의한 수임 사무'와 시·도가 시·군·구에 위임하는 '조례에 의한 수임 사무'로 구분하고, 종전 기관위임사무와 달리, 조례제정 및 지방의회 관여를 허용하고, 국가의 감독수단을 법률로 명확히 규정하고 있다.

또한, 중앙행정기관의 장이 일방적으로 지방에 사무를 위임하는 폐해를 방지하기 위하여 법정수임사무 대상을 지방자치법 시행령에 열거하고, 정부조직법, 지방교육자치에 관한 법률 등에서 정하고 있는 기관위임사무 근거 규정을 법정수임사무 도입에 맞게 개정하게 되며, 법정수임사무 처리에 따른 비용은 종전 기관위임사무와 동일하게 국가에서 부담하도록 지방자치법, 지방재정법 및 개별법 등에 명시할 예정이다.[7]

나. 기대효과

이번 국가와 지방 간 사무처리제도 개선으로 국가와 지방자치단체 간 사무 구분이 명확해짐에 따라 지방자치단체의 권한과 책임 범위가 명료해져 지방자치단체의 사무 범위와 권한이 실질적으로 확대되고, 자율성이 강화될 것으로 기대된다.

---

7   지방자치발전위원회 백서(2013년 9월~2017년 9월) p. 107 참고.

참고문헌

강용기(2002). 『현대지방자치론』. 서울: 대영문화사.

이규환(2002). 『한국지방행정론』. 서울: 법문사.

임승빈(2006). 『지방자치론』. 서울: 법문사.

임용주(2002). 『지방자치론』. 서울: 형설출판사.

정일섭(2006). 『한국지방자치론』. 서울: 대영문화사.

조창현(2005). 『지방자치론』. 서울: 박영사.

최봉기(2006). 『지방자치론』. 서울: 법문사.

지방자치발전위원회 백서(2013년 9월~2017년 9월).

국가법령정보센터. 헌법, 지방자치법, 지방자치 분권 및 지방행정 체제개편에 관한 특별법

제8장 지방의회

1. 머리말

국가의 정부 형태는 크게 대통령중심제와 내각책임제의 형태로 구분된다. 대통령중심제는 입법부와 사법부, 행정부가 서로 뚜렷이 구분되어 상호 견제와 감시의 역할을 하도록 만들어진 체제이고, 내각책임제는 실질적으로 의회가 중심이 되어 내각을 구성하고 이러한 내각이 입법기능뿐만 아니라 집행기능까지도 담당하는 제도이다. 여기서 대통령중심제를 기관분리형이라고 본다면 상대적으로 내각책임제는 입법, 행정의 기관통합형이라고 볼 수 있다.

지방자치단체의 경우도 이러한 두 가지의 기본 구조를 토대로 국가마다 정도상의 변형된 형태의 자치기관을 두고 있다. 지방자치단체는 제한적인 범위이지만 국가와 마찬가지로 통치권을 행사하고 있기 때문에 국가가 의결기관인 국회와 집행기관으로서 행정부를 내포하고 있는 것처럼 지방자치단체도 의결기관과 집행기관을 갖추고 있다. 이를 지방자치단체의 기관이라고 한다.

이러한 지방자치단체는 의결기관인 지방의회와 집행기관인 지방자치단체장을 어떻게 설치하느냐에 따라 그 위상과 권한이 크게 달라 구성형태가 다양하다.[1] 지방자치단체는 의결기능과 집행기능을 단일의 기관에 귀속시키느냐 아니면 각각 분담시키느냐에 따라 기관통합형과 기관대립형 및 절충형의 세 가지 형태로 분류되고 있다. 따라서 기관구성의 문제와 함께 지방의회가 지닌 법률적 권한과 그에 대한 현실적 제약을 통하여 지방의회의 권능과 지방자치단체 내에서의 위상이 달라진다(강용기, 2002: 177: 인용주, 2002: 238: 김병준, 2003: 280).

2. 지방자치단체의 기관구성형태

가. 기관통합형

기관통합형이란 국가의 정부 형태 중 내각책임제와 유사한 것으로 의결기능과 집행기능을 분리하지 않고 의회에 귀속시키는 기관 단일형태의 지방자치단체를 의미한다. 기관통합형은 주민자치를 채택하고 있는 나라의 전통에 속하며, 모든 권력은 주민들의 직접선거에 의해 구성된 지방의회에서 유래한다는 입장이다. 대표적인 예로는 영국의 의회형과 미국의 위원회형을 들 수 있다.

(1) 영국의 의회형

영국의 의회제도인 내각책임제를 지방정부에 적용한 것으로서 의회에

---

[1] 우리나라도 지방자치법 제4조에 주민투표를 통해 단체장 중심형, 단체장 권한 분산형, 의회 중심형 등의 다양한 모형 중 하나를 선택할 수 있도록 지방의 자율성을 확대하고 있다.

서 다수의석을 차지한 정당의 의원들이 집행부를 구성하여 정책형성과 집행을 동시에 책임지는 제도이다.

영국의 지방의회는 의결기관인 동시에 집행기관이기 때문에 지방의회와 대립하는 집행기관이 따로 없다. 지방자치단체를 대표하는 시장은 의회의 의장이 겸하지만 의례적이고 상징적인 존재에 불과하다. 왜냐하면 지방의회는 자치단체의 정책 사항이나 원칙적인 문제를 전체회의를 통해 결정하고, 행정상의 권한은 각 상임위원회, 그것도 위원장이 행사하는 형식이기 때문이다.

실질적인 행정집행은 수석행정관(Chief Executive)이 담당하고, 그 아래 실무를 담당하는 국(과)은 대체로 위원회의 조직과 대응해서 편성되었다. 따라서 수석행정관이 지방공무원을 지휘하고 지방정부의 전체운영관리를 책임진다. 그것은 명예직인 의원들과 유기적인 관계를 유지하면서 지방행정의 민주성과 능률성을 조화시킨다는 것이었다.

그러나 지방의회는 의원들이 회의에 파묻혀 지역대표기능을 잘 수행하지 못하면서 주민에 대한 책임성은 멀어졌으며, 지역주민들로부터도 외면당하기 시작하여 지방선거 참여율이 30% 수준으로 떨어졌고, 주민 대응성에서도 비난을 면치 못하는 상황이었다. 이러한 상황에서 토니 블레어 노동당 정부는 지방정부 현대화 정책으로 지방정부의 기관통합형 기관구성을 탈피하여 집행기능과 정책기능을 분리하는 새로운 기관구성형태를 지방정부별로 직선 시장과 내각형, 내각 지도자와 내각형, 직선 시장과 관리자형 등 3가지 중에서 선택할 수 있도록 2000년 지방정부법을 개정하였다.

이 의회형은 영국을 비롯한 캐나다 호주 뉴질랜드 등 과거 영연방제국에서 채택하고 있다(조창현, 2005: 157-158; 김주현, 2006: 61-63).

〈영국의 의회형〉

(2) 미국의 위원회형

위원회형은 주민에 의해서 선출된 위원으로, 이들이 합의제적 의결기관이자 공동집행기관인 위원회(Board of Commissioners)를 구성한다. 각 위원은 한 분야의 행정국장을 담당하며, 위원 중의 하나가 의전상의 시장을 맡는다. 시장은 주민이 직선하는 것이 보통이지만 의회에서 간선하는 경우도 있다.

위원회는 정책의 형성·결정에서부터 그 집행에 이르기까지 공동으로 책임을 지는 합의체로서 각 위원이 각각 집행부의 실·국의 부서를 분담하지만 그 집행결과에 대하여는 연대책임을 지게 된다.

위원회형은 양 기관의 마찰이나 이로 인한 행정의 낭비나 지연이 없어

행정을 보다 안정적으로 수행할 수 있고, 의원들이 직접 행정을 담당하기 때문에 행정에 주민의 의사를 보다 정확히 반영할 수 있는 장점이 있다. 그러나 단일기관에 의해 모든 것이 이루어지다 보니 견제와 균형의 원리가 적용되지 않아 권력 남용의 소지가 있고, 선거에 의해서 선출되는 위원이 유능한 행정인이라는 보장이 없고, 당선된 위원들 사이에 구심점이 없는 경우 행정의 총괄조정이 어려울 수 있다.

〈미국의 위원회형〉

이 위원회형은 영국의 의회일원주의와 미국의 능률주의를 조화시켜 간소화한 지방정부 구조로서, 1901년 텍사스주 갈베스톤(Galveston)에서 처음으로 채택되어 제1차 세계대전 이전까지는 상당히 유행하였으나 최근에는 인구 5,000명 이상 25,000명 미만의 소도시에서만 찾아볼 수 있다(조창현, 2005: 159-160; 2006: 57-58).

(3) 기관통합형의 장·단점

1) 장점

첫째, 지방행정의 모든 권한과 책임이 주민의 대표기관인 의회에 통합 집중되어 있어 이론상 민주정치와 책임 행정을 구현함에 가장 적합하다.

둘째, 의결기관과 집행기관 사이에 갈등과 대립이 생길 여지가 없으므로 지방행정의 안정성과 능률성을 도모할 수 있다.

셋째, 집행기관이 단독적인 경우와 달리 주민에 의해 선출된 다수의 의원으로 구성됨으로써 자치행정을 주민의 의사에 따라 보다 공정하고 신중하게 운영할 수 있다.

넷째, 정책 결정과 집행 간에 유기적인 연관성이 유지되므로 정책의 효과성을 극대화할 수 있다.

2) 단점

첫째, 지방행정을 총괄·조정할 단일한 행정지도자 또는 집행책임자가 없어 행정의 전체적 통일성과 종합성을 확보하기 어려우며, 때로는 각 부서 간의 '분파주의'가 심화할 우려가 있다.

둘째, 하나의 기관이 정치적 기능과 행정적 기능을 동시에 수행하므로 지방행정에 정치적인 요소가 개입될 여지가 많다.

셋째, 하나의 기관이 정책의 수립, 결정, 집행, 평가를 모두 하므로 권력이 남용될 우려가 큰 반면, 행정에 대한 전문지식과 경험이 없는 의원이 행정책임자가 됨으로써 전문성이 경시되기 쉽다.

넷째, 위원회제의 경우 위원의 수가 적어 대도시에서는 다양한 이익집단과 사회 각 계층의 이해를 대표하기에 미흡하다(조창현, 2005: 161-162).

나. 기관대립형

기관대립형이란 권력분립의 원칙에 따라 지방자치단체의 정책 결정기능을 담당하는 지방의회와 집행기능을 담당하는 자치단체의 장을 각각 분리 독립시켜 견제와 균형을 이루는 가운데 주민에게 책임성을 높이려는 형태이다. 따라서 국가의 권력 구조에 있어서 대통령중심제와 비슷하고, 우리의 현행 지방자치제도나 미국의 시장-의회형 지방정부들이 이에 속한다. 일반적으로 지방의회와 자치단체의 장을 모두 주민이 선출하지만, 1995년 민선 자치단체장이 선출되기 이전 우리의 경우와 같이 중앙정부에 의해 임명되는 경우도 있다(조창현, 2005: 162-163; 김병준, 2003: 282-283).

〈기관대립형의 원리〉

이 유형은 미국의 시장-의회형을 중심으로 살펴볼 수 있는데 의결기관과 집행기관의 구성방법, 상호관계 및 권한의 내용 등에 의하여 다시 강시장-의회형(시장우위형)과 약시장-의회형(의회우위형), 그리고 의회-임명 행정관형(수석행정관형)으로 분류하여 살펴볼 수 있다(안용식, 2006: 235; 정일섭, 2006: 111-115; 조창현, 2005: 163-166).

(1) 시장우위형

시장우위형은 시장이 행정집행 전반에 대하여 강력한 권한을 가짐은 물론 당해 시를 대표하는 의례적 기능도 담당하는 지방정부 형태이다. 시장은 지방자치단체의 전반에 대한 강력한 권한과 통제권을 가지고 있으며, 시장은 소속공무원에 대한 인사권, 예산안 제출권, 의회의결 거부권 등을 갖고 강력한 정치적 리더십을 행사한다. 이 유형은 미국의 대도시에서 주로 채택되고 있다.

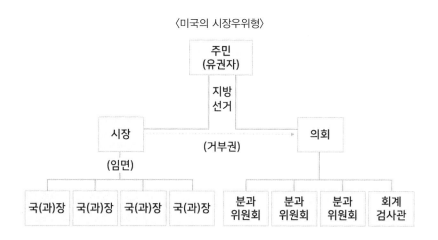

〈미국의 시장우위형〉

(2) 의회우위형

의회우위형은 권력이 단체장에게 집중되는 것을 막기 위하여 집행기관인 시장보다 의결기관인 의회에 우월한 권능을 인정하는 지방정부 형태이다. 이 유형은 미국에 있어서 기초자치단체가 주로 채택하고 있다.

의회우위형은 시장뿐만 아니라 재무국장(treasurer), 법무관(attorney), 총무국장(clerk), 세정국장(assessor) 등의 행정 간부도 주민이 직접 선출한다. 행정

간부는 독자적인 권한을 가지고 있기 때문에 시장의 지휘 · 감독을 받지 않는다. 시장은 의회의 의결에 대하여 거부권이 없고, 시장 산하 실 · 국장의 임명에 있어서 의회의 인준을 받아야 한다.

한편 의회는 입법 기능 외에 의원들을 행정위원회에 배속시켜 일부 행정적인 기능도 수행하고, 예산이 시장에 의해서 편성되지 아니하고 의회에 의하여 편성되며 예산관리책임도 대체로 의회에 있다.

〈미국의 의회우위형〉

(3) 수석행정관형

수석행정관형은 기능상 의결기관과 집행기관이 분리되어 있으나 일반적으로 의회에서 의원들 가운데 한 명을 시장으로 선출하고, 시장은 행정에 관한 풍부한 전문지식과 경험을 가진 인물 중에서 수석행정관을 선임하여 모든 행정 권한을 위임하는 특징을 지닌다.

수석행정관형은 시장의 행정업무에 대한 부담을 덜고, 정치 및 정책 결정에 대한 리더십을 발휘할 수 있도록 전문행정관을 별도로 두는 형태이다. 여기서 시장은 수석행정관을 임명은 하되 그를 파면하기 위해서는 주민의 소환투표나 의회의 3분의 2 이상의 의원의 찬성이 있어야 한다.

의회는 지방법령의 제정, 예산의 승인, 지방세부과, 수석행정관의 임명 등을 수행한다. 수석행정관은 지방법령의 집행, 공무원의 임명 및 업무의 집행·감독, 예산안의 제출 및 행정업무와 정책에 대해 의회에 조언하는 등 행정의 총괄책임자가 된다.

이 유형은 정치적인 역량과 행정적인 능력을 겸비한 이상적인 인물을 시장으로 선출하기가 현실적으로 어려운 상황에서 현대행정에서 요구되는 전문성에의 효율적인 대처를 위해 마련된 것으로 미국의 대도시에서 주로 채택되고 있다. 즉, 뉴욕, 보스턴, 샌프란시스코, 로스앤젤레스, 필라델피아 등이다.

(4) 한국의 시장-의회형

우리나라는 제도상 기관대립형을 채택하고 있으며 지방자치단체에 지방의회를 두며, 의회 의원은 주민이 직접 선출하도록 되어 있다(지방자치법 제31조). 자치단체의 장도 주민의 선거에 의해 선출하도록 되어 있으며(지방자치법 제94조), 단체장은 집행기능과 단체대표기능을 담당하고 있다. 이는 광역과 기초 단체장의 경우 모두 같다.

이처럼 우리나라 자치단체 기관구성의 특색은 ① 의결기관인 의회와 집행기관인 단체장을 서로 분립시키고 권한을 분담시키는 기관대립주의를

채택하고 있으며, ② 의회와 단체장과의 지위와 권한 관계에서는 법률상
으로는 완전한 대등주의를 취하고 있지만 실질적으로는 단체장이 우월한
권한을 행사하고 있으며, ③ 집행기관의 구성에서는 모든 집행 권능을 단
일의 기관에 집중시키는 집행기관의 일원주의를 취하는 동시에 집행기관
의 행정 의사는 단독인인 단체장의 책임하에 구성하게 하는 독임제 조직
형태를 채택하고 있다(이규환, 2002: 226-227).

다. 절충형

절충형이란 지방자치단체의 의결기관과 집행기관을 분립시킨다는 점에
서 기관대립형의 요소를 갖추고 있으나, 서로 대립시키지는 않는다는 점
에서 기관통합형의 요소를 지니고 있어 양 유형의 절충형이라고 할 수 있
다. 다만, 집행기관을 독임제가 아닌 합의제로 하는 점에서 기관대립형과
구별되고, 참사회(집행위원회)가 의결기관인 의회를 모체로 하면서도 의회
와는 독립된 집행기관으로 기능한다는 점에서 의결기관과 집행기관의 동
일체를 그 특징으로 하는 위원회형과도 구별된다(조창현, 2005: 169-170).

〈절충형〉

이러한 유형을 채택하고 있는 나라에 따라 참사회 구성방법이 약간씩 차이가 있으나 네덜란드, 벨기에, 스웨덴, 덴마크, 스위스, 캐나다 등과 독일 일부 주에서 볼 수 있다.

(1) 절충형의 장점

① 절충형은 기관통합형과 기관대립형의 절충형 형태이므로 운용의 묘를 기한다면 양 형태의 장점을 극대화할 수 있다.

② 민의를 충실히 반영하고 행정집행에 있어서 신중성과 더불어 공정성을 기할 수 있다.

③ 의결기관인 의회와 집행기관인 참사회 사이에 긴밀한 협조체제를 이룩할 수 있다.

(2) 절충형의 단점

① 합의제이므로 집행에 따른 행정 책임이 명확하지 아니하여 이른바 집단의 무책임성을 드러낼 우려가 있다.

② 집행전문가에 의한 행정집행이 아니므로 전문성 부족에 따른 폐단이 초래될 가능성이 크다.

③ 지방자치단체의 의사결정과 행정집행과정이 번잡하여 자칫하면, 현대행정에서 요구되는 행정의 신속성을 해칠 우려가 있다.

3. 지방의회

가. 지방의회의 의의

(1) 지방의회의 개념

지방의회란 원칙적으로 국민 또는 주민이 직접 선출한 의원으로 구성된 합의체로서 국가 또는 지방자치단체의 중요한 의사를 결정하는 의결기관을 말한다. 따라서 의회의 의사결정이 없는 한 국가 또는 지방자치단체의 중요한 문제에 대한 의사가 성립되지 않은 것으로 본다는 말이다.

(2) 헌법상의 지방의회의 지위

헌법 제118조 1항에 "지방자치단체에는 의회를 둔다"라고만 규정하고 있을 뿐 우리나라 지방의회의 구체적인 지위에 대해서는 전혀 언급이 없으나 동조 2항에 "지방의회의 조직, 권한, 의원선거와… 기타 지방자치단체의 조직과 운영에 관한 사항은 법률로 정한다"라고 규정함으로써 지방의회의 지위에 관한 사항을 법률에 위임하고 있음을 알 수 있다.

따라서 지방자치법과 공직선거법은 위의 헌법정신에 입각한 지방의회의 지위를 규정하고 있다고 볼 수 있다.

(3) 주민의 대표기관

지방의회는 간접민주제의 원리에 의해서 구성되는 주민의 대표기관이다. 직접민주제의 한계에 따라 주민들의 대표자를 선거를 통하여 뽑고, 주민들의 의사결정에 관한 권한을 의원들에게 위임해 주는 것이다. 따라서 지방의회의원들은 주민의 대표자로서 전체 지역주민의 복지를 향상하는 데 기여해야 할 의무가 있다.

나. 지방의회의원의 정수

지방의회의원은 지방자치단체의 인구 규모와 의회의 의원 규모로 결정한다. 왜냐하면 인구가 증가하면 의원의 정수도 늘려야 하고, 의회는 하나의 합의체이므로 규모도 고려해야 하기 때문이다(공직선거법 제22조, 제28조, 제29조).

광역지방의원과 기초지방의원의 경우에 있어서 비례대표제를 도입하고 있는데, 비례대표 시 · 도의원과 시 · 군 · 구의원의 정수는 산정된 지역구 시 · 도의원과 시 · 군 · 구의원 정수의 각 100분의 10으로 한다. 이 경우 단수는 1로 본다. 다만 산정된 비례대표 시 · 도의원 정수가 3인 미만일 때에는 3인으로 한다. 자치구 · 시 · 군의회의 최소 정수는 7인으로 한다(공직선거법 제22조 ④, 제23조).

다. 지방의원의 선거

선거권은 18세 이상의 국민으로서 선거인명부 작성기준일 현재 당해 지방자치단체 관할구역 안에 주민등록이 되어 있는 자라고 규정하여 선거권과 주민등록을 연계시키고 있다(공직선거법 제15조).

피선거권은 ① 대통령의 경우, 대한민국 국민으로서 5년 이상 국내에 거주한 40세 이상인 자, ② 국회의원의 경우, 대한민국 국민으로서 18세 이상인 자, 그리고 ③ 지방의회의원 및 지방자치단체장은 선거일 현재 계속하여 60일 이상 당해 지방자치단체의 관할구역 안에 주민등록이 되어 있는 주민으로서 18세 이상의 국민으로 규정하고 있다(공직선거법 제16조).

선거구는 원칙적으로 광역의회의 경우 단일의원선거구제를 채택하고 있다. 즉 한 선거구에서 1인만을 뽑는 제도이다. 시 · 군 · 자치구의원 지역구는 인구 · 행정구역 · 지세 · 교통 그 밖의 조건을 고려하여 획정하되, 하나의 시 · 군 · 자치구의원 지역구에서 선출할 지역구 시 · 군 · 자치구의원 정수는 2인 이상 4인 이하로 하고, 그 자치구 · 시 · 군의원 지역구의 명칭 · 구역 및 의원정수는 시 · 도 조례로 정하며, 시 · 군 · 자치구의원 지역구는 하나의 시 · 도의원 지역구 내에서 획정하여야 한다(공직선거법 제26조).

라. 지방의원의 지위

지방의원의 임기는 4년으로 되어 있다(지방자치법 제39조). 지방의원의 임기는 나라마다 다른데, 미국은 대부분 2년, 영국은 4년, 독일은 5년으로 되어 있는 등 다양하다.

지방의회의원의 보수는 2006년 1월 1일부터 의정 활동비 명목으로 지급된다. 그 근거는 ① 의정 자료의 수집 · 연구와 이를 위한 보조 활동에 소요되는 비용을 보전하기 위하여 매월 지급하는 의정 활동비, ② 본회의 또는 위원회의 의결이나 의장의 명에 의하여 공무로 여행할 때 지급하는 여비, ③ 지방의회의원의 직무 활동에 대하여 지급하는 월정수당 등이다(지방자치법 제40조).

2006년도부터 자치단체의 재정자립도에 따른 정도상의 차이는 있지만, 광역의원의 경우는 연간 6~7,000만 원 이상, 그리고 기초의원의 경우는 연간 4~5,000만 원 이상의 수당 등을 받는다. 그러나 지방의원 유급제 도입 이전에도 명예직으로 의정 활동비, 여비, 회기수당을 합쳐 시·도의원은 3120만 원, 시·군·구의원은 2120만 원을 받아왔었다.

마. 지방의원의 권리와 의무

의원의 권리란 의회를 구성하고 있는 의원에게 주어지는 힘을 말한다.[2] 의원이 회의에 있어서 행사하는 권리는 의회 출석권, 발언권,[3] 의안의 제출권, 동의의 제출권, 표결권, 선거권,[4] 요구권 및 청구권, 이의신청권, 의장에게 주의를 환기시킬 권리 등이 있다. 회의장 밖에서 행사하는 권리는 임시회 소집청구권, 청원소개권 등이 있다.

의원의 의무는 소집된 의회에 참석할 의무,[5] 상임위 취임의 의무, 규율에 복종할 의무, 징계에 복종할 의무, 기타의 의무[6] 등이 있다.

---

2 권리와 권한이란 권리는 법률상 내가 누리는 힘이라면, 권한은 법률상 남을 위해 누리는 힘, 자격이다. 권리는 법률상 힘의 귀속은 나이지만, 권한은 법률상 힘, 자격의 귀속은 타인이다. 따라서 권한은 일정한 법률효과 안에서 남을 위해 뭔가 할 수 있는 자격이다. 권리와 의무는 법률의 보호받는 자를 "권리자"라 하고 법률의 구속받는 자를 "의무자"라고 한다.

3 의원의 발언의 종류에는 취지설명, 질의, 토론, 의사 진행에 관한 발언, 신상 발언, 질문, 이의신청에 관한 발언 등이 있다.

4 의원은 의회의 정·부의장, 임시의장 등을 선거할 권리가 있다.

5 의원이 소집된 회의에 출석하는 것은 권리인 동시에 의무이기도 하다.

6 의원은 본인 배우자 직계존비속 또는 형제자매와 직접 이해관계가 있는 사안에 대해서는 그 의사에 참여해서는 안 되는 의무가 있다.

바. 지방의회의 권한

의회의 권한이란 회기 중에 회의체로서 행사하는 힘 내지 자격을 말한다. 지방의회의 권한은 의결권, 선거권, 행정감시권, 의견표명권, 청원 수리 및 처리권, 자율권 등으로 살펴볼 수 있다.

(1) 의결권

의결[7]권은 조례제정권[8], 예산[9]의결권, 결산[10]의 승인, 기타의 의결권[11] 등으로 나누어 볼 수 있으나, 우리나라 지방의회의 의결을 요하는 구체적인 사항은 지방자치법 제47조에 이른바 제한적 열거주의에 의해 열거되어 있다. ① 조례의 제정 · 개정 및 개폐, ② 예산의 심의 · 확정, ③ 결산의 승인, ④ 법령에 규정된 것을 제외한 사용료 · 수수료 · 분담금 · 지방세 또는 가입금의 부과 및 징수, ⑤ 기금의 설치 운용, ⑥ 대통령령으로 정하는 중요재산의 취득 및 처분, ⑦ 대통령령으로 정하는 공공시설의 설치 관리 및 처분, ⑧ 법령과 조례에 규정된 것을 제외한 예산 외 의무부담이나 권리의 포기, ⑨ 청원의 수리와 처리, ⑩ 외국 지방자치단체와의 교류협력, ⑪ 기타 법령에 의하여 그 권한에 속하는 사항 등이 있다.

또한 지방자치법 제47조 2항은 위에 열거한 사항 이외에도 지방자치단

---

7   의결이라 함은 표결의 결과 얻어지는 의사결정을 말한다.

8   헌법 제117조 1항은 "지방자치단체는 … 법령의 범위 안에서 자치에 관한 규정을 제정할 수 있다"라고 명시하고 있는데, 여기서 자치에 관한 규정이라 함은 조례를 뜻한다.

9   예산이란 원래 한 회계연도에 있어서 그 지방자치단체의 세입과 세출에 대한 예측이다.

10 결산이란 한 회계연도의 세입 · 세출예산의 집행에 따른 결과를 실적으로 나타내는 계산표를 말한다.

11 이외에 중요한 의결권은 법령에 규정된 것을 제외한 사용료 · 수수료 · 분담금 · 지방세 및 가입금의 부과 및 징수에 관한 것 등이 있다.

체는 그 조례로서 지방의회가 의결해야 할 사항을 따로 정할 수 있다고 규정하여 사실상 지방의회의 의결대상을 확대할 수 있는 방도를 마련하고 있다.[12]

(2) 선거권

지방의회는 ① 의장, 부의장, 임시의장의 선거,[13] ② 위원회의 위원선거,[14] ③ 결산심사를 위한 검사위원의 선거[15] 등의 선거권을 행사하게 되어 있다.

(3) 행정감시권

지방의회는 집행기관의 권력 남용을 방지하기 위해서 감시자 역할을 수행한다. ① 행정사무 감사권(지방자치법 제49조), ② 행정사무 조사권(지방자치법 제49조), ③ 행정사무 처리상황의 보고와 질문 응답(지방자치법 제50조), ④

---

12 지방자치단체의 단체 의사결정으로서의 의결권은 어디까지나 지방자치단체의 장이 대외적으로 표시할 때에 비로소 구속력을 가지며 그 전까지는 의회의 내부적 의사결정에 머문다. 반면에 의회의 기관의사결정일 경우인데 이때는 의결과 동시에 효력이 발생한다. 여기서 한 가지 덧붙일 것은 의결과 결의의 차이인데, 구분이 명확하지는 않으나 전자는 법령상의 권한에 근거한 의사결정일 때 주로 사용하고, 후자는 법령상의 권한은 아니나 사실상의 의사결정을 할 때 주로 많이 사용된다는 차이가 있다.

13 지방자치법 제57조: 지방의회는 의원 중에서 시·도의 경우 의장 1인과 부의장 2인을, 시·군 및 자치구의 경우 의장과 부의장 각 1인을 무기명투표로 선거하여야 한다. 제60조: 지방의회의 의장과 부의장이 모두 사고가 있을 때에는 임시의장을 선출하여 의장의 직무를 대행하게 한다.

14 지방자치법 제64조: 위원회의 위원은 본회의에서 선임한다.

15 지방자치법 제150조: 지방자치단체의 장은 출납폐쇄 후 80일 이내에 결산서 및 증빙서류를 작성하고 지방의회가 선임한 검사위원의 검사의견서를 첨부하여 다음 연도 지방의회의 승인을 얻어야 한다.

자치단체장 및 관계 공무원 출석·답변 요구권(지방자치법 제50조) 등이다.

그동안 감사권은 7-10일이라는 짧은 회기 일수 때문에 실효를 거두기 어려웠으나 이제 이런 연간 회의 총일수의 제한 규정을 폐지하고, 지방의회의 개회·휴회·폐회와 회기는 지방의회가 의결로 이를 정하도록 하고 있으며, 연간 회의 총일수와 정례회 및 임시회의 회기는 당해 지방자치단체의 조례로 정하도록 규정하고 있어 지방의회의원의 자율과 책임을 더욱 강화하고 있다(지방자치법 제56조).

(4) 의견표명권

지방자치단체를 폐지하거나 설치하거나 나누거나 합칠 때 또는 그 명칭이나 구역을 변경할 때에는 관계 지방자치단체의 의회의 의견을 들어야 한다(지방자치법 제5조). 다만, 주민투표법 제8조에 따라 주민투표를 한 경우에는 그러하지 아니한다. 지방자치단체의 장은 주민투표법 제1항의 규정에 의하여 주민투표의 실시를 요구받은 때에는 지체 없이 이를 공표하여야 하며, 공표일부터 30일 이내에 그 지방의회의 의견을 들어야 한다(주민투표법 제8조 ②).

(5) 청원 수리 및 처리권

지방자치법은 주민의 청원을 지방의회에 지방의원의 소개로 제출토록 하고 있으며, 제출된 청원서는 소관위원회 또는 본회의에 회부 심사케 하고 그 처리결과를 의장에게 보고하도록 하고 있다. 이때 지방의회가 채택한 청원을 지방자치단체장이 처리함이 타당하다고 생각되는 경우에는 이

것을 자치단체장에게 의견서를 첨부하여 이송하여야 한다. 청원의 불수리의 대상이 되는 것은 현재 진행 중인 재판에 간섭하거나 법령에 위반되는 것에 한한다(지방자치법 제85조~제88조).

(6) 자율권

지방의회는 내부 운영에 관한 규칙을 제정하거나 내부 조직을 자주적으로 관리할 수 있는 권한을 가지고 있다. 이러한 권한으로는 회의규칙 제정(지방자치법 제83조), 의회의 개폐 및 회기 결정(제56조), 질서유지(제94조), 의원 자격심사(제91조) 및 징계(제98조), 의장·부의장의 불신임(제62조) 등에 관한 사항들이다. 이러한 사항은 지방의회 내에서 자율적으로 결정된다.

사. 지방의회의 운영

(1) 의회의 성립과 소집

지방의회는 재적의원 3분의 1 이상의 출석으로 개의(開議)한다(지방자치법 제72조). 이것을 의사정족수라고 한다. 의결정족수는 약간 강화되어 재적의원 과반수의 출석과 출석의원 과반수의 찬성을 요한다(지방자치법 제73조).

의회의 회의에는 정례회와 임시회가 있는데, 정례회는 매년 2회 개최하며, 정례회의 집회일, 그 밖에 정례회 운영에 필요한 사항은 해당 지방자치단체의 조례로 정한다(지방자치법 제53조).

임시회는 총선거 후 최초로 집회 되는 임시회의 경우 지방의회 사무처장·사무국장·사무과장이 지방의회의원 임기개시일부터 25일 이내에

소집한다. 일반적인 임시회의 경우 지방의회 의장은 지방자치단체의 장이
나 조례로 정하는 수 이상의 지방의회의원이 요구하면 15일 이내에 임시
회를 소집하여야 한다(지방자치법 제54조).

(2) 의사 절차

의사 절차란 의회에서 토의되는 안건[16]의 심의 때 필요한 회의의 순서와
방법을 말한다. 회의를 개최하기 위해서는 준비수속이 필요한데 그중에서
의회의 소집, 개회, 의장 부의장 및 상임위원 선임 등 의회조직에 관한 수
속이 선행되어야 함은 두말할 필요가 없으나 여기서 말하는 준비수속이란
주로 안건의 심의에 필요한 수속을 말한다.

1) 준비수속

회의 전의 수속은 ① 안건의 제출·수리, ② 인쇄배부, ③ 의사일정의 작
성의 순서로 진행된다.

개의의 수속은 ① 회의시간 내의 도착, ② 개의의 신호, ③ 의장, 의원,
출석을 요구받은 집행기관의 직원 및 사무국 직원의 착석, ④ 정족수의 확
인, ⑤ 개의의 선고의 순서로 진행된다.

2) 안건의 심의수속

안건에 따른 본회의의 심의수속은 ① 의제의 선고, ② 제척(除斥), ③ 취

---

16 회의에서 논의되는 모든 사안을 안건(案件)이라고 부르며, 의결의 대상이 되는 안건을 의안이라
    부른다. 의안은 표결에 부쳐지기도 하고 수정되기도 한다. 의제는 의결 여부를 떠나서 당일의 회
    의에서 논의하기 위해 의사일정에 상정된 심의 대상의 제목을 말한다.

지설명, ④ 질의, ⑤ 위원회 회부의 순서로 진행된다. 위원회 심의 수속은 ① 위원회에서의 의제의 선고, ② 낭독, ③ 제출자의 설명, ④ 질의, ⑤ 수정안의 설명 및 그에 대한 질의, ⑥ 토의, ⑦ 표결, ⑧ 위원회보고서, 소수의견 보고서 제출의 순서로 진행된다.

3) 본회의 심의수속

본회의 심의수속은 ① 의사일정 게재, ② 의제의 선고, ③ 위원회의 보고, ④ 소수의견 보고, ⑤ 위원장 보고 및 소수의견 보고에 대한 질의, ⑥ 수정안의 설명, ⑦ 수정안에 대한 질의, ⑧ 토의, ⑨ 표결, ⑩ 의결의 순서로 진행된다.

(3) 회의원칙

지방자치단체의 회의에는 지방자치법과 각 지방자치단체의 의회가 정한 의회 규칙 등에 따라 정족수의 원칙, 회의공개의 원칙, 회기계속의 원칙, 제척(除斥)의 원칙, 회의록 작성의 원칙 등의 운영원칙이 있다.

1) 정족수의 원칙

의사정족수는 재적의원 3분의 1 이상의 출석을 요하며(지방자치법 제72조), 의결정족수는 재적의원 과반수의 출석과 출석의원 과반수의 찬성을 요한다(지방자치법 제73조).

2) 회의공개의 원칙

지방의회의 회의는 공개를 원칙으로 한다(지방자치법 제75조). 다만, 의원 3인

이상의 발의로 출석의원 3분의 2 이상의 찬성이 있거나, 의장이 사회의 안녕질서를 유지하기 위하여 필요하다고 인정하는 경우는 공개하지 않는다.

3) 회기계속의 원칙

지방의회에 제출된 의안은 회기 중에 의결되지 못한 것 때문에 폐기되지 아니한다. 다만, 지방의회의원의 임기가 끝나는 경우에는 그러하지 아니하다(지방자치법 제79조).

4) 제척(除斥)의 원칙

지방의회의 의장이나 의원은 본인 · 배우자 · 직계 존 · 비속 또는 형제자매와 직접 이해관계가 있는 안건에 관하여는 그 의사에 참여할 수 없다. 다만, 의회의 동의가 있는 때에는 의회에 출석하여 발언할 수 있다(지방자치법 제82조).

5) 회의록 작성의 원칙

① 지방의회는 회의록을 작성하고 회의의 진행내용 및 결과와 출석의원의 성명을 적어야 한다.

② 회의록에는 의장과 의회에서 선출한 의원 2명 이상이 서명하여야 한다.

③ 의장은 회의록의 사본을 첨부하여 회의의 결과를 그 지방자치단체의 장에게 통고하여야 한다.

④ 회의록은 의원에게 배부한다. 다만, 비밀로 할 필요가 있다고 의장이 인정하거나 지방의회에서 의결한 사항은 공개하지 아니한다(지방자치법 제84조).

아. 지방의회 관련 「지방자치법」 개정 내용

(1) 지방의회 권한 강화

개정 「지방자치법」 중에서 지방의회의 권한 강화와 관련된 사항이다. 첫째, 개정 법률에서는 지방의회 사무직원의 인사 권한이 지방의회 의장에게 부여되었다(지방자치법 제103조 제2항).[17] 지방의회의 사무를 처리하기 위해 의회 내에 사무기구와 직원을 두고 있다. 그동안 지방의회 사무직원은 지방의회 의장의 추천에 따라 해당 지방자치단체의 장이 임명하고, 일부 사무직원(별정직·기능직·계약직)에 대해서만 지방의회 사무처장 등에게 임용권을 위임하고 있었다. 그러나 지방의회 사무직원 중에서 일부만 임용권이 지방의회에 위임되어 있고, 직원의 다수는 지방자치단체와의 순환보직 형식으로 인사이동이 진행되고 있어서, 업무의 연속성 및 전문성, 그리고 지방의회에 대한 소속감 등이 결여되는 문제 등이 지적되어 왔다.

둘째, 지방의회의원의 의정활동을 지원하기 위해 정책지원 전문인력(유급 보좌관)을 둘 수 있는 규정이 신설되었다. 개정 법률에서는 지방의회의원 정수의 2분의 1 범위에서 해당 지방자치단체의 조례로 정하는 바에 따라 전문인력을 둘 수 있도록 하였다(지방자치법 제41조).[18] 그러나 인원 충원 시 일시선발에 따른 재정 및 행정부담 등을 고려하여 인원의 절반은 2022년,

---

17　제103조 ② 지방의회의 의장은 지방의회 사무직원을 지휘·감독하고 법령과 조례·의회 규칙으로 정하는 바에 따라 그 임면·교육·훈련·복무·징계 등에 관한 사항을 처리한다.

18　제41조(의원의 정책지원 전문인력) ① 지방의회의원의 의정활동을 지원하기 위하여 지방의회의원 정수의 2분의 1 범위에서 해당 지방자치단체의 조례로 정하는 바에 따라 지방의회에 정책지원 전문인력을 둘 수 있다.

나머지는 2023년에 순차적으로 충원되도록 하였다(지방자치법 부칙 제6조).[19] 그동안 지방의회에서는 지방의원별 유급보좌관제도를 도입해 달라는 요구가 지속적으로 있었다. 그러나 법률상 근거 규정이 없어서, 이를 둘러싸고 지방자치단체와 지방의회 간의 법적 다툼까지 있었다.

셋째, 지방의회 회의 운영의 자율성을 보다 부여하기 위해 개정 「지방자치법」 '제5장 지방의회' 관련 일부 규정이 수정되었다. 종전 「지방자치법」에서는 정례회 운영 등 관련 사항은 대통령령으로 정하는 바에 따라 해당 지방자치단체의 조례로 정하도록 하였다. 그러나 개정 「지방자치법」에서는 정례회의 집회일, 운영 등에 필요한 사항은 해당 지방자치단체의 조례로 정하도록 하였다(제53조 제2항). 그리고 지방의회에서 의결할 의안의 경우 종전 「지방자치법」에서는 재적의원 5분의 1 이상 또는 의원 10명 이상 연서로 발의할 수 있었다. 그러나 개정 「지방자치법」에서는 조례로 정하는 수 이상의 지방의회의원의 찬성으로 발의되도록 개정하였다(지방자치법 제76조 제1항).

(2) 지방의회 책임 강화

개정 「지방자치법」에서는 지방의회의 책임성 강화와 관련된 규정도 포함되었다. 첫째, 지방의원의 겸직 관련 규제의 강화이다. 현재 지방의원의 겸직제도는 '원칙적 허용, 예외적 금지'가 원칙이다.[20] 개정 「지방자치법」

---

19 부칙 제6조(정책지원 전문인력 도입 규모에 관한 특례) 지방의회에 정책지원 전문인력을 두는 경우 그 규모는 2022년 12월 31일까지는 지방의회의원 정수의 4분의 1 범위에서, 2023년 12월 31일까지는 지방의회의원 정수의 2분의 1 범위에서 연차적으로 도입한다.

20 개정 「지방자치법」 제43조 제1항에서 금지하는 직은 ① 국회의원, 다른 지방의원, ② 헌재 재판

에서도 이 원칙은 유지하되, 겸직금지 대상 관련 규정이 구체적으로 명시되었다.[21] 이와 더불어 겸직이 허용되는 경우라도 의무적으로 겸직 내역을 공개하는 규정이 신설되었다. 지방의회 의장은 의원의 겸직신고를 받으면 그 내용을 연 1회 이상 해당 지방의회의 인터넷 홈페이지에 게시하거나 지방자치단체 조례로 정하는 방법에 따라 공개하여야 한다(지방자치법 제43조 제4항).

둘째, 지방의원의 윤리 심사를 강화하기 위해서 윤리특별위원회와 윤리심사자문위원회 관련 규정이 정비되었다. 개정 「지방자치법」을 통해 지방의원의 징계 등을 심의하는 윤리특별위원회의 설치를 의무화하였다(지방자치법 제65조).[22] 그리고 윤리특별위원회에 민간위원으로 구성된 윤리심사자문위원회를 설치되도록 하였다(지방자치법 제66조).[23] 윤리심사자문위원회는

관, 선거관리위원회 위원, ③ 국가 및 지방공무원, ④ 공공기관 임직원, ⑤ 지방공사 및 공단 임직원, ⑥ 각 협동조합 등 임직원, ⑦ 정당의 당원이 될 수 없는 교원, ⑧ 다른 법령에 따라 공무원 신분을 가지는 직, ⑨ 그 밖에 다른 법률에서 겸임할 수 없도록 정한 직이다.

21 종전 「지방자치법」 제35조(겸직 등의 금지) 제5항에서는 "지방의회의원은 해당 지방자치단체 및 공공단체와 영리를 목적으로 하는 거래를 할 수 없으며, 이와 관련된 시설이나 재산의 양수인 또는 관리인이 될 수 없다"라고 규정하였다. 그러나 개정법 제43조(겸직 등의 금지) 제5항에서는 지방의원은 다음 기관·단체 혹은 이 기관·단체가 설립·운영하는 시설 대표·임원·상근직원 또는 그 소속 위원회(자문위원회 제외)의 위원이 된 경우에는 그 겸한 직을 사임해야 한다고 규정하고 있다. 사임해야 하는 4개 유형(① 지자체 출자·출연, ② 지자체 사무위탁, ③ 지자체로부터 운영비/사업비 등 지원, ④ 지자체장 인가를 받아 설립된 조합의 임직원)의 기관 및 단체를 구체적으로 명시하였다.

22 제65조(윤리특별위원회) ① 지방의회의원의 윤리강령과 윤리실천규범 준수 여부 및 징계에 관한 사항을 심사하기 위하여 윤리특별위원회를 둔다.

23 제66조(윤리심사자문위원회) ① 지방의회의원의 겸직 및 영리 행위 등에 관한 지방의회의 의장의 자문과 지방의회의원의 윤리강령과 윤리실천규범 준수 여부 및 징계에 관한 윤리특별위원회

지방의원의 겸직 및 영리 행위 등에 관한 의장의 자문과 의원 징계에 관한 자문을 맡게 된다.

셋째, 지방의회 표결방법의 원칙이 도입되었다. 그동안 지방의회 표결방법의 원칙 관련 근거가 미비하였다. 그러나 이번 개정을 통해, 본회의에서 표결할 때에는 조례 또는 회의규칙으로 정하는 표결방식에 의한 기록표결[24]로 가부(可否)를 결정한다는 원칙이 제시되었다(지방자치법 제74조).

넷째, 지방의회 의정활동 등에 대한 구체적인 정보공개 사항이 제시되었다. 개정 「지방자치법」에 제26조(주민에 대한 정보공개)가 신설되었다. 이에 따라 지방의회의 의정활동, 집행기관의 조직 · 재무 등 지방자치에 관한 정보를 주민에게 공개하도록 하였고, 주민들의 정보 접근성을 높이기 위해 정부는 정보공개시스템을 구축 · 운영할 수 있도록 하였다(하혜영, 2021).

의 자문에 응하기 위하여 윤리특별위원회에 윤리심사자문위원회를 둔다.

24 '기록표결'이란 투표자 및 찬성의원과 반대의원의 성명을 회의록에 기록하는 표결을 말하며, 전자투표 · 기명투표 · 호명투표가 이에 해당한다. '비기록표결'이란 회의록에 표결결과만 기록하고 찬 · 반 의원의 성명을 기록하지 않는 방법이며, 무기명투표 · 기립 또는 거수표결 · 이의 유무 표결 등이 있다.

지방의회 관련 주요 「지방자치법」 개정 내용

구분		개정 전	개정 후	구분		개정 전	개정 후
권한강화	사무직원 인사권	의회 사무직원 임용권은 단체장 부여(단, 임용권 일부를 지방의회 사무처장 등에 위임)	의회 사무직원 임용권을 지방의회 의장에게 부여(제103조)	책임강화	의원 겸직금지	겸직금지 대상 개념이 불명확, 겸직신고 내역 외부 미공개 등	겸직금지 대상의 구체화, 겸직신고 내역 공개 의무화 등(제43조)
	정책지원 전문인력 제도	규정 없음	의원정수 1/2 범위에서 정책지원 전문인력 제도 신설(제41조)		지방의회 윤리심사	윤리특위 설치 임의 규정, 윤리 심사자문위 설치 미규정	윤리특위 설치 의무화(제65조), 윤리심사자문위 설치 등(제66조)
	의회 운영방식	회의 운영방식 등 지방의회 관련 사항 법에 상세 규정	의회 운영을 조례로 위임해 지역별로 정하도록 자율화(제5장)		의정활동 투명성	의회 표결방법 원칙 관련 근거 미비	기록표결제도 원칙 도입(제74조)
					정보공개	자치단체 정보공개 의무·방법 등 미규정	의회 의정활동 등 정보공개 의무·방법 등에 관한 일반규정 신설(제26조)

참고문헌

강용기(2002). 『현대지방자치론』. 서울: 대영문화사.

김병준(2003). 『한국지방자치론』. 서울: 법문사.

김주현(2006). 『지방자치단체의 기관구성 다양화 방안』. 한국지방행정연구원.

안용식 외(2006). 『지방행정론』. 서울: 대영문화사.

이규환(2002). 『한국지방행정론』. 서울: 법문사.

임용주(2002). 『지방자치론』. 서울: 형설출판사.

정세욱(2003). 『지방자치학』. 서울: 법문사.

정일섭(2006). 『한국지방자치론』. 서울: 대영문화사.

조창현(2005). 『지방자치론』. 서울: 박영사.

하혜영(2021). "지방의회 관련 「지방자치법」 전부 개정 주요 내용과 향후 과제". 『이슈와 논점』. 입법조사처.

국가법령정보센터. 지방자치법, 주민투표법, 공직선거법 등.

제9장 지방자치단체의 집행기관

1. 집행기관의 의의

지방자치단체의 집행기관이란 의회의 의결사항을 집행하고 지방자치
단체의 사무를 처리하는 기관을 말한다. 이러한 집행기관에는 행정사무의
성질에 따라 일반행정기관과 교육·과학 및 체육에 관한 사무를 분장하기
위하여 별도의 기관으로 특별행정기관이 있다.

우리나라 지방자치법 제106조는 일반행정집행기관으로 특별시에 특별
시장, 광역시에 광역시장, 특별자치시에 특별자치시장, 도와 특별자치도에
도지사와 시에 시장, 군에 군수, 자치구에 구청장을 둔다고 규정하고 있고,
지방자치법 제135조는 특별행정집행기관으로 교육감을 둔다고 규정하고
있다(지방교육자치에 관한 법률 참조).

따라서 일반행정기관으로 자치단체장과 장의 보조기관, 장의 소속기관
및 자치단체의 하급행정기관 등이 있다. 특별행정기관에는 교육 및 학예
집행기관으로서 교육감과 그 보조기관인 부교육감, 하급행정기관인 시·

군 교육청 교육장이 있다.

이러한 집행기관의 명칭은 법률로 규정하고 있어 이외에는 쓰지 못하며, 자치단체장의 보조기관, 소속행정기관, 하부행정기관은 집행기관인 도지사, 시장, 군수, 구청장을 도와 지방자치단체의 사무를 처리할 뿐이고, 교육 및 학예자치단체의 보조기관인 부교육감, 하급행정기관인 시 · 군 교육청은 교육감을 도와 사무를 처리할 뿐이다.

2. 지방자치단체장의 지위와 권한

가. 장의 지위

(1) 지방자치단체의 대표

우리나라 지방자치단체의 장은 우선 자기 지방자치단체를 대외적으로 대표하는 지위에 있다(지방자치법 제114조).

(2) 지방자치단체의 행정 수반

지방자치단체의 장은 그 지방자치단체의 사무를 총괄한다(지방자치법 제114조). 지방자치단체의 장은 그 자치단체의 고유사무 및 단체위임사무를 집행하는 최고책임자로서 교육, 과학 및 체육 사무를 제외한 자치단체의 일반행정 사무를 총괄하며, 교육, 과학 및 체육 사무에 대해서도 종합행정의 구현을 위해 일정한 조정행위를 할 수 있다(최봉기, 2006: 309).

(3) 국가위임사무의 집행기관

지방자치단체의 장은 그 지방자치단체 내에서 시행하는 국가 사무를 위임받아서 시행하는 기관이 된다(지방자치법 제115조). 이러한 기관위임 사무에 관한 한 자치단체는 자치단체라기보다는 국가의 지방행정기관으로서의 성격을 지니게 되고, 자치단체장 역시 자치단체의 대표라기보다는 지방행정기관의 장으로서의 지위를 지니게 된다(최봉기, 2006: 309).

(4) 종합행정기관의 장으로서의 지위

지방자치단체의 장은 그 구역 내의 종합행정책임자로서의 지위를 가진다. 따라서 지방정부는 특정한 지역 내의 종합행정기관이다. 중앙정부의 각 부처는 기능적으로 나뉘어 각각 자신의 고유기능만 담당하는 데 반해 지방정부는 중앙정부의 각 부처가 지방에서 실시하는 사무는 그 지역 지방정부를 통하여 실시된다. 따라서 지방정부는 중앙정부의 각 부처 업무가 종합되는 종합행정기관으로 기능한다(최봉기, 2006: 309).

(5) 지역 정치지도자로서의 지위

자치단체장은 당해 지역사회의 정치지도자로서의 지위를 지닌다. 정당의 추천이 행해지는 경우 단체장은 정당의 중앙당과 지구당 또는 독자적인 정치조직의 중요한 보직자가 될 수 있고, 정당이 관여하지 않는 경우에도 지방의 정치지도자로서의 지위를 지니게 된다. 자치단체장이 지니는 정치지도자로서의 지위와 영향력은 자치단체의 크기나 소속 정당 등에 의해 크게 달라질 수 있다. 예컨대 방콕시장이었던 잠롱, 아칸소 주지사였던 클린턴 등 중앙정치권으로 진출한 지역사회 정치지도자들을 얼마든지 볼 수 있다(최봉기, 2006: 309).

나. 장의 권한

(1) 장의 직 인수위원회

지방자치단체의 장의 직 인수를 위하여 필요한 권한을 갖는다(지방자치법 제105조). 당선인을 보좌하여 지방자치단체의 장의 직 인수와 관련된 업무를 담당하기 위하여 당선이 결정된 때부터 해당 지방자치단체에 지방자치단체의 장의 직 인수위원회를 설치할 수 있다. 인수위원회는 당선인으로 결정된 때부터 지방자치단체의 장의 임기 시작일 이후 20일의 범위에서 존속한다.

따라서 인수위원회는 1. 해당 지방자치단체의 조직·기능 및 예산현황의 파악, 2. 해당 지방자치단체의 정책기조를 설정하기 위한 준비, 3. 그 밖에 지방자치단체의 장의 직 인수에 필요한 사항의 업무를 수행한다. 인수위원회는 위원장 1명 및 부위원장 1명을 포함하여 1. 시·도: 20명 이내, 2. 시·군 및 자치구: 15명 이내의 구분에 따른 위원으로 구성한다.

(2) 통활[1] 대표권

지방자치단체의 장은 그 지방자치단체를 대표하고 총괄한다(지방자치법 제114조). 여기서 '대표'한다고 하는 것은 대외적으로 대표한다는 것이고 '총괄'한다는 것은 그 사무의 전반에 대하여 통합적 권한을 갖는다는 것이다(조창현, 2005: 195-196).

(3) 관리·집행권

지방자치단체의 장은 그 지방자치단체의 사무와 법령에 의하여 위임된

---

[1] 지휘·조정한다.

사무를 관리하고 집행한다(지방자치법 제116조). 일반적으로 고유사무, 단체위임사무, 기관위임사무를 모두 지칭한다.

(4) 규칙제정권

지방자치단체의 장은 법령이나 조례가 위임한 범위 안에서 그 권한에 속한 사무에 관해서 규칙을 정할 수 있다(지방자치법 제29조).

(5) 직원에 대한 지휘 감독권

지방자치단체의 장은 소속직원[2]을 지휘 · 감독[3]하고 법령과 조례 · 규칙으로 정하는 바에 따라 그 임면 · 교육훈련 · 복무 · 징계 등에 관한 사항을 처리한다(지방자치법 제118조).

(6) 지방의회에 대한 권한

우리나라 지방정부 기관구성은 기관대립형을 취하여 행정과 입법의 독립을 그 기본 틀로 하고 있으나, 지방자치법은 지방의회와 집행기관 사이에 일종의 견제기능을 도입하여서 서로 긴장 관계를 유지하도록 하고 있다. 그러한 역할을 구체적으로 다음과 같이 제시할 수 있다.

① 임시회 소집요구(지방자치법 제54조)

2　소속직원이란 지방자치단체장의 보조직원, 즉 지방자치법 제6장 집행기관 제2절 보조기관에 규정된 특별시와 광역시에 부시장, 도와 특별자치도에 부지사, 시에 부시장, 군에 부군수, 자치구에 부구청장 등 일반적으로 지방공무원과 지방공무원법에 규정된 일반직 · 특정직 · 기능직 · 별정직 공무원을 말한다.

3　지휘 감독이란 보조직원에 대한 직무상 · 신분상 일체의 지휘 감독을 뜻한다.

② 의회 부의[4] 안건의 공고(지방자치법 제55조)

③ 의안의 발의(지방자치법 제76조)

④ 예산안의 제출(지방자치법 제142조 ①)

⑤ 재의요구[5] 및 제소(지방자치법 제28조, 제120조, 제121조, 제192조)

⑥ 선결처분권(지방자치법 제122조)

3. 지방자치단체장의 선임

우리나라 지방자치단체의 장은 의원과 마찬가지로 주민이 직접선거하도록 되어 있다(지방자치법 제107조). 지방자치단체장의 피선거권은 자격 제한에 연령(지방의회의원 및 지방자치단체장 18세)과 거주일수 제한(선거일 현재 계속하여 60일 이상 당해 지방자치단체의 관할구역 안에 주민등록이 되어 있는 자: 공직선거법 제16조)을 두고 있다.

지방자치단체장의 지위 소멸은 징계에 의한 파면, 퇴직, 당연 해직, 임기만료, 선거무효, 쟁송에 의한 당선무효의 확정, 피선거권의 상실, 사망 등에 의한다.

지방자치단체의 장의 임기는 4년으로 하며, 지방자치단체장의 계속 재임(在任)은 3기에 한한다(지방자치법 제108조). 지방자치단체장의 임기는 전임 지방자치단체장의 임기만료일의 다음 날부터 개시된다. 다만, 전임 지

---

4 부의(附議)란 토의(討議)에 부친다는 의미이다.

5 재의요구는 지방의회의 조례제정 · 개정이나 예산에 관한 의결에 대하여 인정되는 지방자치단체장의 일반적인 거부권이라 할 수 있다.

방자치단체장의 임기가 만료된 후에 실시하는 선거와 지방자치단체의 폐치 · 분합 시의 선거 등에 의하여 새로 선거를 실시하는 지방자치단체장의 임기는 당선이 결정된 때부터 개시되며, 전임자 또는 같은 종류의 지방자치단체장의 잔임기간으로 한다(공직선거법 제14조 ③).

4. 지방자치단체장의 권한위임 · 위탁

가. 하부위임 · 위탁

지방자치단체장은 조례나 규칙으로 정하는 바에 따라 그 권한에 속하는 사무 일부를 보조기관, 소속 행정기관 또는 하부행정기관에 위임할 수 있다(지방자치법 제117조 ①). 그뿐만 아니라 사무 일부를 관할 지방자치단체나 공공단체 또는 그 기관(사업소 · 출장소를 포함)에 위임하거나 위탁할 수 있다(지방자치법 제117조 ②). 지방자치단체장이 위임받거나 위탁받은 사무 일부를 다시 위임하거나 위탁하려면 미리 그 사무를 위임하거나 위탁한 기관장의 승인을 받아야 한다(지방자치법 제117조 ④).

나. 수평적 위탁

지방자치단체장은 그 소관 사무의 일부를 다른 지방자치단체 또는 그 장에게 위탁하여 처리하게 할 수 있다. 이러한 위탁은 관계 지방자치단체 사이의 협의와 규약이 선행되어야 함은 물론이다. 또한, 이러한 위탁행위는 감독 · 상부관청에 보고할 의무가 있다(지방자치법 제168조).

다. 민간위탁

지방자치단체장은 조례나 규칙으로 정하는 바에 따라 그 권한에 속하는 사무 중 조사 · 검사 · 검정 · 관리업무 등 주민의 권리 · 의무와 직접 관련되지 아니하는 사무를 법인 · 단체 또는 그 기관이나 개인에게 위탁할 수 있다(지방자치법 제117조 ③).

5. 지방자치단체장의 보조기관과 소속기관

가. 보조기관

보조기관이란 지방행정기관의 의사 또는 판단의 결정이나 표시를 보조함으로써 행정기관의 목적달성에 공헌하는 기관을 말한다.[6] 보좌기관이란 지방행정기관이 그 기능을 원활하게 수행할 수 있도록 그 기관장이나 보조기관을 보좌함으로써 행정기관의 목적달성에 공헌하는 기관을 말한다(지방자치단체의 행정기구와 정원 기준 등에 관한 규정 제2조). 보조기관은 참모 기능을 하는 보좌 기능과 구별된다.

※보조기관과 보좌기관의 구분

○ 보조기관(Line, 系線)

-정책실행이 주요기능으로 목표달성에 직접 기여 ⇨ 정부 고유기능 수행

(예) 차관 · 실장 · 국장 · 과장

---

6   중앙행정기관에는 차관, 차장, 실장, 국장 등의 보조기관을 두고, 기관의 장, 차관, 차장, 실장, 국장 밑에 정책의 기획, 계획의 입안, 연구 조사, 심사 평가 및 홍보 등을 통하여 그를 보좌하는 보좌기관을 둘 수 있다.

○ 보좌기관(Staff, 幕僚)

-연구 · 조사분석 · 자문 등 목표달성에 간접 기여 ⇨ 기관장이나 보조
기관을 보좌

(예) 차관보 · 정책관 · 담당관

우리나라 지방자치법은 부단체장(지방자치법 제123조), 행정기구(지방자치법
제125조), 공무원(지방자치법 제125조)을 보조기관으로 분류하고 있다.

(1) 부단체장

보조기관으로는 특별시 · 광역시 및 특별자치시에 부시장, 도와 특별자
치도에 부지사, 시에 부시장, 군에 부군수, 자치구에 부구청장 등의 부단체
장을 두고 있다. 지방자치법은 지방자치단체의 보조기관의 정원과 직급을
규정하고 있다(지방자치법 제123조).

특별시의 부시장 정수는 3명을 넘지 아니하는 범위에서, 광역시와 특별
자치시의 부시장 및 도와 특별자치도의 부지사 정수는 2명(인구 800만 이상의
광역시나 도는 3명)을 초과하지 아니하는 범위에서, 시의 부시장, 군의 부군수
및 자치구의 부구청장 정수는 1명으로 규정하고 있다.

서울특별시의 부시장 3인 가운데 1인은 지방직 정무부시장, 2인은 국가
직 행정부시장으로 보하도록 하며, 광역시 및 특별자치시의 부시장, 도와
특별자치도의 부지사 2인 가운데 1인은 정무직 · 일반직 또는 별정직 지
방공무원, 1인은 정무직 또는 일반직 국가공무원으로 보한다. 시의 부시

장, 군의 부군수, 자치구의 부구청장은 일반직 지방공무원으로 보한다.[7] 이러한 시·도의 부시장과 부지사, 시의 부시장·부군수·부구청장은 해당 지방자치단체의 장을 보좌하여 사무를 총괄하고, 소속직원을 지휘·감독한다. 부시장·부지사를 3명 두는 시·도에서는 그중 1명에게 특정 지역의 사무를 담당하게 할 수 있다.

위와 같은 정수·직급의 설정·임용절차를 살펴보면(지방자치법 시행령 제71조), 종래의 관치시대에 비해서는 자치 시대의 취지를 살리려고 노력한 것으로 평가할 수 있으나, 정수와 직급을 지방자치단체 간의 균형을 들어 법령에 정하여 둔 것은 명분은 그럴듯하지만, 지방자치단체의 조직·인사상의 자율성을 제한하는 것으로 자주 조직권을 훼손하는 것이라 할 수 있다(김영기, 2002: 184-185).

(2) 행정기구

지방자치단체의 장은 그 권한에 속하는 사무를 처리하기 위하여 실장·국장·본부장·담당관·과장 등으로 사무를 분장하는 조직이 필요하다. 이러한 사무분장 조직의 전체적인 이름을 행정기구라 한다. 지방자치법은 설치 근거만 정하고 있을 뿐 구체적인 사항은 대통령령 또는 조례에 위임하고 있다(지방자치법 제125조). 이에 따라 지방자치단체 행정기구의 조직 및 운영에 관한 대강이 '지방자치단체의 행정기구와 정원 기준 등에 관한 규정'에 정해져 있다. 이 규정에는 모든 지방자치단체가 행정기구를 설치할

---

7   정무직 또는 일반직 국가공무원으로 보하는 부시장·부지사는 시·도지사의 제청으로 행정안전부 장관을 거쳐 대통령이 임명한다. 이 경우 제청된 자에게 법적 결격사유가 없으면 30일 이내에 그 임명절차를 마쳐야 한다(지방자치법 제123조 ③).

때 고려하여야 할 사항, 기구설치의 일반 요건 및 한시 기구의 설치 운영에 관한 규정이 포함되어 있다.

(3) 공무원

지방자치단체는 자신의 경비로써 부담하는 지방공무원을 둘 수 있다. 그러나 기구와 정원은 기준인건비[8]를 기준으로 자율성과 책임성이 조화되도록 운영하여야 한다고 규정하고 있다(지방자치단체의 행정기구와 정원 기준 등에 관한 규정 제4조). 지방공무원의 임용과 시험 · 자격 · 보수 · 복무 · 신분보장 · 징계 · 교육훈련 등에 관하여는 따로 지방공무원법이 정하는 바에 따른다. 지방자치단체에는 이러한 지방공무원 외에 대통령이 정하는 바에 의하여 국가공무원을 둘 수 있는데, 5급 이상의 국가공무원이나 고위공무원단에 속하는 공무원은 해당 지방자치단체의 장의 제청으로 소속 장관을 거쳐 대통령이 임명하고, 6급 이하의 국가공무원은 그 지방자치단체의 장의 제청으로 소속 장관이 임명한다(지방자치법 제125조).

---

8 지방자치단체의 지방공무원 정원관리는 지방자치제도의 도입에 따른 무분별한 공무원 증원을 방지하기 위하여 1988년 처음 논의 · 도입되었으며, 1997년 지방공무원 표준정원제도가 도입되었다. 표준정원제도는 1999년 · 2002년 수정과정을 거치며 지방공무원 정원관리의 기준으로 적용되었고, 2007년 총액인건비제도로 대체되었다. 총액인건비제는 이후 2013년까지 운영되다가, 2014년부터 기준인건비제로 변경되었다. 기존의 총액인건비제는 지방자치단체의 총 정원과 인건비 총액 한도를 이중으로 관리하였기 때문에 지방자치단체에서 자율적으로 조직을 운영하는 데 있어서 상당한 제약이 있었다. 이에 비하여 기준인건비제는 행정안전부가 제시하는 기준인건비에 따라 지방자치단체가 자율적으로 정원을 운영할 수 있고, 여기에 더하여 지방자치단체가 복지, 안전 및 지역별 특수한 행정수요에 탄력적으로 대응할 수 있도록 인건비의 추가적인 자율범위를 1%~3%까지 허용하며, 자율범위는 지방자치단체별 재정 여건에 따라 결정된다는 점에서 지방의 인력관리에 대한 자율성과 탄력성이 제고되었다는 의미를 지닌다.

나. 소속행정기관

소속행정기관이란 지방자치단체장의 지휘·감독 아래 어느 정도 독자성을 가지고 자치단체의 사무를 지역별 또는 기능별로 분담·처리하는 기관이다(최창호, 1988: 517; 김영기, 2002: 185). 소속행정기관은 직속 기관, 사업소, 출장소, 합의제 행정기관, 자문기관을 둘 수 있다.

(1) 직속 기관

직속 기관이란 지방행정 조직에 있어 자치단체장의 권한에 속하는 전반적인 사무를 처리하는 이른바 주관 행정기관에 부속하여 이를 지원하는 기관을 말한다(김영기, 2002: 185). 지방자치단체는 그 소관 사무의 범위 안에서 필요한 때에는 대통령령 또는 대통령령이 정하는 바에 의하여 당해 지방자치단체의 조례로 자치 경찰기관(제주특별자치도에 한함)·소방기관·교육훈련기관·보건진료기관·시험연구기관 및 중소기업지도기관 등을 직속기관으로 설치할 수 있다(지방자치법 제126조).

(2) 사업소와 출장소

지방자치단체는 특정 업무를 효율적으로 수행하기 위하여 필요하면 대통령령으로 정하는 바에 따라 그 지방자치단체의 조례로 사업소를 설치할 수 있다(지방자치법 제127조). 지방자치단체는 원격지 주민의 편의와 특정 지역의 개발 촉진을 위하여 필요하면 대통령령으로 정하는 바에 따라 그 지방자치단체의 조례로 출장소를 설치할 수 있다(지방자치법 제128조). 사업소가 특정 업무를 수행하기 위한 특별행정기관인 데 비하여, 출장소는 지방자치단체장의 권한을 지역적으로 분담하는 일반행정기관의 성격을 갖는다.

지방자치단체는 특정 업무를 효율적으로 수행하기 위하여 사업소와 같은 기능으로 '본부'를 두기도 한다. 서울특별시의 경우 도시안전본부, 차량정비센터, 체육시설관리사업소, 난지물재생센터 등, 부산광역시의 경우 상수도사업본부, 체육시설관리사업소, 차량등록사업소, 문화회관, 시민회관, 항만관리사업소 등, 제주특별자치도의 경우 문화예술진흥원, 한라산국립공원관리사무소, 여성회관 등을 예로 들 수 있다.

기초자치단체의 경우 수원시가 상수도사업본부, 환경사업소, 종합운동장관리사무소 등, 경기도 연천군은 위생환경사업소와 쓰레기 매립장 등을 예로 들 수 있다.

출장소는 강원도의 경우 도청 소재지는 춘천이고 동부지역은 지리적으로 멀리 떨어져 있으므로, 영동지역에 동해출장소를 두고 있다. 이와 유사하게 경기도는 북부출장소, 충청남도는 계룡출장소를 두고 있다(강용기, 2002: 228).

(3) 합의제 행정기관

지방자치단체는 그 소관 사무의 일부를 독립하여 수행할 필요가 있으면 법령이나 그 지방자치단체의 조례로 정하는 바에 따라 합의제 행정기관을 설치할 수 있다(지방자치법 제129조). 이러한 합의제 행정기관을 설치할 수 있는 경우는 ① 고도의 전문지식이나 기술이 요청되는 경우, ② 중립적이고 공정한 집행이 필요한 경우, ③ 주민 의사의 반영과 이해관계의 조정이 필요한 경우 등의 요건을 갖춘 때로 한다(지방자치법 시행령 제77조). 선거관리위원회, 인사위원회,[9] 소청심사위원회, 교육위원회, 지방자치단체분쟁조정위

---

9 인사위원회는 2006년부터 지방정부 공무원들의 승진이 모두 심사승진제도로 바뀌면서 단체장의 권한이 더욱 커지게 되어 그 역할이 한층 더 중요성을 띠게 되었다(지방공무원법 제7조).

원회가 그 예라 할 수 있다.

(4) 자문기관

지방자치단체는 그 소관 사무의 범위에서 법령이나 그 지방자치단체의 조례로 정하는 바에 따라 심의회 · 위원회 등의 자문기관을 설치 · 운영할 수 있다. 자문기관은 운영의 효율성 향상을 위하여 지방자치단체의 조례로 정하는 바에 따라 성격과 기능이 유사한 다른 자문기관의 기능을 포함하여 운영할 수 있다(지방자치법 제130조). 이러한 자문기관은 위원에 의하여 구성되는 합의제의 기관이나 집행기관과는 달리 스스로 지방자치단체의 기관으로서 최종적인 의사를 결정하는 권한을 갖지 않고 집행기관의 권한 행사에 전제로서 자문 등을 행하는 것이다(안용식 외, 2006: 349).

다. 하부행정기관

하부행정기관이란 지방자치단체의 행정사무를 지역적으로 분담 · 처리함으로써 보조기관과는 달리 대외적으로 지방자치단체의 의사를 표시하고 그에 따른 법적 효과를 발생시키는 행정청을 말한다.

지방자치단체는 조례로 정하는 바에 따라 자치구가 아닌 구와 읍 · 면 · 동에 그 소관 행정사무를 분장하기 위하여 필요한 행정기구를 둘 수 있다. 이 경우 구와 면 · 동은 행정구 · 행정면 · 행정동을 말한다(지방자치법 제131조).

하부행정기관으로는 자치구가 아닌 구의 구청장, 읍의 읍장, 면의 면장, 동의 동장 등이 있으며, 이들은 일반직 지방공무원 중에서 당해 지방자치단체의 장이 임명한다(지방자치법 제131조, 제132조).

자치구가 아닌 구의 구청장은 시장의, 읍장·면장은 시장이나 군수의, 동장은 시장(구가 없는 시의 시장을 말함)이나 구청장(자치구의 구청장을 포함)의 지휘·감독을 받아 소관 국가 사무와 지방자치단체의 사무를 맡아 처리하고 소속직원을 지휘·감독한다(지방자치법 제133조).

6. 지방자치단체장과 지방의회와의 관계

가. 의의

우리나라의 지방의회와 단체장과의 관계는 1949년 지방자치법 제정 당시부터 법적으로 대등주의를 취하여 상호 견제와 균형을 유지하도록 하고 있다. 현재 지방자치법은 지방자치단체장과 지방의회와의 관계에 있어서 자치단체장은 지방의회의 의결사항에 대한 재의요구권 및 선결처분권을 가지고 있고, 지방의회는 자치단체장을 상호 견제하도록 하였으며, 의회와 단체장 간의 대립과 마찰을 격화시킬 소지가 있는 불신임의결권·의회해산권을 허용하지 않고 있다(이규환, 2002: 255-258; 조창현, 2005: 201-205).

나. 의회의 자치단체장에 대한 견제권

우리나라 의결기관이 집행기관에 대하여 행사하는 견제권은 주요한 정책 사항을 의결하고 행정집행상황에 대한 감시·감독권 등으로 행정사무 감사·조사권(지방자치법 제49조), 예산안의 심의·의결권(지방자치법 제7장), 자치단체장 또는 관계 공무원에 대한 출석 요구 및 질문권(지방자치법 제51조), 서류제출요구권(지방자치법 제49조), 자치단체장이 확정된 조례를 공포하지 않을 때 지방의회 의장의 조례공포권(지방자치법 제32조 ⑥) 등이 있다.

다. 자치단체장의 의회에 대한 견제권

우리나라 자치단체장이 의회에 대하여 행사하는 견제권은 조례안(지방자치법 제32조) · 예산안(지방자치법 121조) · 일반의안(지방자치법 제120조)에 대한 재의요구권(또는 거부권), 선결처분권(지방자치법 제122조), 재의결된 안건에 대한 제소권(지방자치법 제192조), 의회소집 요구권(지방자치법 제54조), 의안 제출권(지방자치법 제76조), 예산안 편성 · 제출권(지방자치법 제142조) 등이다(김영기, 2002: 187-188). 여기서 재의요구권과 선결처분권을 구체적으로 살펴본다.

(1) 재의요구권(제한적 거부권)

재의요구권이란 자치단체장이 지방의회의 의결에 대하여 이의가 있어 이의 수리를 거부하고 의회에 반송하여 이를 다르게 의결해줄 것을 요구하는 권한을 말한다.

지방자치단체의 장은 지방의회의 의결이 문제가 있다고 인정되면 그 의결사항을 이송받은 날부터 20일 이내에 이유를 붙여 재의를 요구할 수 있다. 재의요구에 대하여 재의한 결과 재적의원 과반수의 출석과 출석의원 3분의 2 이상의 찬성으로 그 의결사항은 확정된다. 지방자치단체의 장은 재의결된 사항이 법령에 위반된다고 판단되면 재의결된 날부터 20일 이내에 대법원에 소를 제기할 수 있다. 이 경우 필요하다고 인정되면 그 의결의 집행을 정지하게 하는 집행정지 결정을 신청할 수 있다.

이러한 재의요구의 대상에는 다음과 같은 4가지 경우가 있는데, 그 내용과 절차는 조금씩 다르다.

① 월권 또는 법령에 위반되거나 공익을 현저히 해치는 경우

지방자치단체의 장은 지방의회의 의결이 월권이거나 법령에 위반되거나 공익을 현저히 해친다고 인정되면 그 의결사항을 이유를 붙여 재의를 요구할 수 있다(지방자치법 제120조).

② 예산상 집행 불가능한 의결의 경우

지방자치단체의 장은 의회의 의결이 예산상 집행할 수 없는 경비가 포함되어 있다고 인정되거나 ① 법령에 따라 지방자치단체에서 의무적으로 부담하여야 할 경비, ② 비상재해로 인한 시설의 응급 복구를 위하여 필요한 경비를 줄이는 의결을 할 때도 그 이유를 붙여 재의를 요구할 수 있다(지방자치법 제121조).

③ 조례제정에 대한 경우

자치단체장이 의회가 의결한 조례안에 대하여 이의가 있으면 이유를 붙여 지방의회로 환부(還付)하고, 재의를 요구할 수 있다. 이 경우 지방자치단체의 장은 조례안 일부에 대하여 또는 조례안을 수정하여 재의를 요구할 수 없다(지방자치법 제32조).

④ 상급관청에 의한 재의요구권

지방의회의 의결이 법령에 위반되거나 공익을 현저히 해친다고 판단되면 시·도에 대하여는 주무부 장관이, 시·군 및 자치구에 대하여는 시·도지사가 재의를 요구하게 할 수 있고, 재의요구를 받은 지방자치단체의 장은 의결사항을 지방의회에 이유를 붙여 재의를 요구하여야 한다(지방자치법 제192조 ①)고 규정하여 지방자치단체의 장뿐만 아니라 상급관청의 장 또한 지방의회의 의결권을 견제할 수 있도록 하고 있다.

주무부 장관이나 시·도지사는 재의결된 사항이 법령에 위반된다고 판단됨에도 불구하고 해당 지방자치단체의 장이 소(訴)를 제기하지 아니하면 그 지방자치단체의 장에게 제소를 지시하거나 직접 제소 및 집행정지 결정을 신청할 수 있다(지방자치법 제192조 ④)고 규정하고 있다.

지방자치는 어디까지나 지방자치단체 안에서 집행기관과 의결기관 사이의 상호 견제를 통해 균형을 유지하자는 것이라고 한다면, 수평적 관계가 아닌 상급기관이 지방자치단체 내의 현안을 지나치게 간섭하는 것은 바람직스럽다고 할 수 없다.

(2) 선결처분권

선결처분권이란 원래 의회에 속하는 권한을 자치단체장이 대신 행사하는 권한을 말한다. 이러한 권한은 반드시 법률에 근거하는 것을 원칙으로 하며, 결코 임의로 확대 또는 축소할 수 없다.[10]

---

10 선결처분권은 지방자치단체의 장의 임무 수행에 지방의회의 협력이 요구되는 영역에서 그것이 기대될 수 없는 경우에 지방자치단체의 장이 갖는 일종의 긴급권이다.

선결처분권은 세 가지 경우로 제한되고 있다.

지방자치단체의 장은 ① 지방의회가 성립되지 아니한 때(의원이 구속되는 등의 사유로 의결정족수에 미달하게 될 때), ② 지방의회의 의결사항 중 주민의 생명과 재산 보호를 위하여 긴급하게 필요한 사항으로서 지방의회를 소집할 시간적 여유가 없을 때, ③ 지방의회에서 의결이 지체되어 의결되지 아니할 때는 선결처분을 할 수 있다. 물론 선결처분은 지체 없이 지방의회에 보고하여 승인을 받아야 하며, 승인을 받지 못하면 그 선결처분은 그때부터 효력을 상실한다. 지방자치단체의 장은 이러한 사항을 지체 없이 공고하여야 한다(지방자치법 제122조).

그러나 여기에 예산이 성립하지 아니할 때의 장이 행사할 수 있는 이른바 준예산집행권까지 포함하면 장의 선결처분권은 상당히 그 폭이 넓다고 하겠다. 지방의회에서 새로운 회계연도가 시작될 때까지 예산안이 의결되지 못하면 지방자치단체의 장은 지방의회에서 예산안이 의결될 때까지 ① 법령이나 조례에 따라 설치된 기관이나 시설의 유지·운영, ② 법령상 또는 조례상 지출의무의 이행, ③ 이미 예산으로 승인된 사업의 계속을 위한 경비는 전년도 예산에 준하여 집행할 수 있다(지방자치법 제146조).

강용기(2002). 『현대지방자치론』. 서울: 대영문화사.

김영기(2002). 『한국지방자치론』. 서울: 대영문화사.

안용식 외(2006). 『지방행정론』. 서울: 대영문화사.

이규환(2002). 『한국지방행정론』. 서울: 법문사.

조창현(2005). 『지방자치론』. 서울: 박영사.

조창현(2005). 『지방자치론』. 서울: 박영사.

최봉기(2006). 『지방자치론』. 서울: 법문사.

최창호(1988). 『지방자치제도론』. 서울: 삼영사.

국가법령정보센터. 지방자치법, 지방자치법시행령, 공직선거법, 지방자치단체의 행정기구와 정원 기준 등에 관한 규정 등.

제10장 지방자치단체의 재정

1. 지방재정의 의의

가. 지방재정의 개념

일반적으로 지방재정이란 지방자치단체가 행정 활동을 수행하는 데 필요한 재원을 획득하고 지출하는 활동을 의미한다. 따라서 국가재정이 국민경제의 안정과 번영을 이룩하려는 방향으로 전개되는 것이라면, 지방재정은 지역적 경제개발이나 지방주민의 복리 증진에 그의 주된 목적을 두고 있다.

이러한 지방재정은 수지경제(收支經濟)이므로 수입과 지출의 양면성을 띠고 있는데, 재원조달로서의 수입은 지방주민들로부터 직접 염출하는 것과 국가가 주민으로부터 받아들인 재원을 간접적으로 할당받는 것으로 충당하고, 지출은 확보된 재원의 범위 내에서 지방정부의 목표를 구현하는 활동에 배당·소비하게 되는 것이다(김종표, 1992: 300).

나. 지방재정의 특징

지방재정은 지방자치단체의 재정이라는 점에서 국가재정과 밀접한 관계를 맺고 있으면서도 구별되는 다음과 같은 특징을 지니고 있다.

① 지방재정은 다양성을 띠고 있다.

국가재정은 국가라는 하나의 주체로 되어 있으나, 지방재정은 서로 독립된 지방자치단체라는 여러 개의 주체에 의해 개별적으로 관장되고 있다. 이들 지방자치단체는 계층에 따라, 그리고 인구와 면적의 규모에 따라 모두 상이하므로 이들의 지방재정 역시 규모와 재정력에 있어 다양하다. 지방자치단체들은 독립적으로 운영되고 있으므로 서로 간에 수지의 융통이 되지 않는다. 즉, 어떤 자치단체의 재정이 흑자일지라도 그 잉여금을 다른 적자 단체에 융통해서 그 적자를 보전할 수 없는 것이다(이규환, 2002: 411-412).

② 지방재정은 자율성보다는 타율성을 훨씬 더 많이 가지고 있다.

지방자치는 자치적 분권에 의해서 지방적 행정수요를 자율적으로 처리하는 것이다. 그러나 국정의 통일을 이룩하기 위한 정치체제로 간주되고 있기 때문에 중앙정부로부터 통제를 면할 수 없다. 특히, 지방재정은 사회·경제의 발전에 따라 필연적으로 중앙정부로부터 지원받는 보조금이나 교부금이 늘어날 수밖에 없다.

또한, 지방세의 세목과 세율은 국가가 제정하는 법률에 의해서 결정되며 지방채를 발행하는 경우에도 중앙정부의 승인이 필요하고 예산편성의 지침이나 예산승인도 중앙정부의 통제를 받고 있어 자율적인 면이 크게 제한을 받는다(임용주, 2002: 369).

③ 지방재정은 응익성(應益性)[1]을 띠고 있다.

과세의 원칙은 응능 원칙(ability-to-pay principle)과 응익 원칙(benefit principle)이 있다. 응능 원칙은 납세자의 지불 능력에 따라 과세하여야 한다는 원칙으로, 국가재정의 경우가 많고, 응익 원칙은 납세자에게 제공되는 정부 서비스의 대가에 따라 과세하여야 한다는 지방재정의 경우가 많다. 따라서 지방재정은 국가재정과는 달리 주민 생활의 편익을 위한 행정서비스인 상하수도 · 오물처리 · 민원서류 발급 등에 따른 수익자[주민] 부담의 수입으로 그 재원을 충당하는 이른바 응익주의(應益主義)에 입각하고 있는 경우가 많다.

왜냐하면, 소득세에 있어서 종합과세와 그에 대한 누진세율의 적용은 응능 원칙에 의한 세 부담공평의 원칙에서 나온 것이며, 지방세 중의 주민세와 같이 소득의 유무, 과소에 구분 없이 일률과세 되는 것은 정부, 지방공공단체가 제공하는 편의에 대한 대가라고 볼 수 있기 때문이다.

다. 지방재정의 기능

현대국가의 재정은 일반적으로 자원배분 기능, 소득재분배기능과 경기조정기능 등 세 가지 기능을 가지고 있다. 이 세 가지 종류의 기능은 조세의 징수, 공채발행, 재정지출과 재정투융자 등의 구체적 재정수단을 통해서 국민경제의 방향에 중대한 영향을 주는 동시에 국민 생활의 여러 국면에 걸쳐서 그 균형적인 수준 향상을 도모하기 위한 강력한 지렛대 작용을 하고 있다.

---

1 응익성이란 조세 부담을 공평히 하기 위하여 과세의 기준을 각 개인이 국가 또는 지방공공단체로부터 받는 이익에 두는 것을 말한다.

그러나 이 세 가지 기능 가운데 지방재정은 자원배분 기능만이 있는데, 그 이유는 다음과 같다.

① 소득의 재분배는 전국적 규모로 통일적으로 실시해야 하고 지역적으로 차이가 있어서는 안 되기 때문이다.

② 경기순환은 최소한 한 나라를 경제단위로 해서만 볼 수 있기 때문이다.

자원배분 기능은 국가재정과 지방재정이 동시에 가지는 기능이기는 하나 특히 지방재정에서의 비중이 더 크다고 할 수 있다. 그 이유는 자원배분 기능에 의해서 수행되는 공공서비스는 국민 전체에 획일적으로 행해지고 있지 않기 때문이다. 예컨대 도로, 교량, 상하수도시설의 건설 등은 역시 그 지역주민에 직접적이고도 최대로 편익을 제공하게 된다. 이처럼 일정 지역에 특별히 이익이 되게 하는 공공서비스는 국가재정으로 행하는 것보다도 오히려 개개의 지방행정에 맡기는 것이 합리적이다(손재식, 1983: 290-291).

2. 지방수입의 의의

가. 지방수입의 개념

지방수입이란 지방자치단체가 그 경비의 재원으로 충당하기 위하여 수납하는 재화를 말한다. 법령 또는 공권력에 입각하여 강제로 징수하는 것도 있고 사용의 대가 또는 반대급부로서 수납하는 것도 있으며 재산을 처분해서 사경제로부터 수수하는 것도 있다.

지방수입은 자주 재원과 의존재원으로 나뉘고, 자주 재원은 지방세와 세외수입으로 나뉘며, 세외수입은 부담금, 분담금, 사용료, 수수료, 재산수입 등이 이에 속한다. 의존재원은 국가가 정한 일정한 기준에 의해서 교부되는 지방교부세와 국가의 재량에 의하여 교부하는 국고보조금 등이 있다.

자치단체 수입 가운데에서 1회계연도에 확정된 것이 세입이다. 자치단체 세입구조는 다음 표와 같다.

자치단체 세입구조

구분		내용
일반회계	지방세 수입	보통세, 목적세, 지난 연도 수입
	세외수입	경상적 세외수입, 임시적 세외수입
	지방교부세[2]	보통교부세(분권 교부세[3]), 특별교부세, 부동산교부세, 소방안전교부세
	조정교부금[4]	일반조정교부금, 특별조정교부금
	보조금	국고보조금, 국가균형발전특별회계, 기금 시·도비 보조금 등
	지방채 및 예치금회수	국내차입금, 국외차입금, 예치금회수

※ 교부금, 부담금, 보조금의 구분: 교부금은 국가가 스스로 하여야 할 사무를 지방자치단체나 그 기관에 위임하여 수행하는 경우 그 경비는 국가가 전부를 그 지방자치단체에 교부하여야 하는 것, 부담금은 국가와 지방자치단체 간에 이해관계가 있는 경우에 국가가 그 전부 또는 일부를 부담하는 것, 보조금은 국가는 정책상 필요하다고 인정할 때 또는 지방자치단체의 재정 사정상 특히 필요하다고 인정할 때에는 예산의 범위에서 지방자치단체에 보조금을 교부할 수 있다(지방재정법 제21조, 제23조).

---

2 지방교부세는 국가에 의해 교부되는 것이며, 보통교부세(분권 교부세), 특별교부세, 부동산교부세는 특정재원으로 구분된다. ○ 보통교부세 : 일반재원으로 지역 간 세원편재와 재정 불균형을 해소하고 자치단체의 표준행정 수행에 필요한 경비를 지원하기 위하여 교부하는 교부세. ○ 특별교부세 : 보통교부세 산정방법으로 포착하기 어려운 특별한 재정수요가 발생한 경우에 교부하는 교부세. ○ 부동산교부세 : 지역균형발전을 위하여 종합부동산세를 재원으로 하여 교부하는 교부세. ○ 소방안전교부세 : 담배에 대하여 부과되는 개별소비세 총액의 20퍼센트를 재원으로 하는 소방안전교부세를 2015년도부터 신설하여 지방자치단체의 소방 및 안전시설 확충, 안전관리 강화 등에 소요되는 재원을 교부하는 교부세(지방교부세법 제3조)

3 국고보조 사업의 일부를 지방자치단체로 이양하는 과정에서 이양사업을 추진하기 위한 재원을 지방교부세로 이전하기 위하여 한시적으로 도입된 분권 교부세가 2015년 1월 1일부터 폐지되어 보통교부세로 통합·운영됨에 따라, 보통교부세를 교부받지 아니하는 지방자치단체에 대하여 종전에 분권 교부세로 교부되던 재원을 보전하기 위하여 2015년부터 2019년까지 5년간 보통교부세를 교부할 수 있도록 하였다. 특히, 분권 교부세는 노인, 장애인, 정신요양시설 등 지방 이양 사회복지시설의 지원과 관련이 많다.

4 조정교부금은 상급자치단체에 의해서 교부되는 것이다.

나. 지방수입의 유형 구분

지방수입의 유형은 ① 자주재원과 의존재원, ② 일반재원과 특정재원, ③ 경상수입과 임시수입으로 각각 구분할 수 있다(이규환, 2002: 417-419).

(1) 자주재원과 의존재원

자주재원과 의존재원은 지방자치단체 수입의 조달방법에 따른 구분이다. 자주재원이란 자치단체가 법령의 범위 안에서 독자적으로 부과·징수할 수 있는 재원으로 지방세, 세외수입인 부담금, 분담금, 사용료, 수수료, 재산수입 등이 이에 속한다. 의존재원이란 국가나 상급자치단체가 결정하여 자치단체의 수입이 되는 재원으로 지방교부세, 국고보조금 등이 이에 속한다.

전체의 세입 규모에서 자주 재원의 구성비를 재정자립도라 하고, 의존재원의 구성비를 재정의존도라 한다.

(2) 일반재원과 특정재원

일반재원과 특정재원은 용도의 구속성 여부에 따른 구분이다. 일반재원이란 자치단체가 어떠한 경비에도 지출할 수 있는 수입으로 지방세, 세외수입, 지방교부세의 보통교부세가 이에 속한다. 특정재원이란 지출해야 하는 용도가 특정하게 정해져 있는 수입으로 국고보조금, 지방교부세의 특별교부세, 부동산교부세, 소방안전교부세 등이 이에 속한다.

(3) 경상수입과 임시수입

경상수입과 임시수입은 규칙성과 안정성 기준에 따른 구분이다. 경상
수입이란 회계연도마다 규칙적 · 안정적으로 확보할 수 있는 수입으로 지
방세, 사용료 · 수수료, 보통교부세 등이 이에 속한다. 임시수입이란 회계
연도마다 불규칙적 · 임시로 확보되는 수입으로 특별교부세, 부동산매각
수입, 지방채수입 등이 이에 속한다. 경상적 경비가 경상수입 범위 내에서
충당되는 경우에는 재정 건전성이 높다고 할 수 있다.

다. 자주재원
(1) 지방세의 개념

지방세는 지방자치단체의 자주재원의 대종을 이루는 것으로서 자치단
체가 그 존립목적을 달성하기 위하여 필요한 재원을 얻는 기본적 수단이
된다. 즉 지방세는 지방자치단체가 그 재정수입을 조달하기 위하여 자치
재정권에 의거하여 그 주민 또는 이와 동일한 지위에 서는 자로부터 강제
적으로 징수하는 금전이다.

(2) 지방세의 구조

지방세의 세목은 보통세로 취득세, 등록면허세, 레저세, 담배소비세, 지
방소비세, 주민세, 지방소득세, 재산세, 자동차세 등의 9개 세목과 목적세
로 지역자원시설세, 지방교육세 등의 2개 세목을 합하여 모두 11개 세목
이다(지방세기본법 제7조). 이러한 지방세의 세목은 기초와 광역자치단체에
따라 다음 표와 같다(지방세기본법 제8조).[5]

---

5 지방세 구조는 2011년에 유사한 세목들을 통폐합하여 16개 세목이 11개 세목으로 간소화되었다.

지방자치단체의 세목

지방세	구분	도세	시 · 군세	특별시 · 광역시세	자치구세	특별자치시세 · 특별자치도세
	보통세	취득세, 등록면허세, 레저세, 지방소비세	담배소비세, 주민세, 지방소득세, 재산세, 자동차세	취득세, 레저세, 담배소비세, 지방소비세, 주민세, 지방소득세, 자동차세	등록면허세, 재산세	취득세, 등록면허세, 레저세, 담배소비세, 지방소비세, 주민세, 지방소득세, 재산세, 자동차세, 지역자원시설세, 지방교육세
	목적세	지역자원시설세, 지방교육세		지역자원시설세, 지방교육세		

※ 광역시의 군(郡) 지역에서는 도세를 광역시세로 한다.

(3) 세외수입

세외수입은 경상적 세외수입과 임시적 세외수입으로 나뉜다. 경상적 세외수입은 사용료, 수수료, 재산임대수입, 사업수입, 징수교부금 수입, 이자수입 등이다. 임시적 세외수입은 재산매각수입, 순세계잉여금, 이월금, 전입금, 예탁금 및 예수금, 융자금 원금수입, 부담금, 잡수입, 전년도수입 등이다(행정안전부, 2021).

① 사용료

사용료란 공공시설을 사용함으로써 얻는 이익에 대한 보상으로서 징수하는 공과금을 의미한다. 예컨대 도로 사용료, 하천 사용료, 시장사용료, 입장료 수입 등.

예컨대 1. 중복과세 통폐합: 취득세+등록세=취득세, 재산세+도시계획세=재산세, 2. 유사 세목 통합: 등록세+면허세=등록면허세, 공동시설세+지역개발세=지역자원시설세, 자동차세+주행세=자동차세, 3. 폐지 및 유지: 도축세 폐지. 그리고 주민세, 지방소득세, 지방소비세, 담배소비세, 레저세, 지방교육세 등은 현행대로 유지했다.

② 수수료

수수료는 지방자치단체의 사무 처리에 의하여 서비스를 제공받은 특정인으로부터 그 서비스에 대한 비용으로서 징수하는 공과금이다. 예컨대 쓰레기처리 봉투 판매수입, 제 증명 발급 수수료, 인허가 수수료 등.

③ 재산임대수입

재산임대수입이란 지방자치단체가 국·공유재산을 관리·운영하는 과정에서 발생하는 수입으로, 국·공유재산을 매각·처분하여 발생하는 수입은 제외되며 국유재산 임대료와 공유재산 임대료로 구분된다. 예컨대 토지·건물의 임대수입, 잡종재산의 임대수입 등.

④ 사업수입

사업수입에는 지방자치단체에서 운영하는 종축장·임업시험장·원종장 등에서 발생하는 부산물 매각수입과 주차장 운영수입·보건소 진료수입 등이 있다.

⑤ 징수교부금수입

징수교부금은 국세·도세·하천 사용료 및 도로 사용료 등을 시·군이 위임을 받아 징수할 경우 징수위임기관인 국가 또는 도에서 교부하는 것을 말하며 이와 같은 징수교부금은 형식적으로는 위임한 세입징수에 소요되는 경비를 보상하는 성질의 것이지만 실질적으로는 도와 시·군 간의 재원 배분이라는 의미도 있다.

⑥ 이자수입

이자수입은 지방자치단체가 그 세입금(자금)을 예치·관리하는 과정에서 발생하는 과실수입을 말한다.

⑦ 재산매각수입

재산매각수입은 지방자치단체의 재산매각계획에 따라 공유물건인 잡종재산을 매가하여 얻는 수입을 말하는데, 여기에는 국유재산 법령에 의하여 은닉된 국유재산 또는 무주의 부동산을 발견하여 신고한 때에 지급받게 되는 보상금 및 재산교환에서 발생하는 교환차익수입이 포함된다.

⑧ 순세계잉여금

전년도 결산에 따른 이월금에서 명시이월금, 사고이월금, 계속비이월금, 보조금 사용 잔액을 제외한 금액을 말한다('99년부터 세외수입통계에 추가).

⑨ 이월금

전년도의 결산결과 생긴 잉여금 중 당년도로 이월된 분을 말하며 지방자치 단체는 매 회계연도에 있어서 세입세출 결산상 잉여금이 있을 때는 다른 법률에 의하는 것 이외에 명시 이월·사고이월·계속비이월 등의 이월금을 공제한 잔액은 그 잉여금이 생긴 연도의 다음 연도까지 세출예산에 구애됨이 없이 지방채의 원리금과 차입금을 상환할 수 있다.

⑩ 전입금

전입금이란 당해 지방자치단체 내부의 다른 회계 또는 기금으로부터의 자금의 이동으로 소위 회계조작상의 수입이다. 전출금의 상대적인 용어로 사용되고 있다.

⑪ 예탁금 및 예수금

예탁금(예수금)이란 일반회계와 특별회계 상호 간 및 특별회계 내의 계정 간의 예탁금(예수금)을 말하며 예탁금상환금은 그 예탁금의 상호 간과 이자 수입을 포함한다. 예탁금과 예수금은 상대적인 개념이다('03년부터 세외수입 통계에 추가).

⑫ 융자금원금수입

융자금수입이란 민간에 융자한 금액을 회수하는 원금수입을 말한다.

⑬ 부담금

부담금이란 도가 시·군에 많은 이익을 주는 토목 기타의 건설사업을 시행하는 경우에는 그 사업으로 인한 수익의 한도 내에서 그 사업에 소요 되는 비용의 일부를 당해 시·군에 부담시키거나, 어떤 개인이 자신의 사 업운영으로 그 지역에 피해를 주었을 때 원인자부담금을 징수하는 것 등 이다.

⑭ 잡수입

잡수입이란 이상의 각종 수입 이외의 수입을 일괄한 것으로, 불용품 매 각수입, 변상금 및 위약금, 과태료, 과징금 및 이행강제금, 체납처분수입, 시·도비 반환금 수입, 기부금 등이 있다.

⑮ 지난 연도 수입

징수 결정된 수입금이 당해연도의 출납폐쇄 기한(2월 말)까지 수납되지 않고 그 후에 수납되었을 때에는 그 납부된 날이 속하는 연도의 수입으로 하고 이를 지난 연도 수입으로 정리한다.

라. 의존재원

① 지방교부세

지방교부세란 자체수입이 부족한 지방자치단체가 최소한의 행정 수준을 유지하는 데 필요한 재원을 보장하고, 또 경제발전의 지역적 불균형에서 오는 지역 간의 재정 격차를 완화할 목적으로 국가가 지방자치단체에 교부하는 국고 지출금이라고 할 수 있다.

지방교부세는 지방재정의 결함을 보전하기 위한 수단이며, 안정된 재정을 보장함으로써 지방자치단체로 하여금 계획적인 업무집행을 가능케 하는 데 중요한 역할을 하고 있다.

지방교부세의 종류는 보통교부세 · 특별교부세 · 부동산교부세 및 소방안전교부세로 구분한다고 지방교부세법 제3조에 법정화 시키고 있다.

② 보통교부세

보통교부세는 매 연도의 기준재정수입액이 기준재정수요액에 미달하는 자치단체에 대하여 그 미달액을 기초로 하여 교부되는 일반재원이다. 자치구는 교부세를 특별시나 광역시로부터 교부받게 된다. 왜냐하면, 특별시나 광역시의 기준재정수입액과 기준재정수요액에 자치구의 보통교부세가 합산되어 산정되기 때문이다. 보통교부세는 1년에 4번에 걸쳐 교부된다.

③ 특별교부세

특별교부세는 다음과 같은 경우에 교부하게 된다.

1. 기준재정수요액의 산정방법으로써 포착할 수 없는 특별한 재정수요가 있을 때

2. 보통교부세의 산정기일 후에 발생한 재해로 인하여 특별한 재정수요가 있거나 재정수입의 감소가 있을 때

3. 국가적 장려사업, 국가와 지방자치단체 간에 시급한 협력이 필요한 사업, 지역 역점시책 또는 지방행정 및 재정운용실적이 우수한 지방자치단체에 재정지원 등 특별한 재정수요가 있을 경우 교부되는 특정재원이다.

④ 부동산교부세

종합부동산세(국세)의 세수(稅收) 전액을 지방자치단체에 교부함으로써 재산세 등의 세수감소분을 보전하고 지방재정확충재원으로 사용하도록 하기 위한 것이다.

⑤ 소방안전교부세

지방자치단체의 소방 및 안전시설 확충, 안전관리 강화 등을 위하여 소방안전교부세를 지방자치단체에 전액 교부하여야 한다. 이 경우 소방 분야에 대해서는 소방청장의 의견을 들어 교부하여야 한다.

⑥ 국고보조금

국고보조금이란 지방자치단체가 수행하는 특정 행정에 소요되는 경비의 일부 또는 전부를 국가가 교부하는 일종의 재정자금이다. 일정한 목적과 조건 아래 특정의 용도에 충당하도록 되어 있다는 점에서 지방자치단체 간의 행정 수준이나 세 부담의 불균형을 균등화하기 위하여 교부되는 지방교부세와 본질적으로 다르다.

따라서 국가가 지방자치단체에 대하여 그 행정을 수행하는 데 소요되는 경비의 일부 또는 전부로 충당하게 하기 위하여 부담금·교부금·보조금·조성금·위탁금 등의 명칭으로 교부하는 자금을 말한다. 국가가 지방자치단체의 특정한 경비에 대하여 교부한다는 의미에서 그 용도가 정해지지 않은 지방교부세와 구분되며, 국고보조금은 일반적으로 경상수입으로 분류되고 있다.

⑦ 국가균형발전특별회계의 재원

지역별 특성과 비교우위에 따른 지역의 특화 발전을 지원하고, 지역주민의 삶의 질 향상 및 지역경쟁력 강화를 위한 사업을 효율적으로 추진하기 위하여 국가균형발전특별회계를 설치하였다. 국가균형발전특별회계는 지역발전정책을 효율적으로 뒷받침하기 위하여 지역 자율계정, 지역지원계정, 제주특별자치도 계정 및 세종특별자치시 계정으로 구분한다(국가균형발전특별법 제30조, 제32조). 중앙정부는 지방정부에 대하여 보조금이라는 형태로 예산을 지원한다.

⑧ 조정교부금

조정교부금제도는 광역자치단체인 특별시, 광역시, 도가 징수하는 세금 일부를 재원으로 하여 재정력이 취약한 산하 시·군·자치구를 지원해 주는 제도이다.

조정교부금은 일반적 재정수요에 충당하기 위한 일반조정교부금과 특정한 재정수요에 충당하기 위한 특별조정교부금으로 구분하여 운영하되, 특별조정교부금은 민간에 지원하는 보조사업의 재원으로 사용할 수 없도록 하고 있다(지방재정법 제29조, 제29조의 2, 3).

3. 지방세출의 의의

가. 지방세출의 개념

지방세출이란 자치단체가 그의 목적을 달성하기 위하여 지방수입을 기초로 하여 1년 동안 지출하는 공공경비를 말한다. 이러한 지방정부의 세출은 지역주민의 복리를 증진하고 그들의 정치적 욕구를 만족시켜 주는 데 목적이 있다. 따라서 공공경비라는 것은 지방자치단체가 이러한 목적 달성을 위한 그의 임무를 수행하는 데 필요한 화폐를 지출하는 것이다.

나. 지방세출의 분류

일반적으로 지방세출의 분류는 지방정부가 지출하는 경비를 분류하고 분석함으로써 행정기능의 내용을 파악하고자 하는 것이다. 지방세출은 분류기준에 따라 여러 가지로 분류할 수 있다. 여기서는 기능별 분류, 성질별 분류로 나누어 살펴본다(최봉기, 2006: 421-426).

(1) 기능별 분류

기능별 분류는 목적별 분류라고도 한다. 따라서 자치단체가 어떠한 일을 어느 정도 하고 있는가를 파악하는 데 가장 효과적인 분류라고 할 수 있다. 자치단체 예산편성지침에 의하면 일반공공행정, 공공질서 및 안전, 교육, 문화 및 관광, 환경보호, 사회복지, 보건, 농림해양수산, 산업·중소기업, 수송 및 교통, 국토 및 지역개발, 과학기술, 예비비, 기타 경비로 구분되고 다시 관별, 항별 및 세항별로 구분된다.

이러한 목적별 분류는 지방경비를 단위 사업별로 정리·분류하는 것이기 때문에 자치단체의 중점시책을 파악할 수 있고 사업의 성과측정, 재정계획과 예산의 연계, 사업별 우선순위 검토를 위한 기존사업과 신규사업에 대한 충분한 검토 등을 위해 유용한 자료가 된다.

지방세출의 기능별 분류

구분	지출대상
일반공공행정	입법 및 선거관리, 지방행정·재정지원, 재정·금융, 일반행정
공공질서 및 안전	경찰, 재난방재·민방위
교육	유아 및 초등교육, 고등교육, 평생·직업교육
문화 및 관광	문화예술, 관광, 체육, 문화재, 문화재 및 일반관광
환경보호	상하수도·수질, 폐기물, 대기, 자연, 환경보호 일반
사회복지	기초생활보장, 취약계층지원, 보육·가족 및 여성, 노인·청소년, 노동, 보훈, 주택, 사회복지 일반
보건	보건의료, 식품의약안전,
농림해양수산	농업·농촌, 임업·산촌, 해양수산·어촌
산업·중소기업	산업금융지원, 산업기술지원, 무역 및 투자유치, 산업진흥·고도화, 에너지 및 자원개발, 산업·중소기업 일반
수송 및 교통	도로, 도시철도, 해운·항만, 항공·공항, 대중교통·물류지역개발
국토 및 지역개발	수자원, 지역 및 도시, 산업단지
과학기술	기술개발, 과학기술연구지원, 과학기술 일반
예비비 기타	예비비, 기타

(2) 성질별 분류

성질별 분류는 품목별 분류라고도 하며, 지출대상에 의한 분류방법이다. 성질별 분류는 공공활동이 어떠한 형태로 민간경제에 유입하는가, 재무활동이 어떤 행태로 운용되는가를 분석하는 데 가장 효과적이다. 우리나라 지방정부의 지출에서 성질별로 분류되는 것은 인건비, 물건비, 경상이전비, 자본지출, 융자 및 출자, 보전재원, 내부거래, 예비비 및 기타 등의 항목으로 계리된다.

지방세출의 성질별 분류

구분	지출대상
인건비	자치단체의 행정 활동에 필요한 직원에 대한 경비 공무원의 기본급, 수당, 비정규직 보수 등
물건비	자치단체의 행정사무 집행에 필요한 원재료, 설비, 역무 등의 조달비 및 기타 활동비 여비, 일반수용비, 판공비, 공공요금, 제세, 이용료, 장비 및 시설 유지비, 이자 등
경상 이전비	자치단체로부터 타 자치단체, 주민, 기업에 경상적으로 이전되는 경비 보상금, 포상금, 경상 보조, 보조금, 보험금, 교부금, 부담금 등
자본지출	직접·간접으로 자본형성과 연결되는 경비 자산취득비, 시설비, 시설부대비, 물품 구입비, 토지매입비, 민간·자치단체에 대한 자본보조, 해외자본 이전 등
융자 및 출자	자치단체가 민간이나 기업회계 및 양곡관리기금 조달 등 비금융공기업, 자치단체, 금융기관에 대한 융자 및 출자에 소요되는 경비
보전재원	국내 차입상환금, 지방채상환, 유가증권매입, 차관상환, 차기 이월금 등
내부거래	자치단체 회계 간·계정 간 전출금 및 예탁금, 차입금, 예수금, 전대차관상환금, 이자 등
예비비 및 기타	예비비, 기타

4. 지방채의 의의

가. 지방채의 개념

지방채란 지방자치단체가 재정수입의 부족액을 보충하기 위하여 과세권을 담보로 1회계연도를 넘는 장기차입금을 의미한다. 그 차입형식은 정부 또는 민간부문(자본시장·금융기관)으로부터 증서차입 또는 증권발행에 의해 이루어진다.

지방자치단체가 지하철, 공원, 교량, 하수종말처리장, 상·하수도 등과 같은 대규모의 건설사업을 시행하거나 재해복구사업을 수행할 때 경상수입만으로는 도저히 그 재원 소요를 충당할 수 없는 경우에 차입하는 것이다.

이러한 지방채는 지방재정의 실질적인 수입은 아니며 장래 이자를 부과하여 상환해야 하므로 이것을 무제한으로 인정하는 것은 건전재정상의 견지에서 타당하지 않으며, 국가의 금융정책 상으로 보아 인플레억제를 위해 지방채발행을 제한할 경우도 있으므로 기채(起債) 시 신중히 고려해야한다(이규환, 2002: 461).

나. 국채와 지방채의 차이

지방채는 과세권을 담보로 한다는 점에서는 국채와 같으나 다음과 같은 차이가 있다.

첫째, 국채는 경기조절수단 또는 통화 신용창출수단으로 발행한다. 이에 비하여 지방채는 대부분 재원 부족을 보충하는 것을 직접적인 목적으로 한다.

둘째, 국채(특히 내국채)의 경우는 그 채권을 내국인들이 보유하게 되고 그 원리금은 외부에 유출되는 것이 없다. 그러나 지방채는 일정한 행정구역을 단위로 하는 지방자치단체가 발행하는 것이므로 다른 지방자치단체로부터 자금을 도입할 수 있어 당해 지역으로 보아서는 외국채의 발행과 유사한 효과를 가진다(이규환, 2002: 463).

다. 지방채의 종류

지방자치단체의 장은 자금 조달에 필요할 때에는 지방채를 발행할 수 있다. 그 지방채의 종류는 지방채증권, 차입금이다.

① 지방채증권 : 지방자치단체가 증권발행의 방법에 의하여 차입하는 지방채를 말하며, 외국에서 발행하는 경우를 포함한다.

② 차입금 : 지방자치단체가 증서에 의하여 차입하는 지방채를 말하며, 외국 정부 · 국제기구 등으로부터 차관(현물차관을 포함)을 도입하는 경우를 포함한다(지방재정법 시행령 제7조).

라. 지방채의 발행대상

지방채를 발행할 수 있는 경우는 다음과 같다(지방재정법 제11조).

1. 공유재산의 조성 등 소관 재정투자사업과 그에 직접 수반되는 경비의 충당

2. 재해 예방 및 복구사업

3. 천재지변으로 발생한 예측할 수 없었던 세입결함의 보전

4. 지방채의 차환

마. 지방채의 발행방법

지방채의 발행방법은 여러 가지로 나눌 수 있으나, 그중 중요한 것을 요약 · 정리하면 다음과 같다(최봉기, 2006: 393-395).

(1) 일반회계채와 공기업채

일반회계채는 도로 · 하천 · 재해복구 등 일반적인 공공사업의 재원으로

사용되고, 그 원리금 상환은 지방세와 지방교부세 등의 일반재원을 중심으로 하는 일반회계채를 의미한다.

공기업채는 특별회계 중에서 지방공기업법 제2조 ①항[6]에서 규정하는 공기업에 속하는 단체의 기채를 의미한다.

일반적으로 일반회계채는 주로 당해 지방자치단체의 과세권을 그 담보로 하는 데 비해 공기업채는 당해 기업의 수익력을 담보로 하고 있다.

(2) 건설지방채와 비건설지방채

건설지방채는 일반적으로 인정되고 있는 자본적 지출을 내용으로 하는 것이다. 비건설지방채는 일반재원의 보전을 위하여 특별법에 의하여 예외적으로 인정되는 것이다. 예컨대 퇴직수당채, 심한 재해 등이 있다.

(3) 정부자금채와 민간자금채

정부자금채는 정부의 자금관리특별회계와 기타의 자금에 의해서 인수되는 것이며, 민간자금채는 인수업에 따라 시장공모채·은행채·외화채(차관채) 등으로 다시 세분되는 것이다.

---

6 1. 수도사업(마을 상수도사업은 제외), 2. 공업용 수도사업, 3. 궤도사업(도시철도사업을 4포함), 4. 자동차운송사업, 5. 지방도로사업(유료도로사업만 해당), 6. 하수도사업, 7. 주택사업, 8. 토지개발사업, 9. 주택(대통령령으로 정하는 공공복리시설을 포함)·토지 또는 공용·공공용 건축물의 관리 등의 수탁, 10. 「도시 및 주거환경 정비법」 제2조 제2호에 따른 공공재개발사업 및 공공 재건축사업 등.

(4) 증권발행채와 증서차입채

증권발행채는 증권발행의 방법을 통해 지방채증권을 발행하여 기채하는 지방채로서 일반적으로 무기명으로 융통되며, 모집공채, 매출공채, 교부공채로 구분된다.

증서차입채는 차입단체에 차용증서를 제출하고 자금을 대부받는 방법에 의한 것으로 정부차입금 및 기금에 의한 것 이외에 금융기관으로부터의 차입의 경우가 많다.

(5) 강제공채와 임의공채

강제공채는 지하철공채, 도로공채 등과 같이 지방자치단체로부터 일정한 허가 · 면허 · 인가를 받거나 일정한 등록 · 등기하는 자, 건설사업자 등이 반드시 매입해야 하는 공채를 말한다. 즉 국가 또는 지방자치단체가 그 권력에 의하여 강제적으로 공채를 인수시키는 것을 말하며, 임의공채란 응모자의 자유의사에 의하여 공채로서 자유공채라고도 지칭된다.

(6) 단기채와 장기채

차입 기간이 3년 이상인 장기채와 차입 기간이 3년 미만인 단기채가 있다. 우리나라 지방채의 특징은 단기채의 비중이 높다는 것이다.

(7) 신규채와 차환채

신규채는 신규로 발행하는 지방채로서 구채상환(舊債償還) 이외의 용도를 위하여 발행하는 지방채를 말하며, 차환채는 과거에 발행한 지방채를 상환하기 위하여 발행하는 지방채를 말한다.

(8) 기타 분류

이 밖에도 발생 주체에 따라 도채와 시·군채, 상환방법에 따라 일괄상환채·원리금균등상환채·원금균등상환채 등으로 분류한다. 그리고 지방채는 상환기한이 정해져 있는 것이 일반적이나, 예외적으로 상환기한을 정하지 않는 것도 있다. 이를 영구공채라고 한다.

김종표(1992). 『신지방행정론』. 서울: 법문사.

손재식(1983). 『현대지방행정론』. 서울: 박영사.

이규환(2002). 『한국지방행정론』. 서울: 법문사.

임용주(2002). 『지방자치론』. 서울: 형설출판사.

최봉기(2006). 『지방자치론』. 서울: 법문사.

행정안전부(2021). 『2021년 지방세외수입통계연감』.

행정안전부(2021). 『2021년 지방세통계연감』.

행정안전부(2022). 『2022년도 지방자치단체 통합재정 개요(상, 하)』.

행정안전부(2022). 『2022~2026 자치단체 채무관리 계획』.

행정안전부(2022). 『2022 지방채 발행계획 수립기준』.

행정안전부(2021). 『2020년 말 기준 지방자치단체 채무 현황』.

행정안전부(2020). 『2020 회계연도 지방재정 연감(예산, 결산)』.

국가법령정보센터. 지방자치법, 국가재정법, 지방재정법, 지방세기본법, 지방세법, 지방교부세법, 국세기본법, 지방공기업법, 국가균형발전특별법 등.

지방재정 365(https://lofin.mois.go.kr/portal/main.do).

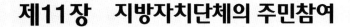

제11장 지방자치단체의 주민참여

1. 주민의 의의

가. 주민의 개념

우리나라는 "지방자치단체의 구역 안에 주소를 가진 자"를 그 지방자치단체의 주민으로 하고 있다(지방자치법 제16조). 이처럼 주소를 주민의 요건으로 삼는 이유는 한 주민이 선거에서 투표를 실시하기 전에 살고 있는 지역사회에 대한 감정 또는 이해관계를 갖고 또 그 지역사회의 문제들을 이해할 정도로 충분한 기간 동안 살아야 한다는 것이다(김영기, 2002: 68). 이러한 주민은 기초자치단체(시·군·구)의 구역 내에 주소를 가진 주민인 동시에 그 기초자치단체를 포괄하는 광역자치단체(시·도)의 주민이 된다.

원래 지방자치란 지방자치단체가 자신의 사무를 처리함에 있어서 원칙적으로 국가로부터 독립해서 주민 스스로의 의사와 책임하에 참여·결정·집행하는 것을 말하는 것이다. 따라서 지방자치단체가 결국은 주민의 의사에 근거해서 조직·운영될 수밖에 없으므로 주민은 이러한 지방자치단체의 주권자 내지 주인이 되는 것이다. 뿐만 아니라 주민은 지방자치단체의 주권자임과 동시에 지방자치단체의 지배권에 복종하는 주민이라는 의미도 포함된다(조창현, 2005: 249).

따라서 국민을 국가의 주권자라고 한다면, 주민은 지방자치단체의 주권자라고 할 수 있기 때문에 지방자치단체의 모든 자치행정은 주민으로부터 출발하고 주민에게 귀착되는 것이어야 한다.

나. 주민의 범위

지방자치단체의 주민이 주권자라고 할 경우, 이러한 주민은 지방자치단체에서 실시하는 지방의회의원과 지방자치단체의 장의 선거에 참여할 권리를 가진다(지방자치법 제17조 ③항)고 규정하고 있기 때문에 자치권의 주체라는 의미이고, 대한민국 국민인 주민은 성년에 달하면 일정한 결격요건이 없는 한 원칙적으로 남녀의 구별 없이 누구나 참정권을 가진다. 따라서 여기서 주민은 유권자로서의 주민을 의미하는 것이기 때문에 선거권을 갖지 못하는 미성년자까지 포함하지는 못한다. 뿐만 아니라 지방자치단체의 구역 안에 주소를 가진 자라는 말에는 그 구역 안에 주소를 둔 법인이나 외국인까지를 포함하는 것이 아니다. 다만, 주민이 지배권의 복종자 또는 수혜자라는 지위에서는 외국인이나 법인이 제외되지 않는다.

2. 주민의 권리와 의무

가. 주민의 권리

주민은 지방자치단체의 주권자로서 또는 구성원으로서 참정권, 수익권, 쟁송권 등의 권리를 가진다. 주민의 참정권에 해당하는 것으로는 선거권 · 피선거권, 공무담임권,[1] 주민투표권, 청원권 · 소청권,[2] 조례제정 및 개폐청구권, 주민감사청구권, 주민소송권[3] 등이 있다. 수익권으로는 재산 및 공공시설이용권, 행정서비스향유권 등이 있다. 쟁송권으로는 불복권(이의신청권) · 손해배상 · 손실보상청구권 등이 있다(지방자치법 제2장 주민).

나. 주민의 의무

주민은 주민으로서 누리는 권리와 함께 주민으로서의 의무를 동시에 가지고 있다. 그것은 비용분담의무,[4] 공공시설이용 강제의무,[5] 명예직무 수락의무,[6] 응급재해 시 명령복종 의무,[7] 자치법규 준수의무 등이다(최봉기, 2006: 504).

---

1 공무담임권이란 주민들은 자신이 거주하는 지방자치단체에 그 자치단체의 비용부담으로 근무하는 공무원이 될 수 있는 권리를 의미한다.

2 소청권이란 주민은 지방선거 또는 당선의 효력에 관하여 이의가 있을 때, 선거에 관하여는 선거일로부터, 당선에 관하여는 당선인 결정의 공고일로부터 각각 14일 이내에 관할 선거관리위원회의 상급선거관리위원회에 소청을 제기할 수 있다.

3 주민소송권은 공무원의 공금 낭비와 횡령 · 뇌물수수 등으로 인한 부당이득이나 주민 생활의 안전에 위협을 가하는 부실공사를 하는 기업들의 부당이득을 반환시키고, 이들 행위로부터 자치단체에 발생한 손해를 배상하도록 하기 위해 인정하고 있는 주민주도의 소송을 말한다.

4 주민은 법령에 정한 바에 의하여 그 소속 지방자치단체의 비용을 분담하는 의무를 진다. 여기서 법령이라 함은 각종 세법령, 조례, 규칙에 의하여 주민이 부담하게 되는 지방세 · 수수료 · 사용료 · 분담금 등을 말한다.

5 주민들은 각종 법령이나 자치법규에 의해 당해 지방자치단체가 설치 · 경영하는 공공시설의 이용을 강제 받는 경우가 있다. 예컨대 전염병예방법에 의한 강제이용뿐만 아니라 상하수도시설, 청소사업, 가스사업 등도 주민 이용이 사실상 강제되어 있다.

6 주민은 특별한 이유가 없는 한 당해 지방자치단체가 위촉하는 명예직(예컨대 선거감시위원이나 공공 봉사 활동 위원 등) 직무의 담당요청을 수락해야 한다. 그리고 그 직무수행을 위해 활동해야 한다.

7 주민은 당해 지방자치단체의 구역 안에서 불의의 재해가 발생하였거나 발생할 우려가 있을 경우,

3. 주민참여의 의의

가. 주민참여의 개념

주민참여란 직접 결정권이 없는 주민들이 결정권을 가진 행정기관이나 관료들의 정책 결정 과정에 주체의식을 갖고 개인적 또는 집단으로 영향을 미치기 위해서 관여하는 것이다(이규환, 2002: 160). 이러한 주민참여의 직접적인 이유는 시민운동의 측면도 있겠지만, 어떤 정책에 이해관계가 있는 주민들이 정책과정에 영향을 미치기 위해 자발적으로 참여하는 것이라고 할 수 있다.

나. 주민참여의 특성

주민참여의 특성을 몇 가지로 나누어 살펴보면 다음과 같다(조창현, 2005: 255).

첫째, 주민참여란 행정의 정책 결정 및 집행과정에 대한 명백하고도 직접적인 접근을 통해 영향을 미치고 관여하는 것을 의미한다.

둘째, 주민참여는 추종·맹종이나 동원·포섭 등이 아닌 자율적·자발적 참여로서 주민이 주체성을 갖고 참여하는 것이다.

셋째, 정책결정자에 대한 참여자의 접근 및 영향의 정도가 높을수록 정책 결정에 대한 참여자의 관여범위가 확대되고 공동결정이 이루어질 가능성이 커지게 된다.

관계 법령에 따라 지방자치단체장의 명령에 복종하고 필요한 노력과 물품을 제공하여야 한다.

4. 주민참여의 근거와 필요성

가. 주민참여의 근거

주민참여는 행정과정에 있어 참여적 민주주의를 실현하기 위한 것이라고 할 수 있는데 그 구체적인 참여 근거를 살펴본다(임용주, 2002: 397).

첫째, 지방자치단체의 인적 구성요소라는 주체적 지위에 있다.

둘째, 지방자치단체의 통치에 복종하고, 각종의 부담을 분담해야 하는 객체적 지위에 있다.

셋째, 지방자치단체의 공공시설을 이용하고 행정서비스를 제공받을 수 있는 수익자적 지위에 있다.

넷째, 주민단체·집단협의·여론 등의 힘을 이용하여 지방자치단체의 행정을 감독·통제하는 비공식적인 통제자의 지위에 있다.

나. 주민참여의 필요성

주민참여의 필요성은 주민의 민주성 회복과 행정의 효과성 회복을 위해 필요하다고 할 수 있다(임용주, 2002: 398-399).

(1) 주민의 민주성 회복

첫째, 대규모의 관료적 조직사회에서 침해와 억눌림으로 무력해지고 소외된 개인의 주체성을 회복하기 위해 참여의 필요성이 생겨났다. 예컨대 간접민주주의 보완 내지 시정의 필요성이 높아졌다.

둘째, 일반 국민의 교육수준·의식 수준이 향상됨에 따라 권리의식·참여의식이 높아져 참여의 요구가 많아졌다.

셋째, 행정의 전문화 · 다양화 · 다기화로 인해 주민들의 일상생활에 많은 영향을 미치게 됨에 따라 행정의 공정성 · 책임성을 확보할 필요가 생겼다.

넷째, 주민들이 행정에 참여하여 공공문제에 대한 이해의 폭을 넓히고 타협과 협상 그리고 흥정의 과정에서 참여의 필요성이 생겨났다. 예컨대 지역개발이나 도시개발로 다수 주민의 혜택과 소수 주민의 피해를 최소화하기 위해 협력을 유도할 필요가 생겼다.

(2) 행정의 효과성 회복

첫째, 주민의 의견과 견해를 흡수 · 조정할 필요가 생겼다. 현대의 다양한 행정수요가 급격히 증가하자 이를 효율적으로 처리하고, 타당성을 제고시키기 위해서 문제의 본질과 주민의 요구를 정확히 파악할 것이 요구되었다. 이를 위해서 많은 정책 결정에 주민의 참여를 유도할 필요가 생겼다.

둘째, 행정의 정당성과 대표성을 확보할 필요가 생겼다. 행정이 사회의 변동을 관리하고 주민을 지도하는 기능을 수행하면서 정당성과 대표성의 문제가 그 어느 때보다도 높아졌다. 따라서 행정시책에 주민이 참여함으로써 상당한 권위를 갖게 해 주고 시책의 정당성과 대표성을 확보할 수 있게 해 준다. 그러나 행정에 참여하는 주민이 주민 전체를 대표하는 것이냐에 의문이 생길 경우 대표성의 문제가 발생할 수 있다.

5. 주민참여의 한계와 요건

가. 주민참여의 한계

첫째, 주민참여는 상호협동으로 행정의 조화를 기할 수 있지만, 극단의 경우에는 정부에 대한 주민의 저항과 주민에 대한 정부의 조작의 위험이 내포되어 있다. 특히, 주체의식이 결여된 주민참여는 국민투표와 함께 대중동원의 수단으로 사용될 수 있고, 권력에 대한 저항운동으로 소외감·욕구불만 등에서 오는 심리적 반발이 겹쳐 감정의 논리가 개입되기 쉽다.

둘째, 주민참여가 정책의 결정이나 집행에 많은 영향을 끼치는 경우, 정책의 내용은 영향력이 있는 조직이나 집단의 이익만을 대변하게 된다. 그 결과 행정의 기본가치인 공정성, 정치적 중립성, 전문성, 능률성 등이 침해된다.

셋째, 공무원의 수동성을 조장하게 되어 업무수행에 대한 창의성·계획성·지도성 등이 손상된다.

넷째, 주민참여를 통해 행정의 책임을 주민들에게 전가할 우려가 있다 (임용주, 2002: 400).

나. 주민참여의 요건

주민이 정책과정에 효과적으로 참여하자면 다음과 같은 전제조건이 극복되어야 할 것이다.

먼저 주민은 ① 문제점의 소재와 그것의 우선순위가 무엇인가에 대해 스스로 판단을 내릴 수 있는 기초 지식과 포괄적인 배경이해를 하고 있어야 하며, ② 스스로의 행동 결정에 도달할 수 있는 능력을 갖추고 있어야 하고, ③ 행동력을 얼마나 갖추고 있는가의 문제이다. 이 세 가지가 주민 참여의 행태를 분석하는 전제가 되는 동시에 또한 정부와 주민 사이에서 상호작용을 통해 개선될 수 있는 성질의 것이다.

다음 정부는 ① 주민에게 충분한 정보공개와 정책 결정에 참여가 중요하고, ② 주민들을 지역사회문제에 대해 성실한 자세로 교육할 수 있어야 하고, ③ 주민참여가 단순한 요식행위가 아닌 진실한 참여를 유도하는 자세가 있어야 한다.

이처럼 대주민 대정부의 기본관계가 해결되어야 주민의 관심도를 제고시켜 주민의 심리적 일체감과 응집력이 형성되어 참여의 기본 동기가 유발될 수 있다(이규환, 2002: 165).

6. 주민참여의 단계

주민참여의 단계는 주민참여의 정도를 지방정부와 주민 간의 역학관계를 기초로 하여 몇 단계로 나눈 것이다. 주민참여는 지역주민들이 주체의식을 가지고 자주적으로 참여하는 것을 말하지만, 그의 구체적인 양상은 학자마다 다양하게 제시하고 있다. 여기서는 미국 도시사회의 현실적 분석을 토대로 8가지 단계로 제시한 아른슈타인(S. R. Arnstein)의 주민참여의 행태를 살펴보고자 한다(이규환, 2002: 173-176).

⑧ 주민 통제(citizen control) - 시민위원회 지배 - 행정과 시민 관계는 협상 관계 - 완전 주민 통제 이론적으로 가능	주민 권력의 단계
⑦ 권한위임(delegated power) - 특정계획의 입안·실시의 결정에 시민주도 - 결과책임의 공존. 전권위임도 가능	
⑥ 협동 관계(partnership) - 시민과 행정이 협상을 통해서 권력재분배 시작 - 시민은 권한의 부여가 아닌 획득	
⑤ 회유(placation) - 시민의 저항을 타협으로 유화 - 시민의 일정한 영향력이 인정되나 아직은 명목적 - 실질적 최종 결정권을 행정이 장악	명목적 참여의 단계
④ 상담(consultation) - 시민의 의사타진, 태도 조사, 인근 집회 및 공청회	
③ 정보제공(informing) - 행정이 주민에게 일방적 정보제공으로 참여의식 자극 - 제공방법은 대량전달수단, 소책자, 포스터	
② 치료(therapy) - 기초유도단계 - 자조 의식단계 - 우둔한 민중의 치료, 지역사회의 개발사업	비참여 단계
① 조작(manipulation) - 정보수집단계 - 명목적 참여 암시 - 참여의식 고취의 원초 단계	

아른슈타인은 주민참여를 주민의 영향력에 따라 크게 비참여, 명목 참여, 주민 권력의 3단계로 나누고, 또 조작, 치료, 정보제공, 상담, 회유, 협동 관계, 권한위임, 주민 통제 등의 8단계로 세분하고 있다.

① 조작, ② 치료의 단계는 비참여인 주민을 동원·설득·계몽·교도하는 데 목적이 있다.

③ 정보제공, ④ 상담, ⑤ 회유 등의 중간 3단계는 명목상의 참여 단계라

고 할 수 있다. 이 단계는 비록 주민의 의사가 표현된다고 하더라도 정책 결정이나 실시 여부의 최종적인 결정권은 행정당국이 갖고 있다.

⑥ 협동 관계, ⑦ 권한위임, ⑧ 주민 통제 등의 단계는 주민들이 참여하고 주도하는 단계이다. 이 단계는 주민들이 정부와 상호협상과 흥정을 통해서 대부분의 의사결정권을 획득하여 행사하는 주민주도단계이다.

7. 주민참여의 유형

일반적으로 주민참여의 유형은 기준과 관점에 따라 여러 가지로 구분할 수 있지만, 여기서는 참여의 제도화 여부를 기준으로 제도적 주민참여와 비제도적 주민참여로 나누어 살펴본다(김병준, 2003: 590).

가. 제도적 주민참여

제도적 주민참여란 국가 또는 지방자치단체의 자치법규에 의해 공식적으로 인정되거나 용인되는 참여행위를 의미한다. 반상회 등의 주민 회의에의 참석, 정책이나 행정에 대한 의견의 개진, 여러 개발사업의 주민제안, 각종 공청회[8] 및 자문위원회에의 참석, 합법적인 시위 및 집회에의 참여, 자원봉사 활동, 주민투표(지방자치법 제18조, 지방분권법 제15조), 조례의 제정 및 개폐를 청구할 수 있는 주민 조례 발안[9](지방자치법 제19조, 지방분권법 제15조),

---

8 공청회는 주민들이 직접 참여하여 지역사회문제에 관해 조사·답변하는 것으로서 자치단체가 주관하여 개최하는 경우와 주민들이 자발적으로 조직하여 개최하는 경우가 있다. 우리나라는 「국토의 계획 및 이용에 관한 법률 제14조」에 도시기본계획을 입안할 경우 공청회를 통해 주민참여를 제도화하고 있다.

9 주민 조례 발안에 관한 법률 참고.

주민감사청구권(지방자치법 제21조), 주민소송[10](지방자치법 제22조, 지방분권법 제15조), 주민소환[11](지방자치법 제25조, 지방분권법 제15조)을 비롯하여 선거, 청원, 주민참여 예산제도[12] 등이 있다.

나. 비제도적 주민참여

비제도적 참여란 국가 또는 지방자치단체가 공식적으로 인정하지 않거나 용인하지 않는 참여행위로 운동과 교섭의 두 가지 형태를 생각할 수 있다. 법에는 금지하고 있는 형태의 시위나 고의적인 법 위반을 통한 시민 불복종 운동, 집단민원, 기관장과의 대화 · 간담회 등이다.

---

10 주민소송은 ① 공금의 지출, ② 재산의 취득 · 관리 · 처분, ③ 계약의 체결 · 이행, ④ 공금의 부과 · 징수(지방자치법 제22조) 등 재무회계행위와 관련 있는 위법한 행위나 해태한(어떤 법률행위를 이유 없이 정해진 기한 안에 행하지 아니한) 사실에 대하여 당해 지방자치단체의 장을 상대방으로 소송을 제기하는 것이다. 주민소송의 대상을 재무회계행위에 한정한 이유는 주민소송의 목적이 지방행정의 전반의 적법한 운영을 확보하는 데 있는 것이 아니라 지방자치단체의 재무회계 행정의 합법성을 확보하는 데 있기 때문이다. 주민소송을 제기하고자 하는 자는 반드시 주민감사를 먼저 청구하는 절차를 거쳐야 하고, 모든 사무처리 행위가 아니라 재무회계행위로서 그것이 위법하거나 현저히 부당한 경우 감사청구 한 주민은 1인이라도 주민소송을 제기할 수 있도록 하고 있다. 주민감사청구에서는 현저한 부당도 그 사유가 될 수 있지만, 주민소송에서는 위법해야 한다.

11 주민소환제(recall)란 정해진 기간 내에 일정 수 이상의 유권자인 주민이 서명한 후 소환 사유를 첨부하여 지방의회의원 및 지방자치단체의 장 및 주요 공무원의 해직을 청구하고, 주민투표를 통하여 일정 수의 찬성이 있을 때 임기 전이라도 소환대상 공직자가 해직되는 제도이다(주민소환에 관한 법률 참고).

12 주민참여 예산제도란 지방자치단체의 예산 편성 등과 같은 예산 과정에 주민이 직접 참여하는 제도이다. 2003년 5월 전국최초로 주민참여 예산제도를 도입한 곳은 광주광역시 북구청이다. 2011년 3월에는 지방재정법에 모든 지방자치단체에서 주민참여 예산제도를 의무적으로 운영하도록 규정하였다. 2018년 3월에는 지방재정법 개정을 통하여 주민참여 예산제도에서 주민이 참여할 수 있는 범위를 '예산 편성 과정'에서 '예산 편성 등 예산 과정'으로 개편하였다.

8. 주민참여의 활성화

가. 형식화의 문제

주민참여는 현대행정에 있어서 민주성과 효율성을 보장해 주는 방안의 하나임은 분명하다. 그러나 주민참여의 한 양태로서 널리 활용되고 있는 여러 가지 자문기구나 위원회, 공청회 등이 지금까지 그 본래의 설치목적과 취지에 따라 적절하게 공헌했다기보다는 행정에 형식적인 명분이나 절차적인 권위를 주기 위한 도구로 전락한 사실을 부인하기 어렵다.

이러한 주민참여에 있어서 가장 우선적인 문제점은 어떠한 사안에 대한 토론 및 결정 과정에 사실상 참여했으면서도 최종적인 의사결정에 대한 아무런 법적·행정적 책임을 지지 않는 관계로 행정당국자에 의해 형식적으로 운영되고 말 가능성이 언제나 내재하고 있다는 점이다.

반면에 행정당국자는 주민참여에 의한 합리적 정책형성을 모색하면서도 주민참여자의 의견을 사안에 대한 판단자료로 삼을 뿐 자신의 전문적 기준에 입각해서 독자적으로 의사결정을 하게 된다.

따라서 주민참여 과정에서 제시된 좋은 의견들은 백지화되기 쉽고, 형식화되기 쉬울 뿐만 아니라 경우에 따라서는 행정당국자의 편리를 위한 도구로 전락할 수 있다.

그래서 주민참여를 통해 표출된 의견이나 문제는 아무리 사소하거나 당해 사안과 무관해 보일지라도 일단 기관의 최상층까지 전달될 수 있는 통로가 마련되어야 하며, 다음에는 종합적 안목에서 검토·분석되고 자료로서 직접 관리되어야 한다.

나. 소리 없는 다수의 소외문제

주민참여에 있어서 경계해야 할 문제의 하나는 참여하지 못한 사람의 의견이 무시되기 쉽다는 점이다. 물론 행정상의 의사결정 과정에 있어서 반영되어야 할 의견이나 이해를 모두 정확하게 파악한다는 것은 사실 매우 어려운 일이다.

그러나 행정상의 의사결정이 참여하지 못한 사람들의 이해까지 고려한 폭넓은 결정이 되지 못하면 주민참여에 대한 의혹과 불신이 생기게 되고 그러한 결과는 행정불신으로 연결되게 되는 것이다.

따라서 약자의 소리뿐만 아니라 특히 소리 없는 다수의 주장을 듣는 데 인색해서는 안 되며, 여기에 행정기관의 의식적인 노력이 경주되어야 한다. 이들 또한 모든 행정시책의 대상이 되는 주민이기 때문이다.

다. 집단의 우위성에 따른 문제

주민참여의 또 다른 문제점은 개인에 대한 집단의 우위성에 있다. 즉 주민참여는 구체적인 정책의 의사결정에 관계되는 일이기 때문에 개인보다는 집단, 특히 조직화된 집단이 더욱 유리한 입장에 서는 반면, 개인의 영향력은 상대적으로 약화될 수밖에 없다.

따라서 이러한 집단 우위로 인한 문제점들을 극복하기 위해서는 ① 행정당국의 약자의 소리뿐만 아니라 소리 없는 다수의 소리도 충분히 들으려는 의식적인 배려가 요청되며, ② 주민 의견의 질과 함께 양, 나아가 분포상태까지 조사하는 것이 긴요하다.

라. 주민의식의 전환문제

우리는 아직 주민참여에 의한 행정 경험이 많지 않으며, 따라서 익숙하지 못하다는 사실이 어떤 면에서는 더 큰 문제라 할 수 있다. 왜냐하면 주민참여의 의의나 기능에 관한 올바른 인식이 없이 무조건 멀리하거나 귀찮고 불필요한 과정으로 보고 기피해 온 것이 오늘날까지 우리의 행정체질이기 때문이다.

따라서 이제부터라도 주민참여를 불가결의 행정과정 내지 행정절차로 인식하고 이를 기꺼이 받아들이는 행정본질의 쇄신 또는 발상의 전환을 이루어야 하겠다. 그래야만 비로소 주민참여는 그 본연의 의의와 기능을 제대로 발휘할 수 있고 지방행정의 민주화도 앞당겨질 것이기 때문이다.

마. 정보 접근성의 문제

지역개발을 주민과의 공동노력에 의해 효율적으로 수행하기 위해 주민들이 충분하고도 필요한 행정정보에 접근할 수 있어야 한다. 행정정보를 어느 정도 공개해야 할 것인가의 문제는 정보공개제도가 가지고 있는 보편적인 원칙과 지방정부가 놓여 있는 특수성을 고려해야 하지만, 여기에서 하나의 일반론을 제시하면 다음과 같다.

첫째, 행정서비스의 효율성을 높이기 위해 주민에게 철저히 알릴 필요성이 있는 것, 둘째, 사회생활과 경제활동을 보다 효과적으로 하게 하고 행정의 주체로서 주민이 지역사회의 정황을 파악하게 함에 필요한 것, 셋째, 사회변동관리자로서의 입장에서 비판하고 지방자치단체의 의사결정에 참여하는 데 필요한 정보 등을 들 수 있다.

이러한 행정정보 접근을 위해서 알 권리, 상담 받고 제안하며 회답을 받을 권리, 그리고 동의권, 이의신청권 등이 실질적으로 보장되어야 한다(이규환, 2002: 197-205; 조창현, 2005: 264-267).

김병준(2003). 『한국지방자치론』. 서울: 법문사.

김영기(2002). 『한국지방자치론』. 서울: 대영문화사.

임용주(2002). 『지방자치론』. 서울: 형설출판사.

조창현(2005). 『지방자치론』. 서울: 박영사.

최봉기(2006). 『지방자치론』. 서울: 법문사.

국가법령정보센터. 지방자치법, 지방자치 분권 및 지방행정 체제개편에 관한 특별법, 국토의 계획 및 이용에 관한 법률, 주민 조례 발안에 관한 법률 등.

제12장 정부 간 분쟁과 조정

1. 정부 간 관계의 의의

가. 정부 간 관계의 개념

정부 간 관계란 연방국가의 연방정부와 주정부, 주정부와 지방정부, 지방정부와 지방정부의 관계뿐만 아니라 단일국가의 중앙정부와 지방정부, 그리고 지방정부와 지방정부 간의 상호관계를 모두 포괄하는 의미이다.

이러한 정부 간 관계란 용어는 누구에 의해 사용되기 시작했는지는 분명치 않으나 1930년대 미국에서부터 쓰이기 시작하여 1940년대에 들면서 활발한 학술 활동으로 일상적 용어가 되어 갔다. 이러한 경향은 1950년대에 들어 미국 의회가 정부 간 관계라는 용어를 법률명이나 위원회 명칭에 사용하면서 더욱 보편화되었다. 1960년대에 들면서부터 정부 간 관계는 미국 정부를 이해하는 데 필요한 가장 핵심적인 개념의 하나가 되었다.[1]

---

1 라이트(D. Wright) 교수에 의하면, 정부 간 관계라는 용어는 스나이더(Clyde F. Snider) 교수가 1937년 미국정치학회보 10월호에서 최초로 사용하였고 비슷한 시기에 앤더슨(Willarm Anderson)도 유사개념을 사용하였다고 한다. 1940년 1월에는 「미국에서의 정부 간 관계」란 제목

오늘날 정부 간 관계는 그 시작이 어디였건 간에 지방자치 선진국을 비롯하여 지방자치의 역사가 일천한 우리나라에서도 널리 사용되는 개념이 되었다. 그렇다고 정부 간 관계란 한마디로 정의하고 있는 것이 아니라 막연한 합의로 사용하고 있다(김병준, 2003: 528-530).

나. 연방국가와 단일국가의 차이

정부 간 관계의 올바른 의미를 파악하기 위해서는 연방국가의 의미가 무엇이며, 그것이 어떻게 정부 간 관계의 의미와 다른가를 알아야 한다. 여기서는 라이트(D. Wright)의 '연방제와 정부 간 관계의 비교'를 중심으로 살펴본다(조창현, 2005: 87-88; 김병준, 2003: 531-532).

첫째, 한국은 단일형 국가로 중앙정부와 지방정부 2계층으로 구성되어 있는 반면, 미국, 독일과 같은 연방국가는 중앙정부, 주정부, 지방정부 3계층으로 되어 있다. 우리나라의 광역자치단체와 기초자치단체 간의 관계는 연방국가에서의 주정부와 지방정부 간 관계와는 전혀 다른 성격을 지닌다. 연방국가의 경우 주정부의 수평적 연합체로 연방정부가 수립된 반면, 지방정부는 주정부에 의하여 대부분 탄생하였기 때문에 주정부의 수직적 영향력 아래에 있다(임승빈, 2006: 145).

둘째, 연방국가란 주정부가 합해서 중앙정부를 수립하고, 주권은 인정하면서도 그 주권의 일부를 주정부가 보유하는 정치체제를 말한다. 따라서 연방국가란 주로 연방정부와 주정부와의 관계를 뜻하는 반면, 정부 간 관

으로 *The Annals*(미국의 대표적 정치학보 중의 하나)를 특집으로 발간하였는데, 그중에 25개의 논문이 미국의 여러 형태의 정부 간 관계를 다루었다.

계란 말은 각급 정부 간의 모든 관계를 뜻한다.

셋째, 연방국가란 다분히 정태적 성격을 지니는 개념이다. 법률에 규정된 정부 간의 공식적 관계와 공식적인 권한배분 등이 강조되는 개념이다. 정부 간 관계란 실제로 관계되는 공직자들의 비공식적이고 때로는 잠재적인 행동과 인식까지를 포함한 상호작용이 중시되는 개념이다. 엄격한 의미에서는 정부 간 관계는 존재하는 것이 아니고 각급 정부의 직책을 맡은 사람들 사이의 관계가 존재할 뿐이다. 따라서 각급 정부에 종사하는 공직자들의 행동과 태도가 정부 간 관계의 핵심이라는 사실이다.

넷째, 연방국가란 권력 관계에서의 계층의 관계를 의미한다. 즉 상급권력과 하급권력을 의미한다. 이것에 반해 정부 간 관계란 그러한 계층적 권력 관계의 구별을 하지 않는다. 물론 그러한 권력상의 차이가 있는 것을 부인은 하지 않으면서도 국가권력이 근원적으로 상위적이라고 암시하지도 않는다.

다섯째, 연방국가가 정책을 제외하고 있지는 않으나 결과적으로는 정책에 대해서 거의 무관심한 데 반해서 정부 간 관계는 처음부터 정책문제와 정책과정, 그리고 정부 간에 형성된 관계의 정치 경제적 성격과 배경 등을 중시한다는 점이다. 왜냐하면 현대사회의 급격한 변화는 직업 관료의 정책에 관한 재량권을 확대하고 있어, 이들 간의 상호작용을 파악하는 것은 바로 정부 간 정책변화를 이해하는 것이 되기 때문이다.

이처럼 정부 간 관계는 중앙정부와 지방정부, 지방정부와 상호 간의 관계를 규정한 법률 내지 제도적 관계만을 의미하는 것이 아니라, 오히려 그러한 법률과 제도 내지 정책을 만들어 내는 각급 정부의 관료들 간의 관계를 중시하는 것으로 그 개념적 특징을 이해해야 할 것이다. 이러한 관계들은 과거의 수직적 관계에서 점점 상호의존적·수평적 관계로 옮아가고 있는 것이 오늘의 현실이다(최봉기, 2006: 645).

2. 정부 간 관계의 유형

지방자치의 성격과 규모를 결정짓는 가장 중요한 문제 중의 하나는 바로 정부 간 관계에 어떠한 관계를 설정하느냐에 달려 있다. 라이트(D. Wright)는 미국의 연방국가의 경우 연방정부와 주정부, 지방정부 간의 상호 관계를 분리형, 포괄형, 중첩형 등으로 정리하고 있는데, 단일국가에서도 유사하게 적용할 수 있다(강용기, 2002: 366-367).

가. 분리형

분리형은 연방정부와 주정부는 대등한 독립적인 관계와 자율적인 권위를, 주정부와 지방정부는 계층 관계를 유지한다고 본다. 실질적으로 미국의 주는 독자적인 헌법을 가지고 있는 준국가의 형태를 유지하고 있지만, 지방정부는 지역 정부로서 주정부에 비하면 상대적으로 미약한 권한을 가지고 있으며, 주정부의 행정기관으로서의 성격을 가지고 있다.

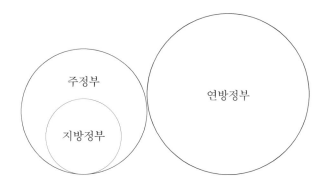

나. 포괄형

포괄형은 연방정부, 주정부, 지방정부를 의존적인 수직적 계층 관계로 본다. 주가 국가의 형태를 띠고 연방을 이루고 있다고 하지만, 하나의 국가로서 통합된 체제유지를 위해 연방정부, 주정부, 지방정부 간의 관계는 의존적인 수직적 계층 관계로 본다. 이 경우 하위정부는 행정적 관리체계로서의 성격이 강하다.

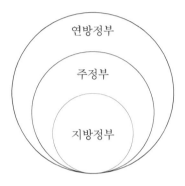

다. 중첩형

중첩형은 연방정부, 주정부, 지방정부가 독립적인 존재로 상호의존관계로 본다. 따라서 정부 간은 상호 협력과 경쟁 관계에 놓여 있기 때문에 서로 침해받을 수 없는 자율권을 가지고 있다고 본다.

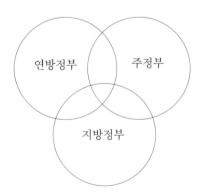

3. 정부 간 갈등의 의의

가. 정부 간 갈등의 개념

갈등은 사회의 어디에서나 나타날 수 있는 보편적인 현상이며, 개인, 집단, 지역, 국가 등 다양한 수준의 행위자 간에 발생하는 현상이다. 또한 갈등은 그 속성 자체가 다차원적이고 동태적인 것이기 때문에 한마디로 명확한 정의를 하기는 쉽지 않다.

일반적으로 갈등이란 의사결정 과정에서 선택을 둘러싸고 곤란을 겪는 상황을 말한다. 정부 간의 갈등도 둘 이상의 행동 주체 사이에서 상호 이해나 목표가 상충하거나 희소가치의 획득을 둘러싸고 서로 대안을 선택하는 데 곤란을 겪는 상황이라고 정의할 수 있다. 따라서 이해당사자 간에 서로 양립 불가능한 의견 불일치 상태에 직면해 있음을 알 수 있다.

이러한 갈등은 분쟁의 개념과 관련하여 이해의 차이가 있다. 양립 불가능한 의견 불일치 상태의 갈등이란 개인의 심리적 대립상태와 개인, 집단 간의 사회적인 갈등을 모두 포함하나, 분쟁은 사회적인 갈등만을 의미한다는 것이다. 따라서 갈등은 분쟁을 포함하는 광의의 개념으로 보기도 한다(한국지방행정연구원, 2008: 3-4).

그러나 정세욱 교수에 의하면, 갈등이란 외부로 표출되지 않은 의견대립상태로 보고, 분쟁이란 갈등을 포함하여 외부로 표출된 의견대립상태까지를 의미하고 있다. 따라서 분쟁은 갈등보다 더 넓은 개념으로 이해하기도 한다(정세욱, 2003: 824).

따라서 여기서는 각각의 의미를 이해하면서도 혼란스러움을 피하고자 갈등과 분쟁을 구분하지 않고 상호 혼용하여 사용하고자 한다.

나. 정부 간 협력의 필요성

각종 이해관계가 얽혀있는 현대사회에서 갈등은 피할 수도 없고, 피할 필요도 없는 어찌 보면 매우 당연한 현상이며, 무조건 부정적으로 바라보는 시각을 지양하고, 집단 간 또는 조직 간 갈등의 조정이 원만하고 생산적으로 이끌어진다면 그 결과는 사회발전에 기여할 수 있다. 따라서 오늘날 그 필연을 긍정의 힘으로 승화시킬 수 있는 협력의 지혜가 필요하다.

첫째, 자치단체 간 인적, 물적 교류의 확대와 생활권의 광역화 추세에 따라 광역사업에 대한 지역 간 갈등이 심화되고 있어 지역 간 협력의 필요성이 증대하고 있다.

둘째, 자치단체들은 관할구역 위주로 개별 사업을 추진하는 관행으로 협력을 의도적으로 기피하거나 협력을 최후의 수단으로 사용하고 있어 지역 간 협력을 통한 행정의 광역적 대응이 필요하다. 즉, 행정구역 단위의 분절적 시설공급체계로 인하여 필요한 시설이 과소 공급되거나 불필요한 시설이 과잉 공급되어 투자의 효율성이 저하되고, 선호시설은 자치단체별로 신설 또는 유치경쟁(PIMFY 현상)으로 중복 또는 과잉투자의 경향이 있고, 혐오시설은 당해 지역의 입지 또는 유치를 꺼려 입지거부 현상(NIMBY 현상) 때문에 입지선택과 적정 서비스공급이 곤란하다.

셋째, 따라서 지역 간 협력을 촉진하는 정책프로그램을 도입하여 협력에 대한 공론의 장을 마련하여 합의를 유도하고, 특히 지역갈등사업의 협력추진에 대한 재정지원을 강구함으로써 자치단체의 적극적, 자발적 협력을 유도하는 전략적 시스템을 구축할 필요가 있다.

4. 정부 간 갈등의 유형

정부 간 갈등은 다양하게 유형화해 볼 수 있지만, 여기서는 갈등 주체, 갈등 내용, 갈등 성격에 관한 분류로 나누어 살펴본다(한국지방행정연구원, 2008: 5-7).

가. 갈등 주체에 따른 분류

갈등 주체에 따라 정부 간 갈등과 정부-주민 간 갈등으로 구분할 수 있다. 정부 간 갈등은 다양한 정부계층에 따라 수직적 정부 간 갈등과 수평적 정부 간 갈등으로 구분된다.

수직적 정부 간 갈등은 중앙정부-광역자치단체, 중앙정부-기초자치단체, 광역자치단체-기초자치단체 간 갈등이 있다. 수평적 정부 간 갈등은 중앙부서 상호 간의 갈등과 광역자치단체-광역자치단체 혹은 기초자치단체-기초자치단체 등 동급의 지방자치단체 상호 간 갈등을 포함한다.

정부-주민 간 갈등은 다양한 계층 및 성격을 지닌 공공기관의 업무수행 과정에서 이의 영향을 받는 지역주민이나 사회집단과 관련 자치단체 간의 갈등을 의미한다. 정부-주민 간 갈등은 정부계층에 따라 중앙정부, 광역자치단체, 기초자치단체로, 그리고 주민도 지역주민과 시민·환경단체로 구분하여 유형화가 가능하다.

한편 지역주민 간 내지 주민-환경단체의 갈등을 정부-주민 간 갈등에 포함시킬 수 있는데, 이는 대부분의 갈등이 자치단체의 인허가와 연관되어 있기 때문에 순수한 주민 간 갈등으로 보는 데는 무리가 있다고 할 수 있다.

갈등 주체별 유형분류

정부 간 갈등		정부 – 주민 간 갈등	
수직적 갈등	수평적 갈등	정부 - 주민 간 갈등	정부 - NGO 간 갈등
중앙정부 - 광역자치단체	중앙정부 부서 간	중앙정부 - 주민	중앙정부 - 환경(시민)단체
중앙정부 - 기초자치단체	광역 – 광역자치단체	광역자치단체 - 주민	광역자치단체 - 환경(시민)단체
광역 - 기초자치단체	기초 – 기초자치단체	기초자치단체 - 주민	기초자치단체 - 환경(시민)단체

나. 갈등 내용에 따른 분류

갈등 내용에 따라 지방 행·재정 분야와 지역개발 분야의 갈등으로 나뉜다.

첫째, 지방 행·재정 분야의 갈등은 지방자치단체 간의 권한, 인사, 조직에 관련하여 발생하는 지방행정 관련 갈등과 과세, 세제와 관련한 지방재정 관련 갈등으로 구분된다.

둘째, 지역개발갈등은 대상 내용에 따라 하천과 광역시설, 그리고 지역개발사업 등으로 나눌 수 있다.

① 하천은 여러 지역에 걸쳐 영향을 미치기 때문에 하천과 주변 지역의 이용·관리에 있어서 지역 간 갈등이 발생할 소지가 크다. 특히 우리나라는 유역별 내지 수계별 통합관리방식을 택하지 않고 행정구역별 이용·관리체계를 취하고 있어 하천관리에 있어서 일관성을 확보하기 곤란한 실정

이다(최지용, 2017).[2]

② 도로나 광역적인 서비스 공급시설의 건설·관리 관련 갈등은 해당 시설이 불특정 전체지역에는 편익을 제공하나, 시설입지 지역에는 손실이나 비용을 초래하는 경우 발생한다.

③ 지역개발사업 관련 갈등에는 공단개발, 택지개발, 관광단지 개발, 공유수면매립과 국립공원 지정·운영 관련 갈등이 있다.

갈등 내용별 유형 분류

지방행·재정분야 갈등		지역개발분야		
지방행정갈등	지방재정갈등	하천관련 갈등	광역시설관련 갈등	지역개발사업 갈등
행정구역인사, 조직 기능배분, 권한	재정, 과세, 관리, 기타	댐 건설·관리용수이용, 수질 보전상-하류지역간 분쟁상수원보호구역	도로개설, 광역상수도, 쓰레기처리시설, 하수·분뇨처리시설, 사회복지시설, 위험시설	지역개발사업, 대규모민간개발사업 등

다. 갈등 성격에 따른 분류

갈등 성격에 따라 이익갈등과 권한갈등으로 구분할 수 있다.

이익갈등은 갈등에 관련된 이해당사자들이 사회경제적 이익을 지키거나 추구하기 위하여 대립하는 갈등이다. 이익갈등은 대부분 토지이용, 시설입지·관리에 있어 지역주민, 집단, 지역 간 비용과 편익 배분에 대한 이해대립으로 발생한다. 이익갈등은 토지이용이나 시설입지에 따른 손실로 인하여 해당 지역주민이나 자치단체가 반대하여 발생하는 기피갈등, 지역적인 혜택을 주는 개발사업이나 시설을 경쟁적으로 유치하기 위한 유치갈등, 한 지역개발이 다른 지역에 피해를 유발하는 타 지역 피해유발갈

---

2 하천법, 물관리기본법 참고.

등, 그리고 환경보전 등 공익가치추구 갈등으로 유형화할 수 있다.

권한갈등은 이해당사자 간 권한과 책임귀속의 존부 내지 적합성에 관련된 갈등으로 정부 간 갈등유형에서 주로 발생한다. 예를 들면 정부 간 갈등에서 중앙정부와 지방자치단체 간의 각종 인·허가, 재산의 관리·처분·이용에 따른 갈등이 이에 속한다. 권한갈등에 권한과 책임의 귀속뿐만 아니라 시설관리와 비용부담에 관한 갈등을 포함한다. 즉 권한갈등 성격을 지닌 갈등사례 유형으로는 인·허가에 대한 권한의 귀속 여부 및 적정성에 관한 갈등, 시설관리·운영에 관련된 관리갈등, 토지이용이나 시설의 유지·관리에 따른 직·간접적인 비용부담과 보상을 요구하는 비용분담 및 보상갈등, 그리고 상호 협력을 위한 업무조정 과정에서 협의 부진에 의하여 발생하는 협의갈등이 있다.

갈등성격별 유형 분류

이익갈등	권한갈등
기피갈등, 유치갈등	비용(분담)갈등
타지역피해유발 갈등	권한, 관리 갈등
공익적가치추구 갈등	협의부진 갈등

5. 정부 간 갈등의 원인

대부분의 갈등은 다양한 원인이 복합적으로 작용하여 발생하게 되므로 한두 가지 요인으로 규정짓기는 곤란하다. 그러나 갈등이 급격하게 증대되는 가장 큰 배경적 요인은 사회경제 및 정치적 여건변화 등의 간접적인 유발요인과 특정 사안의 갈등에 관련된 직접적인 유발요인으로 나누어 볼 수 있다(정세욱, 2003: 830-831; 한국지방행정연구원, 2008: 9-10).

가. 간접적인 갈등 요인

첫째, 사회 전반의 민주화와 분권화에 의한 자치의식과 참여 욕구 증대이다.

그동안 공공분야에서 대부분의 의사결정은 중앙정부 주도에 의하여 이루어져 왔으나 의사결정 권한이 점차 지방자치단체, 민간부문, 그리고 지역주민으로 이전되고 있다. 그러나 여전히 중앙집권적인 관행과 제도가 지속되고 있을 뿐만 아니라 분권화 시대에 다양한 이해당사자들이 자율적으로 참여할 수 있는 제도적 기반과 수단이 확보되어 있지 못한 실정이므로 이해당사자 간의 갈등이 증폭되고 있다. 또한 지방자치의 실시에도 불구하고 중앙정부와 지방자치단체 간의 권한과 기능 중첩이 빈번하며, 특히 토지이용, 사회간접자본시설, 환경 및 자원관리에 있어서 중앙정부와 지방자치단체 간의 권한이나 영역의 중복과 모호성이 높아 갈등을 증대시키는 요인으로 지적되고 있다.

둘째, 이해당사자 간의 신뢰성 결여이다.

대부분 갈등은 현재 발생한 피해나 손실보다는 앞으로 발생할지도 모르는 피해나 손실에 대한 우려 때문에 발생한다. 신뢰성의 결여는 이해당사자 간의 자기주장만을 낳게 되고 타협과 조정을 어렵게 한다. 특히 다원화된 사회에서 다양한 의견에 대한 수용태세가 확립되지 못하고, 이를 합리적으로 조정하는 토대가 형성되지 못한 점도 갈등을 부추기는 간접적인 요인이다.

셋째, 환경보전과 '삶의 질' 중시의 가치관 증대를 들 수 있다.

개발 우선적인 가치관으로부터 친환경적인 가치관으로의 변화는 그동안 경제적 효율성 추구를 위하여 환경과 문화적 가치의 희생을 당연시해온 기존 관행과의 마찰을 불가피하게 한다.

나. 직접적인 갈등 요인

첫째, 시설의 입지 등에 의한 비용과 편익배분 등 경제적 요인이다.

지역개발 관련 업무는 특성상 자원 배분적 속성을 지니고 있다. 따라서 특정 시설이나 토지이용 추진 시 이에 따른 손해, 즉 비용과 편익이 누구에게 돌아가느냐가 중요한 관심의 대상이 된다. 만약 시설입지의 혜택은 지역사회에 골고루 주어지나 피해는, 즉 비용의 부담은 일부 지역과 주민에게 불공평하게 부과된다면 갈등의 발생은 불가피하다. 반대로 손실 또는 비용의 부담은 차이가 없으나 혜택은 일부 지역이나 주민에게 돌아가는 경우에도 갈등은 발생한다.

예컨대 ① 공공목적의 개발사업을 추진하기 위하여 개인 재산을 침해하는 경우에 나타나는 보상갈등이 가장 대표적인 사례유형이다. ② 경제적 요인에 의한 대표적인 갈등유형은 개인의 재산이나 지역적 피해유발이 우려되는 기피시설 입지 관련 갈등이다. ③ 비용보다는 편익이 높은 토지이용이나 시설의 입지를 지역 내에 유치하기 위한 갈등이 있다. 유치갈등의 근본적인 원인은 다른 지역에 비하여 높은 편익을 추구하려는 경쟁심이라고 할 수 있다.

둘째, 기술 수준에 대한 불신과 기술적인 결함 등 기술적 요인이다.

대부분의 혐오시설 입지갈등은 지역 내 파급효과에 대한 객관적이고 정확한 정보가 결여되어 있을 뿐만 아니라 기술적 저감장치에 대한 적정성 여부, 그리고 사업 주체의 이행준수에 대한 신뢰감이 부족하다는 공통적인 특성을 보인다.

셋째, 의사결정 과정의 합리성과 투명성 결여 등 정치적 요인이다.

정치적 요인에 의한 갈등은 본질적으로 구체적인 사안에 대해서 이해당사자의 참여 배제 내지 미흡에 기인한다. 그동안 입지 및 개발 분야의 업무를 수행함에 있어서 하향적 계획 논리에 의거하여 일방적으로 결정하여 공포한 후에 이해당사자를 무마·설득하는 의사결정 관행을 지속하여 왔다. 이와 같은 관행은 주민참여 욕구가 증대되고 있는 지방자치 시대에 있어서 이해당사자 간의 상호 불신과 갈등을 증폭시키는 요인이 되고 있다. 이밖에 정치적 요인으로 의사결정 과정에서의 합리성·투명성 결여와 다원적인 견해를 수렴할 수 있는 타협적인 자세와 인식 결여를 들 수 있다.

넷째, 갈등을 사전에 예방하고 조정할 수 있는 조정기구 및 제도 미비 등 행정적·제도적 요인이다.

① 갈등 조정을 위한 실질적인 주민참여제도가 미흡하다. 공청회, 공람 등 현행 주민참여제도는 도시계획, 지역개발계획 등 전반적인 계획수립 절차상의 의견수렴제도로 활용되고 있어 구체적인 갈등 사안에 대한 사전 조정을 효율적으로 수행하지 못하고 있다. ② 갈등을 효율적으로 해결하거나 조정할 수 있는 공식적인 제도와 장치가 결여되어 있다. 정부와 주민 간의 갈등은 대부분 집단행동, 시위 등 비제도적인 수단에 의존하게 되어 합리적인 갈등 조정을 곤란하게 하는 경향이 있다. ③ 사법적인 조정에 의존

할 경우 지나친 비용과 시간 소요로 갈등 해결의 실효성 확보가 곤란하다.

다섯째, 막연한 심리적·문화적 거부감 등 심리·문화적 요인을 들 수 있다.

갈등은 비합리적인 요구나 주장, 막연한 거부감에 의한 심리적 요인에 의하여 유발되기도 하는데, 이는 일반적으로 지역이기주의 또는 님비현상(NIMBY 현상)이라고도 일컬어진다. 토지이용이나 시설입지의 경우, 님비현상은 잠재적 위험이나 손실에 대한 두려움, 불확실성, 막연한 피해의식, 지역 간 경쟁의식 등의 요인이 복합적으로 작용한 결과로 볼 수 있다. 따라서 지역이기주의 현상에 대한 일방적인 비난보다는 선입관, 편견, 막연한 불안감을 해소할 수 있는 객관적이고 과학적인 정보제공·대화·설득 등 합리적인 개선책이 요구된다.

6. 정부 간 갈등 조정의 의의

가. 갈등 조정의 개념

조정이란 당사자 간의 협상이 결렬되었을 때 정부가 사용하는 분쟁 해결을 위한 방법의 첫 단계로서 제3자로 하여금 분쟁당사자를 설득시켜 합의에 이르도록 하려는 노력이다. 조정은 분쟁당사자가 합의에 이르도록 도움을 줄 수 있으나 해결책을 강제할 수는 없다. 이러한 점에서 조정은 중재와 다르다.

중재란 하나의 사법적 절차로서 분쟁당사자가 중재자의 건의를 받아들이도록 법이 위임하는 제도이다. 중재에는 자유의사에 따른 중재와 강제적 중재가 있지만, 중재자가 제안하는 해결책이 분쟁당사자에게 구속력을 가지는 점에서 같다. 중재는 공식적인 소송절차에 비하여 격식이 적고 덜 복잡하며 신속하게 처리된다. 또 비용도 적게 든다. 따라서 소송의 대안으로 활용되기도 한다(정세욱, 2003: 824-825).

나. 갈등조정방법

갈등조정방법은 자율적 분쟁조정방법과 제3자에 의한 분쟁조정방법, 그리고 독립적인 조정기구에 의한 분쟁조정방법이 있다.

첫째, 자율적 분쟁조정방법은 분쟁의 당사자들이 상호 협력하여 문제를 해결해 나가는 협력적 문제해결 방식이다.

둘째, 제3자에 의한 분쟁조정방법은 당사자 간 협력이 어려울 경우 제3자의 개입에 의한 갈등 조정의 필요성이 나타나게 된다. 갈등조정자는 갈등조정과정에서 화해를 알선해 주거나 또는 조정을 촉진해주는 역할, 일반적인 조정을 수행하면서 대안을 제시하는 역할, 그리고 약간의 강제적인 권한을 가지고 중재를 하는 역할 등 세 가지로 대별해 볼 수 있다.

셋째, 독립적인 갈등조정기구에 의한 분쟁조정방법은 문제의 성격이나 정책참여자에 따라서 당사자 간 분쟁이나 제3자에 의한 조정에도 한계가 있다. 이 경우 정책이해관계자들로 하여금 새로운 독립적인 갈등조정기구를 만들어서 문제를 해결할 필요성이 있다.

7. 정부 간 분쟁조정제도

가. 중앙분쟁조정위원회

중앙분쟁조정위원회는 ① 시·도 간 또는 그 장 간의 분쟁, ② 시·도를 달리하는 시·군 및 자치구 간 또는 그 장 간의 분쟁, ③ 시·도와 시·군 및 자치구 간 또는 그 장 간의 분쟁, ④ 시·도와 지방자치단체조합 간 또는 그 장 간의 분쟁, ⑤ 시·도를 달리하는 시·군 및 자치구와 지방자치단체조합 간 또는 그 장 간의 분쟁, ⑥ 시·도를 달리하는 지방자치단체조합 간 또는 그 장 간의 분쟁 등을 심의·의결한다(지방자치법 제166조 ②). 즉, 시·도 간 및 시·도를 달리하는 시·군·구 및 자치단체조합 간의 분쟁을 조정한다.

나. 지방분쟁조정위원회

지방분쟁조정위원회는 동일 광역자치단체 내에 속한 기초자치단체(시·군·구)·지방자치단체조합 상호 간 또는 지방자치단체장 상호 간에 있어 의견을 달리하여 다툼이 있는 경우에 위원회를 통하여 심의·조정하는 역할을 수행한다(지방자치법 제166 ③).

지방정부 간 갈등 조정 및 협력 증진 제도

구 분	제도적 장치	비 고
갈등 관련 제도	분쟁조정위원회	중앙분쟁조정위원회
		지방분쟁조정위원회
협력 관련 제도[3]	사무위탁	협력 기능 수행
	행정협의회	갈등 조정 기능수행
	지방자치단체조합	협력 기능 수행
	지방자치단체 4대 협의체	갈등 조정 기능수행
	특별지방자치단체	광역적 기능 수행
	중앙지방협력회의	협력 기능 수행

---

3   협력 관련 제도에 관한 설명은 광역행정 부분을 참조.

다. 당사자 간 분쟁조정제도

(1) 국가 및 시 · 도 사무에 대한 지도 · 감독

중앙행정기관의 장이나 시 · 도지사는 지방자치단체의 사무에 관하여 조언 또는 권고하거나 지도할 수 있으며, 이를 위하여 필요하면 지방자치단체에 자료의 제출을 요구할 수 있다. 지방자치단체나 그 장이 위임받아 처리하는 국가사무에 관하여 시 · 도에서는 주무부 장관의, 시 · 군 및 자치구에서는 1차로 시 · 도지사의, 2차로 주무부 장관의 지도 · 감독을 받는다(지방자치법 제184조, 제185조).

(2) 위법 · 부당한 명령 · 처분의 시정명령

지방자치단체의 사무에 관한 그 장의 명령이나 처분이 법령에 위반되거나 현저히 부당하여 공익을 해친다고 인정되면 시 · 도에 대하여는 주무부 장관이, 시 · 군 및 자치구에 대하여는 시 · 도지사가 기간을 정하여 서면으로 시정할 것을 명하고, 그 기간에 이행하지 아니하면 이를 취소하거나 정지할 수 있다. 이 경우 자치사무에 관한 명령이나 처분에 대하여는 법령을 위반하는 것에 한한다(지방자치법 제188조).

(3) 지방자치단체의 장에 대한 직무이행 명령

지방자치단체의 장이 법령의 규정에 따라 그 의무에 속하는 국가위임사무나 시 · 도위임사무의 관리와 집행을 명백히 게을리하고 있다고 인정되면 시 · 도에 대하여는 주무부 장관이, 시 · 군 및 자치구에 대하여는 시 · 도지사가 기간을 정하여 서면으로 이행할 사항을 명령할 수 있고, 이를 이행하지 않을 경우 그 지방자치단체의 비용부담으로 대집행하거나 행정상·재정상 필요한 조치를 할 수 있다(지방자치법 제189조).

(4) 지방자치단체의 자치사무에 대한 감사

주무부 장관이나 시·도지사는 지방자치단체의 위법·부당한 사무처리와 관련하여 보고를 받거나 서류·장부 또는 회계를 감사할 수 있다(지방자치법 제190조).

(5) 지방의회 의결의 재의와 제소

주무부 장관이나 시·도지사는 지방의회의 위법한 의결에 대하여 지방자치단체의 장에게 재의를 요구하고, 제소권 행사를 통하여 상호 간의 갈등을 해결할 수 있다(지방자치법 제192조).

라. 제3자에 의한 분쟁조정제도
(1) 행정협의조정위원회

중앙행정기관의 장과 지방자치단체의 장이 사무를 처리할 때 의견을 달리하는 경우 이를 협의·조정하기 위하여 국무총리 소속으로 행정협의조정위원회를 둔다. 위원회에서 협의·조정한 결정사항에 대해 이행의무가 있지만, 강제적 구속력은 없다. 그리고 당사자의 서면신청으로 조정절차가 시작되며, 직권상정을 규정하고 있지 않다(지방자치법 제187조).

(2) 갈등관리심의위원회[4]

갈등관리심의위원회는 공공사업 등에 대한 갈등 사항을 검토·심의하여 갈등을 사전에 예방하거나 갈등 발생 시 효율적이고 원활히 해결하고자 하는데 목적이 있다(공공기관의 갈등 예방과 해결에 관한 규정 제11조). 그 주요 기능은 갈등 예방 및 해결에 관한 종합적인 시책 수립·추진에 관한 사항, 갈등 관련 법령 등의 정비에 관한 사항, 다양한 갈등 해결수단의 발굴·활용에 관한 사항, 갈등 관련 교육훈련의 실시에 관한 사항, 정책이나 공공사업에 의해 예상되는 갈등 사안에 대한 갈등 영향분석에 관한 사항, 갈등 예방·해결에 관한 민간 활동의 지원에 관한 사항, 그밖에 갈등의 예방과 해결에 관하여 중앙행정기관의 장이 필요하다고 인정한 사항 등이다(공공기관의 갈등 예방과 해결에 관한 규정 제13조).

이외에도 사회적 이슈화된 주요 갈등 사항에 대한 심의를 하며, 개별부처 차원에서 결정이 곤란한 특정 갈등의 경우에는 국정현안정책조정회의 등 상위정책조정기구에 보고하도록 하고 있다(공공기관의 갈등 예방과 해결에 관한 규정 제26조).

(3) 법원 및 헌법재판소에 의한 조정

첫째, 법원 등에 의한 조정이 있다.

---

4 2000년대 이후 우리 사회에서 다양한 이해관계가 충돌하면서 무수히 많은 갈등들이 발생하여 왔다. 점증하는 갈등으로 인해 우리 사회가 감당하기 어려운 수준의 갈등비용이 발생하여 이에 대한 대응이 요구되는 상황에 이르렀다. 갈등의 빈도와 강도 그리고 비용이 증가함에 따라 노무현 정부는 갈등관리를 국정과제로 선정하게 되었다. 그 결과 중앙정부가 2007년 대통령령으로 갈등관리 규정을 도입한 후 이를 기본으로 삼아 광역 및 기초자치단체에서도 갈등관리에 관한 조례를 규정 하였고, 이를 근거로 하여 지방자치단체마다 공식적인 갈등관리기구의 도입이 지속적으로 증가하고 있다(윤종설, 2014).

지방자치단체의 명령·처분에 대한 주무부 장관의 취소·정지 처분에 대하여 이의가 있을 때 대법원에 소를 제기할 수 있을 뿐만 아니라 지방자치단체의 장이 법령의 규정에 의하여 그 의무에 속하는 국가위임사무의 관리 및 집행을 명백히 게을리하고 있다고 인정되는 때에 중앙정부는 이행 명령을 행할 수 있는데 이에 이의가 있을 때는 대법원에 소를 제기할 수 있도록 하고 있다. 그리고 지방자치단체는 중앙정부의 위법 또는 부당한 감독·처분이나 부작위에 대하여 행정심판을 청구할 수 있으며 중앙정부의 위법한 감독·처분에 대하여 행정소송을 제기할 수 있다.

둘째, 헌법재판소에 의한 권한쟁의 심판이 있다.

권한쟁의 심판은 피청구인의 처분 또는 부작위에 대한 취소 또는 무효 확인 심판이 있으며, 국가기관 상호 간, 국가기관과 지방자치단체 간 및 지방자치단체 상호 간에 권한상의 분쟁이 발생하는 경우 헌법재판소의 권한쟁의 심판을 통하여 분쟁을 해결할 수 있도록 하고 있다(헌법 제111조).

셋째, 행정특례에 의한 조정이 있다.

수도권 지역에서 서울특별시와 중앙행정기관이 의견을 달리하는 경우에는 다른 법률에 특별한 규정이 없는 한 국무총리가 조정하며(서울특별시 행정특례에 관한 법률 제5조), 주무 부처 장관은 「지방자치법」 제190조에 따라 서울특별시의 자치사무에 관한 감사를 하려는 경우에는 국무총리의 조정을 거쳐야 한다(서울특별시 행정특례에 관한 법률 제4조 ②). 이러한 규정에 의하여 중앙정부와 지방자치단체 간의 분쟁이 야기되는 경우 국무총리에 의하여 조정할 수 있도록 하고 있다(한국지방행정연구원, 2008: 20-28).

<참고 1>

중앙과 지방 간 분쟁조정제도

구분	제도	주요 내용
당사자 간 해결	주무부장관의 지도 · 감독	- 지방자치단체 또는 그 장이 국가로부터 위임받아 국가사무를 처리하는 과정에서 중앙정부와의 갈등과 분쟁이 존재하게 되는 경우 주무부장관이 행사하는 감독수단으로서 지도 · 감독을 통하여 갈등과 분쟁을 해결할 수 있음.
	위법 · 부당한 명령 · 처분의 시정명령 등	- 지방자치단체의 장이 지방자치단체의 사무와 관련하여 법령에 위반하거나 현저히 부당하여 공익을 해치는 명령 · 처분에 대하여 주무부장관이 이에 대한 시정명령과 취소 · 정지시킴으로써 지방자치단체의 사무처리와 관련하여 상호간에 갈등과 분쟁이 야기되면 시정명령 등을 통하여 해결할 수 있음.
	지방자치단체의 장에 대한 직무이행 명령 등	- 지방자치단체의 장이 수행하여야 할 사무를 처리하지 않을 경우 중앙과 지방간에 갈등과 분쟁이 존재하게 되는 바, 이 경우 주무부장관이 이행명령하고 대집행과 행 · 재정상 조치를 통하여 갈등과 분쟁을 해결할 수 있음.
	지방자치단체에 대한 감사, 지방의회 의결의 재의와 제소	- 국회와 정부는 지방자치단체의 위법 · 부당한 사무처리와 관련하여 감사를 통하여 그리고 지방의회의 위법한 의결에 대하여 재의를 요구하고 제소권 행사를 통하여 상호 간의 갈등을 해결할 수 있음.
제3자에 의한 해결	행정협의조정위원회 등	- 중앙행정기관의 장과 지방자치단체의 장이 사무를 처리함에 있어서 의견을 달리하는 경우 이를 협의 · 조정하기 위하여 국무총리소속하에 중앙행정기관과 지방자치단체 간의 행정협의조정위원회를 통하여 갈등과 분쟁을 해결함.
	법원 및 헌법재판소 등	- 지방자치단체는 중앙정부의 위법 또는 부당한 감독 · 처분이나 부작위에 대하여 행정심판을 청구할 수 있으며 중앙정부의 위법한 감독 · 처분, 취소 · 정지에 대하여 소송을 제기할 수 있음. - 중앙정부와 지방자치단체간 상호 간에 권한상의 분쟁이 발생하는 경우 헌법재판소의 권한쟁의 심판을 통하여 분쟁을 해결할 수 있음.
	국무총리 조정	- 수도권 지역에서 서울특별시와 중앙행정기관이 의견을 달리하는 경우에는 다른 법률에 특별한 규정이 없는 한 국무총리가 조정

<참고 2>

<지방자치단체 분쟁조정 운영체계>

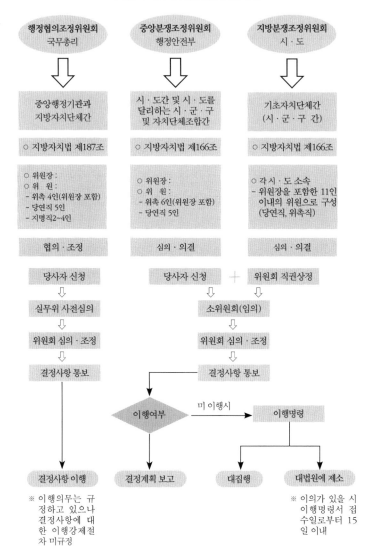

출처: 행정안전부 내부자료

참고문헌

강용기(2002). 『현대지방자치론』. 서울: 대영문화사.

김병준(2003). 『한국지방자치론』. 서울: 법문사.

임승빈(2006). 『지방자치론』. 서울: 법문사.

정세욱(2003). 『지방자치학』. 서울: 법문사.

조창현(2005). 『지방자치론』. 서울: 박영사.

윤종설(2014). 「갈등관리심의위원회 운영의 활성화 방안에 관한 연구」 한국행정연구원.

이병기·김건위(2008). 『분쟁조정 기능 강화에 관한 연구』. 한국지방행정연구원.

최봉기(2006). 『지방자치론』. 서울: 법문사.

최지용(2017). "물관리 일원화 의미와 올바른 방향은". 대한민국 국정브리핑.

행정자치부 외(1999). 『지방자치 시대의 분쟁사례집 1』.

국가법령정보센터. 헌법, 지방자치법, 공공기관의 갈등 예방과 해결에 관한 규정, 하천법, 물관리기본법 등.

제13장   국가의 관여

1. 국가관여 의의

가. 국가관여의 개념

국가는 헌법과 지방자치법에 의하여 법인격이 부여된 지방자치단체가 그 권능을 행사함에 있어서 어떤 특정한 지방자치단체의 정책 방향이나 그 행정 수준이 국가이익이나 발전목표에 부합되는지를 판단하고 만약 부합되지 못할 경우에 그것을 제재할 책임과 권리가 있다.

따라서 국가관여란 지방정부의 적법한 행정을 보장하고 행정 능력을 보완하여 건전한 자치행정을 실현하기 위한 접촉 · 교섭 · 조정 · 지도 · 원조 · 감독 · 협력 등 일체의 국가행정 활동을 말한다.

어떤 이는 국가관여를 중앙통제라고 표현하나, 이 중앙통제는 중앙정부가 지방정부에 대해서 하는 많은 일 중에 하나의 형태에 불과하므로 국가의 통제보다는 국가의 관여라고 표현하는 것이 더 바람직하다. 오늘날 국가의 관여는 지휘 · 감독의 통제적 개념에서 지원과 협조의 동반자 개념으로 변하면서 지방정부 간의 업무상 갈등을 해결하고 균형 있는 성장을 도모하며, 국익이나 발전목표에 지방자치단체를 동반자로 유도하기 위한 수단으로서 주된 기능을 한다고 할 수 있다(조창현, 2005: 112; 안용식 외, 2006: 517-517).

나. 국가관여의 목적

(1) 국가적 통일성의 유지

어느 자치단체의 주민은 곧 한 나라의 국민이라는 점에서 동등한 수준의 서비스를 받을 권리가 있다. 그런데 자치단체 간의 재정력의 격차로 인해 자치단체별로 복지 수준, 교육 수준, 보건·위생 수준 등의 격차가 발생할 수 있게 된다. 따라서 자치단체가 반드시 제공해야 할 국민적 최저 수준의 서비스가 불가능할 경우 국가의 관여가 있게 된다. 이렇게 국가가 관여하는 이유는 지방자치가 시행되고 있다고 하더라도 국정의 통일성이나 지역 간 균형성 등의 문제에 직면해서 최종적으로 국가가 책임자이기 때문이다.

(2) 국가의 전체이익과 지역적 이익 간의 조정

지방자치단체는 헌법과 지방자치법의 범위 내에서 주어진 자치권을 행사하여 그 지역주민의 복리 증진을 위해서 활동하는 법인격이므로 때로는 지역주민의 이익추구가 국가의 전체이익과 서로 충돌하는 경우가 있다.

이 경우에 국가는 자치권을 침범하지 않는 범위 내에서 국가의 이익이 지역적 이익에 우선하도록 조정할 필요가 있다. 예컨대 국토계획과 지역

계획과의 상충으로 발전소, 군사시설, 공항, 철도 등이 있다.

(3) 행정기능의 양적 확대

오늘날 주민들의 크고 작은 생활환경의 정비·개선으로 주택, 상하수도, 도로, 공해 등과 같은 기능뿐만 아니라 영세민 생활대책, 실업 대책, 노사문제, 사회보장 등의 복지증진과 같은 기능의 양이 날로 늘어나고 있다. 이러한 행정수요의 팽창에 능동적으로 대처해 나갈 지방정부의 재정 능력은 매우 부족한 실정이다. 여기에 국가가 재정적 지원이라는 형태로 관여하게 된다.

(4) 행정기능의 복잡화·고도화

그동안 지방자치단체가 하는 일이 그다지 전문적 지식이나 기술을 요하는 것이 많지 않았으나 국가가 점점 산업화·도시화·정보화됨에 따라서 그 행정수요도 고도의 전문적 지식이나 기술을 요하는 것으로 변화하고 있다. 이러한 행정기술의 수요증가를 영세한 재정과 인력을 가진 지방정부 혼자만의 힘으로는 감당하기가 점점 어려워지고 있다. 따라서 자연히 중앙정부가 그동안 축적해 놓은 지식과 기술 그리고 경험과 인력을 필요로 하게 된다. 예컨대 국가는 지식적·기술적 원조와 지도, 권고, 조언, 정보제공 또는 사전승인 등의 방법으로 지방정부에 관여한다.

(5) 광역적 지방 사무의 증가

교통·통신의 발달로 생활권의 범위가 확대되면서 종래의 행정구역의 중요성은 점차 약화되고, 행정권이 경제권·생활권과 점점 더 불일치하게 되었다. 이러한 종래의 행정구역은 새롭게 생기는 광역적 행정수요를 감당하기가 불가능하므로 광역자치단체의 역할이나 국가의 역할이 상대적으로 커진다고 할 수 있다. 이러한 의미에서 광역자치단체는 기초자치단체에 대하여 필요한 경우 광역적 지방 사무의 원활한 수행에 필요한 관여를 국가를 대신해서 할 수 있다. 그 방법들로는 정기보고, 기준설정, 감사, 조정 등이 있다(조창현, 2005: 112-114).

2. 국가관여의 변화

국가관여의 주된 방법에서 변화가 일어나고 있다. 영국과 미국의 경우는 입법적·사법적 관여가 주된 통제 방법이었으나 행정적 관여가 강화되고, 행정적 관여가 주된 관여방식이었던 대륙계에서는 행정적 관여방식이 약화되고 있다(한국행정연구원, 2000).

가. 영국의 국가관여 개요

지방자치의 발상지라고 하는 영국에서의 국가관여는 원래 왕권에 대한 사법적 관여가 주된 방식이었으나, 입헌주의의 발달과 더불어 입법적 관여가 중심이 되었다가 의회주권 법치 행정의 원칙이 확립됨에 따라서 입법적 관여와 사법적 관여가 함께 중요한 수단이었다.

그러나 오늘날 영국의 지방정부는 국가관여 중 통제나 감독과 같은 권력적 관여를 상당히 많이 받고 있다. 왜냐하면, 영국의 지방정부가 헌법을 토대로 그 존재와 권한을 인정받지 않는다는 주민자치의 정신과 지방재정이 기본적으로 중앙재정에 의존하고 있다는 사실에서 기인하기 때문이다.

특히, 국가는 훈령, 지시, 지침, 권고 사항 등과 같은 권력적인 행정적 관여의 수단을 통하여 직·간접적으로 지방정부의 업무에 관여하고 있다. 이러한 사항 중 상당수는 지방정부와의 협상, 조정을 모색하는 수단으로 사용되기도 한다.

나. 미국의 국가관여 개요

미국의 연방정부는 주정부를 매개로 하여 지방정부들과 간접적인 연관을 맺고 있으며, 또한 지방정부는 주정부의 창조물이므로 원칙적으로 연방정부가 지방정부의 행정행위에 대해 직접 관여할 권한은 없다.

따라서 1930년대의 대공황에 대한 해결책으로 마련된 뉴딜정책이 시행되기 전까지 연방정부는 재해 발생 시의 원조를 제외하고 지방정부의 업무에 거의 관여하지 않았다.

그러나 뉴딜정책과 제2차 세계대전은 연방정부가 지방정부에 직접 관여하는 계기를 마련해 주었고, 연방정부의 역할이 확대되면서 각종 보조금 사업으로 지방정부에 대규모의 조직적 관여를 시작한 것이다.

이후 지방정부에 대한 연방정부의 직접적 관여는 아주 광범위한 분야에 걸쳐 이루어지고 있는데, 특히 최근 들어 지방정부에 대한 연방정부의 관여 범위는 재정적 원조, 기술적 원조 등으로 점차 확대되어 가는 추세이다.

예컨대 지방정부의 주택문제나 복지후생문제 등을 해결하는 데 있어 주정부의 재정적 여건이 충분치 못한 경우, 주정부를 거치는 계통을 밟지 않고 지방정부가 연방정부와 직접 접촉하여 지원을 받거나 협력하는 사례가 자주 발생하고 있다.

다. 프랑스의 국가관여 개요

프랑스는 본래 우리나라와 같이 중앙집권적인 경향이 강한 나라였기 때문에 지방자치단체에 대한 국가의 권력적 관여가 비교적 강한 전통을 갖고 있었다. 1982년 지방분권법이 제정되기 전까지 프랑스의 지방자치단체에 대한 중앙정부의 관여방식은 사전승인권, 정지·무효화·변경권, 대집행 등 세 가지로 정리된다.

그러나 1982년 이후 이 방식들은 모두 폐지되거나 대폭 완화되었다. 즉, 사전적·후견적 감독에서 사후적·사법적 통제로 전환한 것이다. 국가는 지방자치단체가 행한 행정행위의 합목적성을 판단할 수 없을 뿐만 아니라 적법성에 대해서도 스스로 판단을 내릴 수 없고, 이러한 판단을 사법기관인 행정법원에서 내리도록 하였다. 따라서 국가가 지방자치단체 행위의 적법성에 관해서만 판단하는 사법적 통제로 전환한 것이다.

3. 우리나라 관여방식

가. 입법적 관여

입법적 관여란 지방자치단체의 모든 권한은 의회의 법률로써 규정하며, 법률에 의하여 부여된 권한을 초월하는 행위는 무효라는 원칙에 입각한 관여를 말한다.

헌법 제118조 제2항에도 "지방자치단체의 조직과 운영에 관한 사항은 법률로 정한다"라고 규정함으로써 지방자치단체의 가장 핵심이 되는 조직과 운영에 관한 입법적 관여를 헌법상으로 명시하였다.

따라서 지방자치단체는 그 조직과 운영에 관한 한 지방자치법에 의한 중앙정부의 관여를 받게 된다는 말이다. 비단 지방자치단체의 조직과 운영에 관한 것 이외에도 헌법에 규정된 관여의 범위는 지방자치단체의 종류, 지방의회의 조직·권한·의원선거, 지방자치단체장의 선거방법 등에 관한 것까지를 포함한다.

나. 사법적 관여

헌법 제107조 제2항에 "명령·규칙 또는 처분이 헌법이나 법률에 위배되는지의 여부가 재판의 전제가 된 경우에는 대법원은 이를 최종적으로 심사할 권한을 가진다"라고 규정하고 있다. 따라서 사법적 관여란 지방자치단체가 만드는 조례나 규칙 또는 행정행위가 법률에 위배되는지를 놓고 위법성 문제가 제기된 경우에 사법부는 이것의 적법 여부를 판가름하게 되는 것을 말한다.

지방자치법은 다음의 경우에 사법적 관여가 가능하도록 규정하고 있다.
첫째, 사용료 등의 부과·징수에 대한 이의신청의 경우
사용료·수수료·분담금의 부과 또는 징수에 대하여 이의가 있는 사람은 그 처분의 통지를 받은 날로부터 60일 이내에 그 지방자치단체장에게 이의신청할 수 있으며, 지방자치단체의 장은 이의신청을 받은 날로부터

60일 이내에 이를 결정·통지하여야 한다. 이에 대하여 행정소송을 제기하고자 하는 때에는 결정의 통지를 받은 날부터 90일 이내에 처분청을 당사자로 하여 소를 제기하여야 하며, 법정기간 내에 결정의 통지를 받지 못한 경우에는 그 결정 기간이 경과한 90일 이내에 소를 제기할 수 있다(지방자치법 제157조).

둘째, 위법, 부당한 명령·처분의 취소 또는 정지의 재정을 요구하는 경우
지방자치단체의 사무에 관한 그 장의 명령이나 처분이 법령에 위반되거나 현저히 부당하여 공익을 해한다고 인정될 때, 시·도에 대해서는 주무부 장관이, 시·군·구에 대해서는 시·도지사가 기간을 정하여 서면으로 시정을 명하고 그 기간 내에 이행하지 아니할 때는 이를 취소하거나 정지할 수 있다. 이때 지방자치단체장은 명령이나 처분의 취소 또는 정지에 대하여 이의가 있을 때는 그 취소 또는 정지 처분을 통보받은 날로부터 15일 이내에 대법원에 소를 제기할 수 있다(지방자치법 제188조).

셋째, 지방의회의 재의결에 대한 불복기소의 경우
지방의회의 의결이 법령에 위배되거나 공익을 현저히 해한다고 판단될 때에는 시·도에 대해서는 주무부 장관이 시·군·구에 대해서는 시·도지사가 재의를 요구하게 할 수 있고, 재의의 요구를 받은 지방자치단체의 장은 지방의회에 이유를 붙여 재의를 요구해야 한다.

이때 지방의회가 재적의원 과반수와 출석의원 3분의 2 이상의 찬성으로 전과 같은 의결을 할 경우, 이 재의결된 사항이 법령에 위반된다고 판단되

는 때에는 지방자치단체의 장은 재의결된 날로부터 20일 이내에 대법원에 소를 제기할 수 있으며, 이 경우 필요하다고 인정되는 때에는 그 의결의 집행을 정지하게 하는 집행정지 결정을 신청할 수 있다.

주무부 장관 또는 시·도지사는 재의결된 사항이 법령에 위반된다고 판단됨에도 당해 지방자치단체의 장이 소를 제기하지 아니하는 때에는 당해 지방자치단체의 장에게 재의결 이후 20일이 경과한 날부터 7일 이내에 제소를 지시하거나 기간이 경과한 후에 직접제소 및 집행정지 결정을 신청할 수 있다(지방자치법 제192조).

다. 행정적 관여

행정적 관여란 국가의 행정기관인 행정부가 지방자치단체에 대하여 행하는 관여로서 행정절차를 통하여 이루어지는 관여를 말한다. 행정적 관여는 입법적·사법적 관여보다도 그 양과 질에 있어서 훨씬 중요하다. 그것은 입법적 관여는 사전적 관여이고, 사법적 관여는 사후적 관여임에 비해서 행정적 관여는 동시적 관여일 수 있기 때문이다.

이때 중앙정부의 관여는 입법적 관여처럼 일반적·추상적 규정을 통한 관여도 아니요, 그렇다고 사법적 관여처럼 개별적·구체적 판정에 의한 관여가 아닌 지방정부의 정책 결정과 그 집행과정에 구체적으로, 그리고 직접 영향을 미치는 관여이다. 그러면 행정적 관여의 유형과 내용을 살펴보기로 한다.

(1) 행정입법에 의한 관여

오늘날 행정국가에서는 입법부의 기능이 약화되고 상대적으로 행정부의 기능이 강화되는 현상을 보인다. 그것은 무엇보다도 오늘날 우리가 사는 사회는 몹시 복잡하고 동시에 급속히 변화하는 사회이며, 이러한 사회에서 파생되는 제반 문제를 다루기 위해서는 전문적 지식과 신속한 대처 능력이 있어야 하는데, 이 두 가지 모두 입법부보다는 행정부에 집중되어 있기 때문이다.

따라서 입법부는 점점 중요 골격에 해당하는 입법만 하게 되고 좀 더 구체적이고 세부적이며 전문적인 것은 행정부의 입법, 즉 대통령령으로 규정토록 위임입법을 하게 되었다.

우리나라의 경우도 마찬가지여서 지방자치법에 많은 사항을 대통령령으로 규정토록 위임하고 있다. 좀 더 구체적·세부적 사항을 지방자치법에서 직접 다루지 않고 대통령령으로 규정하게 한 것은 이러한 행정입법에 의한 관여의 폭을 넓히는 일이라 하겠다.

(2) 권력적 관여

권력적 관여란 중앙정부가 지방정부에 대하여 명령, 감사, 인사통제, 사전승인, 재의요구, 재소 지시, 대집행[1], 취소, 정지 등의 방법에 의하여 관

---

[1] 대집행(代執行)이란 행정관청으로부터 명령받은 행위를 그 의무자가 이행하지 않을 때, 행정관청이 직접 또는 제3자로 하여금 권리자를 대행하는 일 또는 상급기관이 하급기관의 권한에 속하는 사항을 감독권을 발동시켜 대행하는 일.

여하는 것을 말한다. 지방의회의 의결에 대한 주무부 장관의 재의결요구 명령이나 지방자치단체의 장의 명령·처분에 대한 재정명령, 취소 및 정지권 등이 명령적 관여에 속한다(지방자치법 제188~192조).

지방자치단체의 자치사무에 대한 감사권은 감사에 의한 관여에 속하며(지방자치법 제190조), 시·도의 부단체장에 대한 대통령 임명권은 인사통제에 의한 관여(지방자치법 제123조 ③)이며, 주무부 장관이 지방채발행을 사전승인하도록 하거나(지방자치법 제139조), 또는 구역변경, 폐지·분합 시의 구분하기 곤란한 사무·재산의 승계자 지정권(지방자치법 제8조)은 사전승인과 지정에 의한 관여에 속한다.

(3) 비권력적 관여

비권력적 관여란 중앙정부가 지방정부에 대해서 지도·지원·권고·조언·자료제출·재정지원·기술지원·협의조정·보고 등과 같은 비권력적 수단에 의하여 바람직한 중앙정부와 지방정부의 관계를 수립하는 것을 말한다.

중앙정부는 그 조직·경험·재정 면에서 지방정부보다 우월한 것이 일반적인 현상이며, 이러한 우월성이 지방정부의 독립성과 창의성을 저해하지 않고 소기의 목적을 달성하기 위해서는 이와 같은 비권력 수단에 의존하는 것이 가장 바람직하다.

즉 지방자치법 제184조에는 중앙행정기관의 장 또는 시·도지사는 지방자치단체의 사무에 관하여 조언 또는 권고하거나 지도할 수 있으며, 이를 위하여 필요할 때에는 지방자치단체에 대하여 자료의 제출을 요구할 수 있다고 규정하고 있다. 조언·권고 또는 지도 이외에도 보고(지방자치법 제35조), 재정 및 기술지원(지방자치법 제184조 ②) 및 조정(지방자치법 제165조) 등도 여기에 속한다.

지방자치단체가 그 능력 면에서 중앙정부에 비하여 상대적으로 발전되는 정도에 따라서 과거의 권력적 관여가 줄어드는 대신에 비권력적 관여가 늘어나는 것을 선진민주주의 국가에서 발견할 수 있는 것은 지방정부의 능력(인적·물적)과 관여의 방식과 무관하지 않음을 보여 주는 것이라 하겠다(조창현, 2005: 117-120).

4. 국가관여의 한계와 방향

가. 국가관여의 한계

지방정부의 자치권 행사가 국가 전체의 통일성을 저해해서는 안 되기 때문에 자치단체의 독자성과 국가 전체 통일성의 조화를 위해 국가의 관여가 허용되고 있다. 따라서 지방정부는 국가로부터 관여를 받되, 그 관여는 다음과 같은 조건에서만 행사될 수 있다.

(1) 행정 전반에 관한 통제의 한계

중앙정부는 자치단체로부터 받는 보고의 수를 가급적 줄여야 하고, 지방채발행의 승인과 같은 부득이한 경우가 아니면 인가·승인을 지양하고 사후심사로 전환해야 할 것이다. 또한, 법에 명백한 근거가 없는 지침·준칙·내시·훈령 등을 지양해야 하고, 감사기관도 이를 감사기준으로 삼아시는 안 될 것이다.

(2) 조직 및 인사통제의 한계

자치단체의 부단체장 직급을 대통령령으로 정하도록 위임하지 말고(지방자치법 123조) 법에 정하거나 그렇지 않으면 조례로 정하도록 해야 한다. 자치단체의 행정기구, 지방공무원 정수, 직속 기관·사업소·출장소·합의제 행정기관·자문기관을 대통령령이 정하는 기준에 따라 또는 대통령령이 정하는 바에 의하여 조례로 정하도록 규정하고 있으나(지방자치법 제125~130조), 이 대통령령이 정하는…을 조문에서 모두 삭제해야 할 것이다.

그리고 지방자치를 실시하면서 시·도의 고위직은 물론 관리직까지 국가공무원으로 보하는 것은 바람직하지 않다.

(3) 재정통제의 한계

중앙정부가 자치단체에 보조금을 교부하더라도 그에 따르는 국가관여는 자치단체의 자주성을 침해하지 않는 범위 내에 국한해야 한다. 또한, 중앙정부가 자치단체의 예산과정에 관여하는 데 최소한도로 줄여야 한다.

이상과 같이 국가관여는 국가 전체 통일성의 유지와 지방정부의 자치권보장 요인 간의 적절한 조화를 한계로 행해져야 한다고 할 수 있다. 그러나 국가관여의 실질적 한계는 각국이 처한 시대적 상황이나 이데올로기에 따라 다양할 수밖에 없다(최창호, 2001: 758; 정일섭, 2006: 209; 정세욱, 2003: 273-275).

나. 국가관여의 방향

국가관여는 권력적 · 후견적인 방식을 되도록 지양하고 비권력적 · 사후적 방식으로 전환해야 하며, 권력적 관여는 국민적 최저수준을 확보하거나 긴급한 사태에 대비하는 불가피한 경우에 한정해야 한다. 따라서 국가관여의 바람직한 방향은 ① 지방정부가 행정을 수행하는 데 필요한 지식과 기술을 지원 · 전달해주고 전문가를 파견하여 조언해 줌으로써 자치단체의 행정 능력을 제고하여 지방행정 수준을 향상하는 것이야말로 가장 이상적인 관여라 할 수 있다. ② 국민적 최저수준을 확보 · 유지하고, 균형 있는 지역개발을 실현하여 지역경제의 격차를 해소하는 데 국가관여가 바람직하다. ③ 국가관여는 자치단체를 국가에 예속시키려는 수직적 관계가 아니라 양자가 대등한 관계에서 협력적으로 국가기능을 수행할 수 있어야 한다. ④ 국가관여의 방향은 국가기능을 수행함에 있어서 국가와 자치단체 간의 분업체계를 모색하고 확립하는 방식으로 이루어져야 한다. 중앙정부가 정책이나 계획을 수립하고 지방정부가 이를 집행하며 그 결과에 대하여 중앙정부가 심사분석이나 행정감사 등 사후관여를 통하여 환류시키는 일련의 행정과정에서 파악할 수 있어야 한다(이규환, 2002: 151-152; 정세욱, 2003: 275-277).

참고문헌

안용식 외(2006).『지방행정론』. 서울: 대영문화사.

이규환(2002).『한국지방행정론』. 서울: 법문사.

정세욱(2003).『지방자치학』. 서울: 법문사.

정일섭(2006).『한국지방자치론』. 서울: 대영문화사.

조창현(2005).『지방자치론』. 서울: 박영사.

최창호(2001).『지방자치학』. 서울: 삼영사.

한국행정연구원(2000).『정부 간 관여』.

국가법령정보센터. 지방자치법.

1 부록 : 지방자치법

지방자치법

[시행 2022. 1. 13.] [법률 제18661호, 2021. 12. 28., 타법개정]

행정안전부(자치분권제도과-지방자치법 총괄) 044-205-3307
행정안전부(선거의회자치법규-지방의회, 제37~104조) 044-205-3373

제1장 총강(總綱)

제1절 총칙

제1조(목적)

이 법은 지방자치단체의 종류와 조직 및 운영, 주민의 지방자치행정 참여에 관한 사항과 국가와 지방자치단체 사이의 기본적인 관계를 정함으로써 지방자치행정을 민주적이고 능률적으로 수행하고, 지방을 균형 있게 발전시키며, 대한민국을 민주적으로 발전시키려는 것을 목적으로 한다.

제2조(지방자치단체의 종류)

① 지방자치단체는 다음의 두 가지 종류로 구분한다.

1. 특별시, 광역시, 특별자치시, 도, 특별자치도

2. 시, 군, 구

② 지방자치단체인 구(이하 "자치구"라 한다)는 특별시와 광역시의 관할 구역의 구만을 말하며, 자치구의 자치권의 범위는 법령으로 정하는 바에 따라 시·군과 다르게 할 수 있다.

③ 제1항의 지방자치단체 외에 특정한 목적을 수행하기 위하여 필요하면 따로 특별지방자치단체를 설치할 수 있다. 이 경우 특별지방자치단체의 설치 등에 관하여는 제12장에서 정하는 바에 따른다.

제3조(지방자치단체의 법인격과 관할)

① 지방자치단체는 법인으로 한다.

② 특별시, 광역시, 특별자치시, 도, 특별자치도(이하 "시·도"라 한다)는 정부의 직할(直轄)로 두고, 시는 도의 관할 구역 안에, 군은 광역시나 도의 관할 구역 안에 두며, 자치구는 특별시와 광역시의 관할 구역 안에 둔다.

③ 특별시·광역시 또는 특별자치시가 아닌 인구 50만 이상의 시에는 자치구가 아닌 구를 둘 수 있고, 군에는 읍·면을 두며, 시와 구(자치구를 포함한다)에는 동을, 읍·면에는 리를 둔다.

④ 제10조제2항에 따라 설치된 시에는 도시의 형태를 갖춘 지역에는 동을, 그 밖의 지역에는 읍·면을 두되, 자치구가 아닌 구를 둘 경우에는 그 구에 읍·면·동을 둘 수 있다.

⑤ 특별자치시와 특별자치도의 하부행정기관에 관한 사항은 따로 법률로 정한다.

제4조(지방자치단체의 기관구성 형태의 특례)

① 지방자치단체의 의회(이하 "지방의회"라 한다)와 집행기관에 관한 이 법

의 규정에도 불구하고 따로 법률로 정하는 바에 따라 지방자치단체의 장의 선임방법을 포함한 지방자치단체의 기관구성 형태를 달리 할 수 있다.

② 제1항에 따라 지방의회와 집행기관의 구성을 달리하려는 경우에는 「주민투표법」에 따른 주민투표를 거쳐야 한다.

제2절 지방자치단체의 관할 구역

제5조(지방자치단체의 명칭과 구역)

① 지방자치단체의 명칭과 구역은 종전과 같이 하고, 명칭과 구역을 바꾸거나 지방자치단체를 폐지하거나 설치하거나 나누거나 합칠 때에는 법률로 정한다.

② 제1항에도 불구하고 지방자치단체의 구역변경 중 관할 구역 경계변경(이하 "경계변경"이라 한다)과 지방자치단체의 한자 명칭의 변경은 대통령령으로 정한다. 이 경우 경계변경의 절차는 제6조에서 정한 절차에 따른다.

③ 다음 각 호의 어느 하나에 해당할 때에는 관계 지방의회의 의견을 들어야 한다. 다만, 「주민투표법」 제8조에 따라 주민투표를 한 경우에는 그러하지 아니하다.

1. 지방자치단체를 폐지하거나 설치하거나 나누거나 합칠 때

2. 지방자치단체의 구역을 변경할 때(경계변경을 할 때는 제외한다)

3. 지방자치단체의 명칭을 변경할 때(한자 명칭을 변경할 때를 포함한다)

④ 제1항 및 제2항에도 불구하고 다음 각 호의 지역이 속할 지방자치단체는 제5항부터 제8항까지의 규정에 따라 행정안전부장관이 결정한다.

1. 「공유수면 관리 및 매립에 관한 법률」에 따른 매립지

2. 「공간정보의 구축 및 관리 등에 관한 법률」 제2조제19호의 지적공부

(이하 "지적공부"라 한다)에 등록이 누락된 토지

⑤ 제4항제1호의 경우에는 「공유수면 관리 및 매립에 관한 법률」 제28조에 따른 매립면허관청(이하 이 조에서 "면허관청"이라 한다) 또는 관련 지방자치단체의 장이 같은 법 제45조에 따른 준공검사를 하기 전에, 제4항제2호의 경우에는 「공간정보의 구축 및 관리 등에 관한 법률」 제2조제18호에 따른 지적소관청(이하 이 조에서 "지적소관청"이라 한다)이 지적공부에 등록하기 전에 각각 해당 지역의 위치, 귀속희망 지방자치단체(복수인 경우를 포함한다) 등을 명시하여 행정안전부장관에게 그 지역이 속할 지방자치단체의 결정을 신청하여야 한다. 이 경우 제4항제1호에 따른 매립지의 매립면허를 받은 자는 면허관청에 해당 매립지가 속할 지방자치단체의 결정 신청을 요구할 수 있다.

⑥ 행정안전부장관은 제5항에 따른 신청을 받은 후 지체 없이 제5항에 따른 신청내용을 20일 이상 관보나 인터넷 홈페이지에 게재하는 등의 방법으로 널리 알려야 한다. 이 경우 알리는 방법, 의견 제출 등에 관하여는 「행정절차법」 제42조ㆍ제44조 및 제45조를 준용한다.

⑦ 행정안전부장관은 제6항에 따른 기간이 끝나면 다음 각 호에서 정하는 바에 따라 결정하고, 그 결과를 면허관청이나 지적소관청, 관계 지방자치단체의 장 등에게 통보하고 공고하여야 한다.

1. 제6항에 따른 기간 내에 신청내용에 대하여 이의가 제기된 경우: 제166조에 따른 지방자치단체중앙분쟁조정위원회(이하 이 조 및 제6조에서 "위원회"라 한다)의 심의ㆍ의결에 따라 제4항 각 호의 지역이 속할 지방자치단체를 결정

2. 제6항에 따른 기간 내에 신청내용에 대하여 이의가 제기되지 아니한

경우: 위원회의 심의 · 의결을 거치지 아니하고 신청내용에 따라 제4항 각 호의 지역이 속할 지방자치단체를 결정

⑧ 위원회의 위원장은 제7항제1호에 따른 심의과정에서 필요하다고 인정되면 관계 중앙행정기관 및 지방자치단체의 공무원 또는 관련 전문가를 출석시켜 의견을 듣거나 관계 기관이나 단체에 자료 및 의견 제출 등을 요구할 수 있다. 이 경우 관계 지방자치단체의 장에게는 의견을 진술할 기회를 주어야 한다.

⑨ 관계 지방자치단체의 장은 제4항부터 제7항까지의 규정에 따른 행정안전부장관의 결정에 이의가 있으면 그 결과를 통보받은 날부터 15일 이내에 대법원에 소송을 제기할 수 있다.

⑩ 행정안전부장관은 제9항에 따른 소송 결과 대법원의 인용결정이 있으면 그 취지에 따라 다시 결정하여야 한다.

⑪ 행정안전부장관은 제4항 각 호의 지역이 속할 지방자치단체 결정과 관련하여 제7항제1호에 따라 위원회의 심의를 할 때 같은 시 · 도 안에 있는 관계 시 · 군 및 자치구 상호 간 매립지 조성 비용 및 관리 비용 부담 등에 관한 조정(調整)이 필요한 경우 제165조제1항부터 제3항까지의 규정에도 불구하고 당사자의 신청 또는 직권으로 위원회의 심의 · 의결에 따라 조정할 수 있다. 이 경우 그 조정 결과의 통보 및 조정 결정 사항의 이행은 제165조제4항부터 제7항까지의 규정에 따른다.

제6조(지방자치단체의 관할 구역 경계변경 등)

① 지방자치단체의 장은 관할 구역과 생활권과의 불일치 등으로 인하여 주민생활에 불편이 큰 경우 등 대통령령으로 정하는 사유가 있는 경우에는 행정안전부장관에게 경계변경이 필요한 지역 등을 명시하여 경계변

경에 대한 조정을 신청할 수 있다. 이 경우 지방자치단체의 장은 지방의회 재적의원 과반수의 출석과 출석의원 3분의 2 이상의 동의를 받아야 한다.

② 관계 중앙행정기관의 장 또는 둘 이상의 지방자치단체에 걸친 개발사업 등의 시행자는 대통령령으로 정하는 바에 따라 관계 지방자치단체의 장에게 제1항에 따른 경계변경에 대한 조정을 신청하여 줄 것을 요구할 수 있다.

③ 행정안전부장관은 제1항에 따른 경계변경에 대한 조정 신청을 받으면 지체 없이 그 신청 내용을 관계 지방자치단체의 장에게 통지하고, 20일 이상 관보나 인터넷 홈페이지에 게재하는 등의 방법으로 널리 알려야 한다. 이 경우 알리는 방법, 의견의 제출 등에 관하여는 「행정절차법」 제42조 · 제44조 및 제45조를 준용한다.

④ 행정안전부장관은 제3항에 따른 기간이 끝난 후 지체 없이 대통령령으로 정하는 바에 따라 관계 지방자치단체 등 당사자 간 경계변경에 관한 사항을 효율적으로 협의할 수 있도록 경계변경자율협의체(이하 이 조에서 "협의체"라 한다)를 구성 · 운영할 것을 관계 지방자치단체의 장에게 요청하여야 한다.

⑤ 관계 지방자치단체는 제4항에 따른 협의체 구성 · 운영 요청을 받은 후 지체 없이 협의체를 구성하고, 경계변경 여부 및 대상 등에 대하여 같은 항에 따른 행정안전부장관의 요청을 받은 날부터 120일 이내에 협의를 하여야 한다. 다만, 대통령령으로 정하는 부득이한 사유가 있는 경우에는 30일의 범위에서 그 기간을 연장할 수 있다.

⑥ 제5항에 따라 협의체를 구성한 지방자치단체의 장은 같은 항에 따른 협의 기간 이내에 협의체의 협의 결과를 행정안전부장관에게 알려야 한다.

⑦ 행정안전부장관은 다음 각 호의 어느 하나에 해당하는 경우에는 위원회의 심의·의결을 거쳐 경계변경에 대하여 조정할 수 있다.

1. 관계 지방자치단체가 제4항에 따른 행정안전부장관의 요청을 받은 날부터 120일 이내에 협의체를 구성하지 못한 경우

2. 관계 지방자치단체가 제5항에 따른 협의 기간 이내에 경계변경 여부 및 대상 등에 대하여 합의를 하지 못한 경우

⑧ 위원회는 제7항에 따라 경계변경에 대한 사항을 심의할 때에는 관계 지방의회의 의견을 들어야 하며, 관련 전문가 및 지방자치단체의 장의 의견 청취 등에 관하여는 제5조제8항을 준용한다.

⑨ 행정안전부장관은 다음 각 호의 어느 하나에 해당하는 경우 지체 없이 그 내용을 검토한 후 이를 반영하여 경계변경에 관한 대통령령안을 입안하여야 한다.

1. 제5항에 따른 협의체의 협의 결과 관계 지방자치단체 간 경계변경에 합의를 하고, 관계 지방자치단체의 장이 제6항에 따라 그 내용을 각각 알린 경우

2. 위원회가 제7항에 따른 심의 결과 경계변경이 필요하다고 의결한 경우

⑩ 행정안전부장관은 경계변경의 조정과 관련하여 제7항에 따라 위원회의 심의를 할 때 같은 시·도 안에 있는 관계 시·군 및 자치구 상호 간 경계변경에 관련된 비용 부담, 행정적·재정적 사항 등에 관하여 조정이 필요한 경우 제165조제1항부터 제3항까지의 규정에도 불구하고 당사자의 신청 또는 직권으로 위원회의 심의·의결에 따라 조정할 수 있다. 이 경우 그 조정 결과의 통보 및 조정 결정 사항의 이행은 제165조제4항부터 제7항까지의 규정에 따른다.

제7조(자치구가 아닌 구와 읍·면·동 등의 명칭과 구역)

① 자치구가 아닌 구와 읍·면·동의 명칭과 구역은 종전과 같이 하고, 자치구가 아닌 구와 읍·면·동을 폐지하거나 설치하거나 나누거나 합칠 때에는 행정안전부장관의 승인을 받아 그 지방자치단체의 조례로 정한다. 다만, 명칭과 구역의 변경은 그 지방자치단체의 조례로 정하고, 그 결과를 특별시장·광역시장·도지사에게 보고하여야 한다.

② 리의 구역은 자연 촌락을 기준으로 하되, 그 명칭과 구역은 종전과 같이 하고, 명칭과 구역을 변경하거나 리를 폐지하거나 설치하거나 나누거나 합칠 때에는 그 지방자치단체의 조례로 정한다.

③ 인구 감소 등 행정여건 변화로 인하여 필요한 경우 그 지방자치단체의 조례로 정하는 바에 따라 2개 이상의 면을 하나의 면으로 운영하는 등 행정 운영상 면[이하 "행정면"(行政面)이라 한다]을 따로 둘 수 있다.

④ 동·리에서는 행정 능률과 주민의 편의를 위하여 그 지방자치단체의 조례로 정하는 바에 따라 하나의 동·리를 2개 이상의 동·리로 운영하거나 2개 이상의 동·리를 하나의 동·리로 운영하는 등 행정 운영상 동(이하 "행정동"이라 한다)·리(이하 "행정리"라 한다)를 따로 둘 수 있다. 〈개정 2021. 4. 20.〉

⑤ 행정동에 그 지방자치단체의 조례로 정하는 바에 따라 통 등 하부 조직을 둘 수 있다. 〈개정 2021. 4. 20.〉

⑥ 행정리에 그 지방자치단체의 조례로 정하는 바에 따라 하부 조직을 둘 수 있다. 〈신설 2021. 4. 20.〉

제8조(구역의 변경 또는 폐지·설치·분리·합병 시의 사무와 재산의 승계)

① 지방자치단체의 구역을 변경하거나 지방자치단체를 폐지하거나 설치하거나 나누거나 합칠 때에는 새로 그 지역을 관할하게 된 지방자치단체가 그 사무와 재산을 승계한다.

② 제1항의 경우에 지역으로 지방자치단체의 사무와 재산을 구분하기 곤란하면 시·도에서는 행정안전부장관이, 시·군 및 자치구에서는 특별시장·광역시장·특별자치시장·도지사·특별자치도지사(이하 "시·도지사"라 한다)가 그 사무와 재산의 한계 및 승계할 지방자치단체를 지정한다.

제9조(사무소의 소재지)

① 지방자치단체의 사무소 소재지와 자치구가 아닌 구 및 읍·면·동의 사무소 소재지는 종전과 같이 하고, 이를 변경하거나 새로 설정하려면 지방자치단체의 조례로 정한다. 이 경우 면·동은 행정면·행정동(行政洞)을 말한다.

② 제1항의 사항을 조례로 정할 때에는 그 지방의회의 재적의원 과반수의 찬성이 있어야 한다.

제10조(시·읍의 설치기준 등)

① 시는 그 대부분이 도시의 형태를 갖추고 인구 5만 이상이 되어야 한다.

② 다음 각 호의 어느 하나에 해당하는 지역은 도농(都農) 복합형태의 시로 할 수 있다.

1. 제1항에 따라 설치된 시와 군을 통합한 지역

2. 인구 5만 이상의 도시 형태를 갖춘 지역이 있는 군

3. 인구 2만 이상의 도시 형태를 갖춘 2개 이상의 지역 인구가 5만 이상인 군. 이 경우 군의 인구는 15만 이상으로서 대통령령으로 정하는 요건을 갖추어야 한다.

4. 국가의 정책으로 인하여 도시가 형성되고, 제128조에 따라 도의 출장소가 설치된 지역으로서 그 지역의 인구가 3만 이상이며, 인구 15만 이상의 도농 복합형태의 시의 일부인 지역

③ 읍은 그 대부분이 도시의 형태를 갖추고 인구 2만 이상이 되어야 한다. 다만, 다음 각 호의 어느 하나에 해당하면 인구 2만 미만인 경우에도 읍으로 할 수 있다.

1. 군사무소 소재지의 면

2. 읍이 없는 도농 복합형태의 시에서 그 시에 있는 면 중 1개 면

④ 시·읍의 설치에 관한 세부기준은 대통령령으로 정한다.

제3절 지방자치단체의 기능과 사무

제11조(사무배분의 기본원칙)

① 국가는 지방자치단체가 사무를 종합적·자율적으로 수행할 수 있도록 국가와 지방자치단체 간 또는 지방자치단체 상호 간의 사무를 주민의 편익증진, 집행의 효과 등을 고려하여 서로 중복되지 아니하도록 배분하여야 한다.

② 국가는 제1항에 따라 사무를 배분하는 경우 지역주민생활과 밀접한 관련이 있는 사무는 원칙적으로 시·군 및 자치구의 사무로, 시·군 및 자치구가 처리하기 어려운 사무는 시·도의 사무로, 시·도가 처리하기 어려운 사무는 국가의 사무로 각각 배분하여야 한다.

③ 국가가 지방자치단체에 사무를 배분하거나 지방자치단체가 사무를 다른 지방자치단체에 재배분할 때에는 사무를 배분받거나 재배분받는 지방자치단체가 그 사무를 자기의 책임하에 종합적으로 처리할 수 있도록

관련 사무를 포괄적으로 배분하여야 한다.

제12조(사무처리의 기본원칙)

① 지방자치단체는 사무를 처리할 때 주민의 편의와 복리증진을 위하여 노력하여야 한다.

② 지방자치단체는 조직과 운영을 합리적으로 하고 규모를 적절하게 유지하여야 한다.

③ 지방자치단체는 법령을 위반하여 사무를 처리할 수 없으며, 시·군 및 자치구는 해당 구역을 관할하는 시·도의 조례를 위반하여 사무를 처리할 수 없다.

제13조(지방자치단체의 사무 범위)

① 지방자치단체는 관할 구역의 자치사무와 법령에 따라 지방자치단체에 속하는 사무를 처리한다.

② 제1항에 따른 지방자치단체의 사무를 예시하면 다음 각 호와 같다. 다만, 법률에 이와 다른 규정이 있으면 그러하지 아니하다.

1. 지방자치단체의 구역, 조직, 행정관리 등

　가. 관할 구역 안 행정구역의 명칭·위치 및 구역의 조정

　나. 조례·규칙의 제정·개정·폐지 및 그 운영·관리

　다. 산하(傘下) 행정기관의 조직관리

　라. 산하 행정기관 및 단체의 지도·감독

　마. 소속 공무원의 인사·후생복지 및 교육

　바. 지방세 및 지방세 외 수입의 부과 및 징수

　사. 예산의 편성·집행 및 회계감사와 재산관리

　아. 행정장비관리, 행정전산화 및 행정관리개선

자. 공유재산(公有財産) 관리

차. 주민등록 관리

카. 지방자치단체에 필요한 각종 조사 및 통계의 작성

2. 주민의 복지증진

가. 주민복지에 관한 사업

나. 사회복지시설의 설치 · 운영 및 관리

다. 생활이 어려운 사람의 보호 및 지원

라. 노인 · 아동 · 장애인 · 청소년 및 여성의 보호와 복지증진

마. 공공보건의료기관의 설립 · 운영

바. 감염병과 그 밖의 질병의 예방과 방역

사. 묘지 · 화장장(火葬場) 및 봉안당의 운영 · 관리

아. 공중접객업소의 위생을 개선하기 위한 지도

자. 청소, 생활폐기물의 수거 및 처리

차. 지방공기업의 설치 및 운영

3. 농림 · 수산 · 상공업 등 산업 진흥

가. 못 · 늪지 · 보(洑) 등 농업용수시설의 설치 및 관리

나. 농산물 · 임산물 · 축산물 · 수산물의 생산 및 유통 지원

다. 농업자재의 관리

라. 복합영농의 운영 · 지도

마. 농업 외 소득사업의 육성 · 지도

바. 농가 부업의 장려

사. 공유림 관리

아. 소규모 축산 개발사업 및 낙농 진흥사업

자. 가축전염병 예방

차. 지역산업의 육성 · 지원

카. 소비자 보호 및 저축 장려

타. 중소기업의 육성

파. 지역특화산업의 개발과 육성 · 지원

하. 우수지역특산품 개발과 관광민예품 개발

4. 지역개발과 자연환경보전 및 생활환경시설의 설치 · 관리

가. 지역개발사업

나. 지방 토목 · 건설사업의 시행

다. 도시 · 군계획사업의 시행

라. 지방도(地方道), 시도(市道) · 군도(郡道) · 구도(區道)의 신설 · 개선 · 보수 및 유지

마. 주거생활환경 개선의 장려 및 지원

바. 농어촌주택 개량 및 취락구조 개선

사. 자연보호활동

아. 지방하천 및 소하천의 관리

자. 상수도 · 하수도의 설치 및 관리

차. 소규모급수시설의 설치 및 관리

카. 도립공원, 광역시립공원, 군립공원, 시립공원 및 구립공원 등의 지정 및 관리

타. 도시공원 및 공원시설, 녹지, 유원지 등과 그 휴양시설의 설치 및 관리

파. 관광지, 관광단지 및 관광시설의 설치 및 관리

하. 지방 궤도사업의 경영

거. 주차장·교통표지 등 교통편의시설의 설치 및 관리

너. 재해대책의 수립 및 집행

더. 지역경제의 육성 및 지원

5. 교육·체육·문화·예술의 진흥

가. 어린이집·유치원·초등학교·중학교·고등학교 및 이에 준하는 각종 학교의 설치·운영·지도

나. 도서관·운동장·광장·체육관·박물관·공연장·미술관·음악당 등 공공교육·체육·문화시설의 설치 및 관리

다. 지방문화재의 지정·등록·보존 및 관리

라. 지방문화·예술의 진흥

마. 지방문화·예술단체의 육성

6. 지역민방위 및 지방소방

가. 지역 및 직장 민방위조직(의용소방대를 포함한다)의 편성과 운영 및 지도·감독

나. 지역의 화재예방·경계·진압·조사 및 구조·구급

7. 국제교류 및 협력

가. 국제기구·행사·대회의 유치·지원

나. 외국 지방자치단체와의 교류·협력

제14조(지방자치단체의 종류별 사무배분기준)

① 제13조에 따른 지방자치단체의 사무를 지방자치단체의 종류별로 배분하는 기준은 다음 각 호와 같다. 다만, 제13조제2항제1호의 사무는 각 지방자치단체에 공통된 사무로 한다.

1. 시 · 도

　가. 행정처리 결과가 2개 이상의 시 · 군 및 자치구에 미치는 광역적
사무

　나. 시 · 도 단위로 동일한 기준에 따라 처리되어야 할 성질의 사무

　다. 지역적 특성을 살리면서 시 · 도 단위로 통일성을 유지할 필요가
있는 사무

　라. 국가와 시 · 군 및 자치구 사이의 연락 · 조정 등의 사무

　마. 시 · 군 및 자치구가 독자적으로 처리하기 어려운 사무

　바. 2개 이상의 시 · 군 및 자치구가 공동으로 설치하는 것이 적당하다
고 인정되는 규모의 시설을 설치하고 관리하는 사무

2. 시 · 군 및 자치구

제1호에서 시 · 도가 처리하는 것으로 되어 있는 사무를 제외한 사무. 다
만, 인구 50만 이상의 시에 대해서는 도가 처리하는 사무의 일부를 직접
처리하게 할 수 있다.

② 제1항의 배분기준에 따른 지방자치단체의 종류별 사무는 대통령령
으로 정한다.

③ 시 · 도와 시 · 군 및 자치구는 사무를 처리할 때 서로 겹치지 아니하도
록 하여야 하며, 사무가 서로 겹치면 시 · 군 및 자치구에서 먼저 처리한다.

제15조(국가사무의 처리 제한)

지방자치단체는 다음 각 호의 국가사무를 처리할 수 없다. 다만, 법률에
이와 다른 규정이 있는 경우에는 국가사무를 처리할 수 있다.

1. 외교, 국방, 사법(司法), 국세 등 국가의 존립에 필요한 사무

2. 물가정책, 금융정책, 수출입정책 등 전국적으로 통일적 처리를 할 필

요가 있는 사무

　3. 농산물 · 임산물 · 축산물 · 수산물 및 양곡의 수급조절과 수출입 등
전국적 규모의 사무

　4. 국가종합경제개발계획, 국가하천, 국유림, 국토종합개발계획, 지정항
만, 고속국도 · 일반국도, 국립공원 등 전국적 규모나 이와 비슷한 규모의
사무

　5. 근로기준, 측량단위 등 전국적으로 기준을 통일하고 조정하여야 할
필요가 있는 사무

　6. 우편, 철도 등 전국적 규모나 이와 비슷한 규모의 사무

　7. 고도의 기술이 필요한 검사 · 시험 · 연구, 항공관리, 기상행정, 원자
력개발 등 지방자치단체의 기술과 재정능력으로 감당하기 어려운 사무

제2장 주민

제16조(주민의 자격)

지방자치단체의 구역에 주소를 가진 자는 그 지방자치단체의 주민이 된다.

제17조(주민의 권리)

　① 주민은 법령으로 정하는 바에 따라 주민생활에 영향을 미치는 지방
자치단체의 정책의 결정 및 집행 과정에 참여할 권리를 가진다.

　② 주민은 법령으로 정하는 바에 따라 소속 지방자치단체의 재산과 공
공시설을 이용할 권리와 그 지방자치단체로부터 균등하게 행정의 혜택을
받을 권리를 가진다.

　③ 주민은 법령으로 정하는 바에 따라 그 지방자치단체에서 실시하는
지방의회의원과 지방자치단체의 장의 선거(이하 "지방선거"라 한다)에 참여할

권리를 가진다.

제18조(주민투표)

① 지방자치단체의 장은 주민에게 과도한 부담을 주거나 중대한 영향을 미치는 지방자치단체의 주요 결정사항 등에 대하여 주민투표에 부칠 수 있다.

② 주민투표의 대상·발의자·발의요건, 그 밖에 투표절차 등에 관한 사항은 따로 법률로 정한다.

제19조(조례의 제정과 개정·폐지 청구)

① 주민은 지방자치단체의 조례를 제정하거나 개정하거나 폐지할 것을 청구할 수 있다.

② 조례의 제정·개정 또는 폐지 청구의 청구권자·청구대상·청구요건 및 절차 등에 관한 사항은 따로 법률로 정한다.

제20조(규칙의 제정과 개정·폐지 의견 제출)

① 주민은 제29조에 따른 규칙(권리·의무와 직접 관련되는 사항으로 한정한다)의 제정, 개정 또는 폐지와 관련된 의견을 해당 지방자치단체의 장에게 제출할 수 있다.

② 법령이나 조례를 위반하거나 법령이나 조례에서 위임한 범위를 벗어나는 사항은 제1항에 따른 의견 제출 대상에서 제외한다.

③ 지방자치단체의 장은 제1항에 따라 제출된 의견에 대하여 의견이 제출된 날부터 30일 이내에 검토 결과를 그 의견을 제출한 주민에게 통보하여야 한다.

④ 제1항에 따른 의견 제출, 제3항에 따른 의견의 검토와 결과 통보의 방법 및 절차는 해당 지방자치단체의 조례로 정한다.

제21조(주민의 감사 청구)

① 지방자치단체의 18세 이상의 주민으로서 다음 각 호의 어느 하나에 해당하는 사람(「공직선거법」 제18조에 따른 선거권이 없는 사람은 제외한다. 이하 이 조에서 "18세 이상의 주민"이라 한다)은 시·도는 300명, 제198조에 따른 인구 50만 이상 대도시는 200명, 그 밖의 시·군 및 자치구는 150명 이내에서 그 지방자치단체의 조례로 정하는 수 이상의 18세 이상의 주민이 연대 서명하여 그 지방자치단체와 그 장의 권한에 속하는 사무의 처리가 법령에 위반되거나 공익을 현저히 해친다고 인정되면 시·도의 경우에는 주무부장관에게, 시·군 및 자치구의 경우에는 시·도지사에게 감사를 청구할 수 있다.

1. 해당 지방자치단체의 관할 구역에 주민등록이 되어 있는 사람

2. 「출입국관리법」 제10조에 따른 영주(永住)할 수 있는 체류자격 취득일 후 3년이 경과한 외국인으로서 같은 법 제34조에 따라 해당 지방자치단체의 외국인등록대장에 올라 있는 사람

② 다음 각 호의 사항은 감사 청구의 대상에서 제외한다.

1. 수사나 재판에 관여하게 되는 사항

2. 개인의 사생활을 침해할 우려가 있는 사항

3. 다른 기관에서 감사하였거나 감사 중인 사항. 다만, 다른 기관에서 감사한 사항이라도 새로운 사항이 발견되거나 중요 사항이 감사에서 누락된 경우와 제22조제1항에 따라 주민소송의 대상이 되는 경우에는 그러하지 아니하다.

4. 동일한 사항에 대하여 제22조제2항 각 호의 어느 하나에 해당하는 소송이 진행 중이거나 그 판결이 확정된 사항

③ 제1항에 따른 청구는 사무처리가 있었던 날이나 끝난 날부터 3년이

지나면 제기할 수 없다.

　④ 지방자치단체의 18세 이상의 주민이 제1항에 따라 감사를 청구하려면 청구인의 대표자를 신청하여 청구인명부에 적어야 하며, 청구인의 대표자는 감사청구서를 작성하여 주무부장관 또는 시·도지사에게 제출하여야 한다.

　⑤ 주무부장관이나 시·도지사는 제1항에 따른 청구를 받으면 청구를 받은 날부터 5일 이내에 그 내용을 공표하여야 하며, 청구를 공표한 날부터 10일간 청구인명부나 그 사본을 공개된 장소에 갖추어 두어 열람할 수 있도록 하여야 한다.

　⑥ 청구인명부의 서명에 관하여 이의가 있는 사람은 제5항에 따른 열람기간에 해당 주무부장관이나 시·도지사에게 이의를 신청할 수 있다.

　⑦ 주무부장관이나 시·도지사는 제6항에 따른 이의신청을 받으면 제5항에 따른 열람기간이 끝난 날부터 14일 이내에 심사·결정하되, 그 신청이 이유 있다고 결정한 경우에는 청구인명부를 수정하고, 그 사실을 이의신청을 한 사람과 제4항에 따른 청구인의 대표자에게 알려야 하며, 그 이의신청이 이유 없다고 결정한 경우에는 그 사실을 즉시 이의신청을 한 사람에게 알려야 한다.

　⑧ 주무부장관이나 시·도지사는 제6항에 따른 이의신청이 없는 경우 또는 제6항에 따라 제기된 모든 이의신청에 대하여 제7항에 따른 결정이 끝난 경우로서 제1항부터 제3항까지의 규정에 따른 요건을 갖춘 경우에는 청구를 수리하고, 그러하지 아니한 경우에는 청구를 각하하되, 수리 또는 각하 사실을 청구인의 대표자에게 알려야 한다.

　⑨ 주무부장관이나 시·도지사는 감사 청구를 수리한 날부터 60일 이내

에 감사 청구된 사항에 대하여 감사를 끝내야 하며, 감사 결과를 청구인의 대표자와 해당 지방자치단체의 장에게 서면으로 알리고, 공표하여야 한다. 다만, 그 기간에 감사를 끝내기가 어려운 정당한 사유가 있으면 그 기간을 연장할 수 있으며, 기간을 연장할 때에는 미리 청구인의 대표자와 해당 지방자치단체의 장에게 알리고, 공표하여야 한다.

⑩ 주무부장관이나 시 · 도지사는 주민이 감사를 청구한 사항이 다른 기관에서 이미 감사한 사항이거나 감사 중인 사항이면 그 기관에서 한 감사 결과 또는 감사 중인 사실과 감사가 끝난 후 그 결과를 알리겠다는 사실을 청구인의 대표자와 해당 기관에 지체 없이 알려야 한다.

⑪ 주무부장관이나 시 · 도지사는 주민 감사 청구를 처리(각하를 포함한다) 할 때 청구인의 대표자에게 반드시 증거 제출 및 의견 진술의 기회를 주어야 한다.

⑫ 주무부장관이나 시 · 도지사는 제9항에 따른 감사 결과에 따라 기간을 정하여 해당 지방자치단체의 장에게 필요한 조치를 요구할 수 있다. 이 경우 그 지방자치단체의 장은 이를 성실히 이행하여야 하고, 그 조치 결과를 지방의회와 주무부장관 또는 시 · 도지사에게 보고하여야 한다.

⑬ 주무부장관이나 시 · 도지사는 제12항에 따른 조치 요구 내용과 지방자치단체의 장의 조치 결과를 청구인의 대표자에게 서면으로 알리고, 공표하여야 한다.

⑭ 제1항부터 제13항까지에서 규정한 사항 외에 18세 이상의 주민의 감사 청구에 필요한 사항은 대통령령으로 정한다.

제22조(주민소송)

① 제21조제1항에 따라 공금의 지출에 관한 사항, 재산의 취득 · 관리 ·

처분에 관한 사항, 해당 지방자치단체를 당사자로 하는 매매·임차·도급 계약이나 그 밖의 계약의 체결·이행에 관한 사항 또는 지방세·사용료·수수료·과태료 등 공금의 부과·징수를 게을리한 사항을 감사 청구한 주민은 다음 각 호의 어느 하나에 해당하는 경우에 그 감사 청구한 사항과 관련이 있는 위법한 행위나 업무를 게을리한 사실에 대하여 해당 지방자치단체의 장(해당 사항의 사무처리에 관한 권한을 소속 기관의 장에게 위임한 경우에는 그 소속 기관의 장을 말한다. 이하 이 조에서 같다)을 상대방으로 하여 소송을 제기할 수 있다.

1. 주무부장관이나 시·도지사가 감사 청구를 수리한 날부터 60일(제21조제9항 단서에 따라 감사기간이 연장된 경우에는 연장된 기간이 끝난 날을 말한다)이 지나도 감사를 끝내지 아니한 경우

2. 제21조제9항 및 제10항에 따른 감사 결과 또는 같은 조 제12항에 따른 조치 요구에 불복하는 경우

3. 제21조제12항에 따른 주무부장관이나 시·도지사의 조치 요구를 지방자치단체의 장이 이행하지 아니한 경우

4. 제21조제12항에 따른 지방자치단체의 장의 이행 조치에 불복하는 경우

② 제1항에 따라 주민이 제기할 수 있는 소송은 다음 각 호와 같다.

1. 해당 행위를 계속하면 회복하기 어려운 손해를 발생시킬 우려가 있는 경우에는 그 행위의 전부나 일부를 중지할 것을 요구하는 소송

2. 행정처분인 해당 행위의 취소 또는 변경을 요구하거나 그 행위의 효력 유무 또는 존재 여부의 확인을 요구하는 소송

3. 게을리한 사실의 위법 확인을 요구하는 소송

4. 해당 지방자치단체의 장 및 직원, 지방의회의원, 해당 행위와 관련이

있는 상대방에게 손해배상청구 또는 부당이득반환청구를 할 것을 요구하는 소송. 다만, 그 지방자치단체의 직원이「회계관계직원 등의 책임에 관한 법률」제4조에 따른 변상책임을 져야 하는 경우에는 변상명령을 할 것을 요구하는 소송을 말한다.

③ 제2항제1호의 중지청구소송은 해당 행위를 중지할 경우 생명이나 신체에 중대한 위해가 생길 우려가 있거나 그 밖에 공공복리를 현저하게 해칠 우려가 있으면 제기할 수 없다.

④ 제2항에 따른 소송은 다음 각 호의 구분에 따른 날부터 90일 이내에 제기하여야 한다.

1. 제1항제1호: 해당 60일이 끝난 날(제21조제9항 단서에 따라 감사기간이 연장된 경우에는 연장기간이 끝난 날을 말한다)

2. 제1항제2호: 해당 감사 결과나 조치 요구 내용에 대한 통지를 받은 날

3. 제1항제3호: 해당 조치를 요구할 때에 지정한 처리기간이 끝난 날

4. 제1항제4호: 해당 이행 조치 결과에 대한 통지를 받은 날

⑤ 제2항 각 호의 소송이 진행 중이면 다른 주민은 같은 사항에 대하여 별도의 소송을 제기할 수 없다.

⑥ 소송의 계속(繫屬) 중에 소송을 제기한 주민이 사망하거나 제16조에 따른 주민의 자격을 잃으면 소송절차는 중단된다. 소송대리인이 있는 경우에도 또한 같다.

⑦ 감사 청구에 연대 서명한 다른 주민은 제6항에 따른 사유가 발생한 사실을 안 날부터 6개월 이내에 소송절차를 수계(受繼)할 수 있다. 이 기간에 수계절차가 이루어지지 아니할 경우 그 소송절차는 종료된다.

⑧ 법원은 제6항에 따라 소송이 중단되면 감사 청구에 연대 서명한 다

른 주민에게 소송절차를 중단한 사유와 소송절차 수계방법을 지체 없이 알려야 한다. 이 경우 법원은 감사 청구에 적힌 주소로 통지서를 우편으로 보낼 수 있고, 우편물이 통상 도달할 수 있을 때에 감사 청구에 연대 서명한 다른 주민은 제6항의 사유가 발생한 사실을 안 것으로 본다.

⑨ 제2항에 따른 소송은 해당 지방자치단체의 사무소 소재지를 관할하는 행정법원(행정법원이 설치되지 아니한 지역에서는 행정법원의 권한에 속하는 사건을 관할하는 지방법원 본원을 말한다)의 관할로 한다.

⑩ 해당 지방자치단체의 장은 제2항제1호부터 제3호까지의 규정에 따른 소송이 제기된 경우 그 소송 결과에 따라 권리나 이익의 침해를 받을 제3자가 있으면 그 제3자에 대하여, 제2항제4호에 따른 소송이 제기된 경우 그 직원, 지방의회의원 또는 상대방에 대하여 소송고지를 해 줄 것을 법원에 신청하여야 한다.

⑪ 제2항제4호에 따른 소송이 제기된 경우에 지방자치단체의 장이 한 소송고지신청은 그 소송에 관한 손해배상청구권 또는 부당이득반환청구권의 시효중단에 관하여 「민법」 제168조제1호에 따른 청구로 본다.

⑫ 제11항에 따른 시효중단의 효력은 그 소송이 끝난 날부터 6개월 이내에 재판상 청구, 파산절차참가, 압류 또는 가압류, 가처분을 하지 아니하면 효력이 생기지 아니한다.

⑬ 국가, 상급 지방자치단체 및 감사 청구에 연대 서명한 다른 주민과 제10항에 따라 소송고지를 받은 자는 법원에서 계속 중인 소송에 참가할 수 있다.

⑭ 제2항에 따른 소송에서 당사자는 법원의 허가를 받지 아니하고는 소의 취하, 소송의 화해 또는 청구의 포기를 할 수 없다.

⑮ 법원은 제14항에 따른 허가를 하기 전에 감사 청구에 연대 서명한 다른 주민에게 그 사실을 알려야 하며, 알린 때부터 1개월 이내에 허가 여부를 결정하여야 한다. 이 경우 통지방법 등에 관하여는 제8항 후단을 준용한다.

⑯ 제2항에 따른 소송은 「민사소송 등 인지법」 제2조제4항에 따른 비재산권을 목적으로 하는 소송으로 본다.

⑰ 소송을 제기한 주민은 승소(일부 승소를 포함한다)한 경우 그 지방자치단체에 대하여 변호사 보수 등의 소송비용, 감사 청구절차의 진행 등을 위하여 사용된 여비, 그 밖에 실제로 든 비용을 보상할 것을 청구할 수 있다. 이 경우 지방자치단체는 청구된 금액의 범위에서 그 소송을 진행하는 데 객관적으로 사용된 것으로 인정되는 금액을 지급하여야 한다.

⑱ 제1항에 따른 소송에 관하여 이 법에 규정된 것 외에는 「행정소송법」에 따른다.

제23조(손해배상금 등의 지급청구 등)

① 지방자치단체의 장(해당 사항의 사무처리에 관한 권한을 소속 기관의 장에게 위임한 경우에는 그 소속 기관의 장을 말한다. 이하 이 조에서 같다)은 제22조제2항제4호 본문에 따른 소송에 대하여 손해배상청구나 부당이득반환청구를 명하는 판결이 확정되면 판결이 확정된 날부터 60일 이내를 기한으로 하여 당사자에게 그 판결에 따라 결정된 손해배상금이나 부당이득반환금의 지급을 청구하여야 한다. 다만, 손해배상금이나 부당이득반환금을 지급하여야 할 당사자가 지방자치단체의 장이면 지방의회의 의장이 지급을 청구하여야 한다.

② 지방자치단체는 제1항에 따라 지급청구를 받은 자가 같은 항의 기한

까지 손해배상금이나 부당이득반환금을 지급하지 아니하면 손해배상·부당이득반환의 청구를 목적으로 하는 소송을 제기하여야 한다. 이 경우 그 소송의 상대방이 지방자치단체의 장이면 그 지방의회의 의장이 그 지방자치단체를 대표한다.

제24조(변상명령 등)

① 지방자치단체의 장은 제22조제2항제4호 단서에 따른 소송에 대하여 변상할 것을 명하는 판결이 확정되면 판결이 확정된 날부터 60일 이내를 기한으로 하여 당사자에게 그 판결에 따라 결정된 금액을 변상할 것을 명령하여야 한다.

② 제1항에 따라 변상할 것을 명령받은 자가 같은 항의 기한까지 변상금을 지급하지 아니하면 지방세 체납처분의 예에 따라 징수할 수 있다. 〈개정 2021. 10. 19.〉

③ 제1항에 따라 변상할 것을 명령받은 자는 그 명령에 불복하는 경우 행정소송을 제기할 수 있다. 다만, 「행정심판법」에 따른 행정심판청구는 제기할 수 없다.

제25조(주민소환)

① 주민은 그 지방자치단체의 장 및 지방의회의원(비례대표 지방의회의원은 제외한다)을 소환할 권리를 가진다.

② 주민소환의 투표 청구권자·청구요건·절차 및 효력 등에 관한 사항은 따로 법률로 정한다.

제26조(주민에 대한 정보공개)

① 지방자치단체는 사무처리의 투명성을 높이기 위하여 「공공기관의 정보공개에 관한 법률」에서 정하는 바에 따라 지방의회의 의정활동, 집행기

관의 조직, 재무 등 지방자치에 관한 정보(이하 "지방자치정보"라 한다)를 주민에게 공개하여야 한다.

② 행정안전부장관은 주민의 지방자치정보에 대한 접근성을 높이기 위하여 이 법 또는 다른 법령에 따라 공개된 지방자치정보를 체계적으로 수집하고 주민에게 제공하기 위한 정보공개시스템을 구축·운영할 수 있다.

제27조(주민의 의무)

주민은 법령으로 정하는 바에 따라 소속 지방자치단체의 비용을 분담하여야 하는 의무를 진다.

제3장 조례와 규칙

제28조(조례)

① 지방자치단체는 법령의 범위에서 그 사무에 관하여 조례를 제정할 수 있다. 다만, 주민의 권리 제한 또는 의무 부과에 관한 사항이나 벌칙을 정할 때에는 법률의 위임이 있어야 한다.

② 법령에서 조례로 정하도록 위임한 사항은 그 법령의 하위 법령에서 그 위임의 내용과 범위를 제한하거나 직접 규정할 수 없다.

제29조(규칙)

지방자치단체의 장은 법령 또는 조례의 범위에서 그 권한에 속하는 사무에 관하여 규칙을 제정할 수 있다.

제30조(조례와 규칙의 입법한계)

시·군 및 자치구의 조례나 규칙은 시·도의 조례나 규칙을 위반해서는 아니 된다.

제31조(지방자치단체를 신설하거나 격을 변경할 때의 조례·규칙 시행)

지방자치단체를 나누거나 합하여 새로운 지방자치단체가 설치되거나 지방자치단체의 격이 변경되면 그 지방자치단체의 장은 필요한 사항에 관하여 새로운 조례나 규칙이 제정·시행될 때까지 종래 그 지역에 시행되던 조례나 규칙을 계속 시행할 수 있다.

제32조(조례와 규칙의 제정 절차 등)

① 조례안이 지방의회에서 의결되면 지방의회의 의장은 의결된 날부터 5일 이내에 그 지방자치단체의 장에게 이송하여야 한다.

② 지방자치단체의 장은 제1항의 조례안을 이송받으면 20일 이내에 공포하여야 한다.

③ 지방자치단체의 장은 이송받은 조례안에 대하여 이의가 있으면 제2항의 기간에 이유를 붙여 지방의회로 환부(還付)하고, 재의(再議)를 요구할 수 있다. 이 경우 지방자치단체의 장은 조례안의 일부에 대하여 또는 조례안을 수정하여 재의를 요구할 수 없다.

④ 지방의회는 제3항에 따라 재의 요구를 받으면 조례안을 재의에 부치고 재적의원 과반수의 출석과 출석의원 3분의 2 이상의 찬성으로 전(前)과 같은 의결을 하면 그 조례안은 조례로서 확정된다.

⑤ 지방자치단체의 장이 제2항의 기간에 공포하지 아니하거나 재의 요구를 하지 아니하더라도 그 조례안은 조례로서 확정된다.

⑥ 지방자치단체의 장은 제4항 또는 제5항에 따라 확정된 조례를 지체 없이 공포하여야 한다. 이 경우 제5항에 따라 조례가 확정된 후 또는 제4항에 따라 확정된 조례가 지방자치단체의 장에게 이송된 후 5일 이내에 지방자치단체의 장이 공포하지 아니하면 지방의회의 의장이 공포한다.

⑦ 제2항 및 제6항 전단에 따라 지방자치단체의 장이 조례를 공포하였

을 때에는 즉시 해당 지방의회의 의장에게 통지하여야 하며, 제6항 후단에 따라 지방의회의 의장이 조례를 공포하였을 때에는 그 사실을 즉시 해당 지방자치단체의 장에게 통지하여야 한다.

⑧ 조례와 규칙은 특별한 규정이 없으면 공포한 날부터 20일이 지나면 효력을 발생한다.

제33조(조례와 규칙의 공포 방법 등)

① 조례와 규칙의 공포는 해당 지방자치단체의 공보에 게재하는 방법으로 한다. 다만, 제32조제6항 후단에 따라 지방의회의 의장이 조례를 공포하는 경우에는 공보나 일간신문에 게재하거나 게시판에 게시한다.

② 제1항에 따른 공보는 종이로 발행되는 공보(이하 이 조에서 "종이공보"라 한다) 또는 전자적인 형태로 발행되는 공보(이하 이 조에서 "전자공보"라 한다)로 운영한다.

③ 공보의 내용 해석 및 적용 시기 등에 대하여 종이공보와 전자공보는 동일한 효력을 가진다.

④ 조례와 규칙의 공포에 관하여 그 밖에 필요한 사항은 대통령령으로 정한다.

제34조(조례 위반에 대한 과태료)

① 지방자치단체는 조례를 위반한 행위에 대하여 조례로써 1천만원 이하의 과태료를 정할 수 있다.

② 제1항에 따른 과태료는 해당 지방자치단체의 장이나 그 관할 구역의 지방자치단체의 장이 부과 · 징수한다.

제35조(보고)

조례나 규칙을 제정하거나 개정하거나 폐지할 경우 조례는 지방의회에서 이송된 날부터 5일 이내에, 규칙은 공포 예정일 15일 전에 시·도지사는 행정안전부장관에게, 시장·군수 및 자치구의 구청장은 시·도지사에게 그 전문(全文)을 첨부하여 각각 보고하여야 하며, 보고를 받은 행정안전부장관은 그 내용을 관계 중앙행정기관의 장에게 통보하여야 한다.

제4장 선거

제36조(지방선거에 관한 법률의 제정)

지방선거에 관하여 이 법에서 정한 것 외에 필요한 사항은 따로 법률로 정한다.

제5장 지방의회

제1절 조직

제37조(의회의 설치)

지방자치단체에 주민의 대의기관인 의회를 둔다.

제38조(지방의회의원의 선거)

지방의회의원은 주민이 보통·평등·직접·비밀선거로 선출한다.

제2절 지방의회의원

제39조(의원의 임기)

지방의회의원의 임기는 4년으로 한다.

제40조(의원의 의정활동비 등)

① 지방의회의원에게는 다음 각 호의 비용을 지급한다.

1. 의정(議政) 자료를 수집하고 연구하거나 이를 위한 보조 활동에 사용

되는 비용을 보전(補塡)하기 위하여 매월 지급하는 의정활동비

2. 지방의회의원의 직무활동에 대하여 지급하는 월정수당

3. 본회의 의결, 위원회 의결 또는 지방의회의 의장의 명에 따라 공무로 여행할 때 지급하는 여비

② 제1항 각 호에 규정된 비용은 대통령령으로 정하는 기준을 고려하여 해당 지방자치단체의 의정비심의위원회에서 결정하는 금액 이내에서 지방자치단체의 조례로 정한다. 다만, 제1항제3호에 따른 비용은 의정비심의위원회 결정 대상에서 제외한다.

③ 의정비심의위원회의 구성·운영 등에 필요한 사항은 대통령령으로 정한다.

제41조(의원의 정책지원 전문인력)

① 지방의회의원의 의정활동을 지원하기 위하여 지방의회의원 정수의 2분의 1 범위에서 해당 지방자치단체의 조례로 정하는 바에 따라 지방의회에 정책지원 전문인력을 둘 수 있다.

② 정책지원 전문인력은 지방공무원으로 보하며, 직급·직무 및 임용절차 등 운영에 필요한 사항은 대통령령으로 정한다.

제42조(상해·사망 등의 보상)

① 지방의회의원이 직무로 인하여 신체에 상해를 입거나 사망한 경우와 그 상해나 직무로 인한 질병으로 사망한 경우에는 보상금을 지급할 수 있다.

② 제1항의 보상금의 지급기준은 대통령령으로 정하는 범위에서 해당 지방자치단체의 조례로 정한다.

제43조(겸직 등 금지)

① 지방의회의원은 다음 각 호의 어느 하나에 해당하는 직(職)을 겸할 수

없다.

　1. 국회의원, 다른 지방의회의원

　2. 헌법재판소 재판관, 각급 선거관리위원회 위원

　3.「국가공무원법」제2조에 따른 국가공무원과 「지방공무원법」제2조에
따른 지방공무원(「정당법」제22조에 따라 정당의 당원이 될 수 있는 교원은 제외한다)

　4.「공공기관의 운영에 관한 법률」제4조에 따른 공공기관(한국방송공사, 한
국교육방송공사 및 한국은행을 포함한다)의 임직원

　5.「지방공기업법」제2조에 따른 지방공사와 지방공단의 임직원

　6. 농업협동조합, 수산업협동조합, 산림조합, 엽연초생산협동조합, 신용
협동조합, 새마을금고(이들 조합·금고의 중앙회와 연합회를 포함한다)의 임직원과
이들 조합·금고의 중앙회장이나 연합회장

　7.「정당법」제22조에 따라 정당의 당원이 될 수 없는 교원

　8. 다른 법령에 따라 공무원의 신분을 가지는 직

　9. 그 밖에 다른 법률에서 겸임할 수 없도록 정하는 직

　② 「정당법」제22조에 따라 정당의 당원이 될 수 있는 교원이 지방의회
의원으로 당선되면 임기 중 그 교원의 직은 휴직된다.

　③ 지방의회의원이 당선 전부터 제1항 각 호의 직을 제외한 다른 직을
가진 경우에는 임기 개시 후 1개월 이내에, 임기 중 그 다른 직에 취임한
경우에는 취임 후 15일 이내에 지방의회의 의장에게 서면으로 신고하여
야 하며, 그 방법과 절차는 해당 지방자치단체의 조례로 정한다.

　④ 지방의회의 의장은 제3항에 따라 지방의회의원의 겸직신고를 받으
면 그 내용을 연 1회 이상 해당 지방의회의 인터넷 홈페이지에 게시하거
나 지방자치단체의 조례로 정하는 방법에 따라 공개하여야 한다.

⑤ 지방의회의원이 다음 각 호의 기관·단체 및 그 기관·단체가 설립·운영하는 시설의 대표, 임원, 상근직원 또는 그 소속 위원회(자문위원회는 제외한다)의 위원이 된 경우에는 그 겸한 직을 사임하여야 한다.

1. 해당 지방자치단체가 출자·출연(재출자·재출연을 포함한다)한 기관·단체

2. 해당 지방자치단체의 사무를 위탁받아 수행하고 있는 기관·단체

3. 해당 지방자치단체로부터 운영비, 사업비 등을 지원받고 있는 기관·단체

4. 법령에 따라 해당 지방자치단체의 장의 인가를 받아 설립된 조합(조합 설립을 위한 추진위원회 등 준비단체를 포함한다)의 임직원

⑥ 지방의회의 의장은 지방의회의원이 다음 각 호의 어느 하나에 해당하는 경우에는 그 겸한 직을 사임할 것을 권고하여야 한다. 이 경우 지방의회의 의장은 제66조에 따른 윤리심사자문위원회의 의견을 들어야 하며 그 의견을 존중하여야 한다.

1. 제5항에 해당하는 데도 불구하고 겸한 직을 사임하지 아니할 때

2. 다른 직을 겸하는 것이 제44조제2항에 위반된다고 인정될 때

⑦ 지방의회의 의장은 지방의회의원의 행위 또는 양수인이나 관리인의 지위가 제5항 또는 제6항에 따라 제한되는지와 관련하여 제66조에 따른 윤리심사자문위원회의 의견을 들을 수 있다.

제44조(의원의 의무)

① 지방의회의원은 공공의 이익을 우선하여 양심에 따라 그 직무를 성실히 수행하여야 한다.

② 지방의회의원은 청렴의 의무를 지며, 지방의회의원으로서의 품위를 유지하여야 한다.

③ 지방의회의원은 지위를 남용하여 재산상의 권리 · 이익 또는 직위를 취득하거나 다른 사람을 위하여 그 취득을 알선해서는 아니 된다.

④ 지방의회의원은 해당 지방자치단체, 제43조제5항 각 호의 어느 하나에 해당하는 기관 · 단체 및 그 기관 · 단체가 설립 · 운영하는 시설과 영리를 목적으로 하는 거래를 하여서는 아니 된다.

⑤ 지방의회의원은 소관 상임위원회의 직무와 관련된 영리행위를 할 수 없으며, 그 범위는 해당 지방자치단체의 조례로 정한다.

제45조(의원체포 및 확정판결의 통지)

① 수사기관의 장은 체포되거나 구금된 지방의회의원이 있으면 지체 없이 해당 지방의회의 의장에게 영장의 사본을 첨부하여 그 사실을 알려야 한다.

② 각급 법원장은 지방의회의원이 형사사건으로 공소(公訴)가 제기되어 판결이 확정되면 지체 없이 해당 지방의회의 의장에게 그 사실을 알려야 한다.

제46조(지방의회의 의무 등)

① 지방의회는 지방의회의원이 준수하여야 할 지방의회의원의 윤리강령과 윤리실천규범을 조례로 정하여야 한다.

② 지방의회는 소속 의원들이 의정활동에 필요한 전문성을 확보하도록 노력하여야 한다.

제3절 권한

제47조(지방의회의 의결사항)

① 지방의회는 다음 각 호의 사항을 의결한다.

1. 조례의 제정 · 개정 및 폐지

2. 예산의 심의 · 확정

3. 결산의 승인

4. 법령에 규정된 것을 제외한 사용료 · 수수료 · 분담금 · 지방세 또는 가입금의 부과와 징수

5. 기금의 설치 · 운용

6. 대통령령으로 정하는 중요 재산의 취득 · 처분

7. 대통령령으로 정하는 공공시설의 설치 · 처분

8. 법령과 조례에 규정된 것을 제외한 예산 외의 의무부담이나 권리의 포기

9. 청원의 수리와 처리

10. 외국 지방자치단체와의 교류 · 협력

11. 그 밖에 법령에 따라 그 권한에 속하는 사항

② 지방자치단체는 제1항 각 호의 사항 외에 조례로 정하는 바에 따라 지방의회에서 의결되어야 할 사항을 따로 정할 수 있다.

제48조(서류제출 요구)

① 본회의나 위원회는 그 의결로 안건의 심의와 직접 관련된 서류의 제출을 해당 지방자치단체의 장에게 요구할 수 있다.

② 위원회가 제1항의 요구를 할 때에는 지방의회의 의장에게 그 사실을 보고하여야 한다.

③ 제1항에도 불구하고 폐회 중에는 지방의회의 의장이 서류의 제출을 해당 지방자치단체의 장에게 요구할 수 있다.

④ 제1항 또는 제3항에 따라 서류제출을 요구할 때에는 서면, 전자문서

또는 컴퓨터의 자기테이프·자기디스크, 그 밖에 이와 유사한 매체에 기록된 상태 등 제출 형식을 지정할 수 있다.

제49조(행정사무 감사권 및 조사권)

① 지방의회는 매년 1회 그 지방자치단체의 사무에 대하여 시·도에서는 14일의 범위에서, 시·군 및 자치구에서는 9일의 범위에서 감사를 실시하고, 지방자치단체의 사무 중 특정 사안에 관하여 본회의 의결로 본회의나 위원회에서 조사하게 할 수 있다.

② 제1항의 조사를 발의할 때에는 이유를 밝힌 서면으로 하여야 하며, 재적의원 3분의 1 이상의 찬성이 있어야 한다.

③ 지방자치단체 및 그 장이 위임받아 처리하는 국가사무와 시·도의 사무에 대하여 국회와 시·도의회가 직접 감사하기로 한 사무 외에는 그 감사를 각각 해당 시·도의회와 시·군 및 자치구의회가 할 수 있다. 이 경우 국회와 시·도의회는 그 감사 결과에 대하여 그 지방의회에 필요한 자료를 요구할 수 있다.

④ 제1항의 감사 또는 조사와 제3항의 감사를 위하여 필요하면 현지확인을 하거나 서류제출을 요구할 수 있으며, 지방자치단체의 장 또는 관계 공무원이나 그 사무에 관계되는 사람을 출석하게 하여 증인으로서 선서한 후 증언하게 하거나 참고인으로서 의견을 진술하도록 요구할 수 있다.

⑤ 제4항에 따른 증언에서 거짓증언을 한 사람은 고발할 수 있으며, 제4항에 따라 서류제출을 요구받은 자가 정당한 사유 없이 서류를 정해진 기한까지 제출하지 아니한 경우, 같은 항에 따라 출석요구를 받은 증인이 정당한 사유 없이 출석하지 아니하거나 선서 또는 증언을 거부한 경우에는 500만원 이하의 과태료를 부과할 수 있다.

⑥ 제5항에 따른 과태료 부과절차는 제34조를 따른다.

⑦ 제1항의 감사 또는 조사와 제3항의 감사를 위하여 필요한 사항은 「국정감사 및 조사에 관한 법률」에 준하여 대통령령으로 정하고, 제4항과 제5항의 선서 · 증언 · 감정 등에 관한 절차는 「국회에서의 증언 · 감정 등에 관한 법률」에 준하여 대통령령으로 정한다.

제50조(행정사무 감사 또는 조사 보고의 처리)

① 지방의회는 본회의의 의결로 감사 또는 조사 결과를 처리한다.

② 지방의회는 감사 또는 조사 결과 해당 지방자치단체나 기관의 시정이 필요한 사유가 있을 때에는 시정을 요구하고, 지방자치단체나 기관에서 처리함이 타당하다고 인정되는 사항은 그 지방자치단체나 기관으로 이송한다.

③ 지방자치단체나 기관은 제2항에 따라 시정 요구를 받거나 이송받은 사항을 지체 없이 처리하고 그 결과를 지방의회에 보고하여야 한다.

제51조(행정사무처리상황의 보고와 질의응답)

① 지방자치단체의 장이나 관계 공무원은 지방의회나 그 위원회에 출석하여 행정사무의 처리상황을 보고하거나 의견을 진술하고 질문에 답변할 수 있다.

② 지방자치단체의 장이나 관계 공무원은 지방의회나 그 위원회가 요구하면 출석 · 답변하여야 한다. 다만, 특별한 이유가 있으면 지방자치단체의 장은 관계 공무원에게 출석 · 답변하게 할 수 있다.

③ 제1항이나 제2항에 따라 지방의회나 그 위원회에 출석하여 답변할 수 있는 관계 공무원은 조례로 정한다.

제52조(의회규칙)

지방의회는 내부운영에 관하여 이 법에서 정한 것 외에 필요한 사항을 규칙으로 정할 수 있다.

제4절 소집과 회기

제53조(정례회)

① 지방의회는 매년 2회 정례회를 개최한다.

② 정례회의 집회일, 그 밖에 정례회 운영에 필요한 사항은 해당 지방자치단체의 조례로 정한다.

제54조(임시회)

① 지방의회의원 총선거 후 최초로 집회되는 임시회는 지방의회 사무처장·사무국장·사무과장이 지방의회의원 임기 개시일부터 25일 이내에 소집한다.

② 지방자치단체를 폐지하거나 설치하거나 나누거나 합쳐 새로운 지방자치단체가 설치된 경우에 최초의 임시회는 지방의회 사무처장·사무국장·사무과장이 해당 지방자치단체가 설치되는 날에 소집한다.

③ 지방의회의 의장은 지방자치단체의 장이나 조례로 정하는 수 이상의 지방의회의원이 요구하면 15일 이내에 임시회를 소집하여야 한다. 다만, 지방의회의 의장과 부의장이 부득이한 사유로 임시회를 소집할 수 없을 때에는 지방의회의원 중 최다선의원이, 최다선의원이 2명 이상인 경우에는 그 중 연장자의 순으로 소집할 수 있다.

④ 임시회 소집은 집회일 3일 전에 공고하여야 한다. 다만, 긴급할 때에는 그러하지 아니하다.

제55조(제출안건의 공고)

지방자치단체의 장이 지방의회에 제출할 안건은 지방자치단체의 장이 미리 공고하여야 한다. 다만, 회의 중 긴급한 안건을 제출할 때에는 그러하지 아니하다. 〈개정 2021. 10. 19.〉

[제목개정 2021. 10. 19.]

제56조(개회 · 휴회 · 폐회와 회의일수)

① 지방의회의 개회 · 휴회 · 폐회와 회기는 지방의회가 의결로 정한다.

② 연간 회의 총일수와 정례회 및 임시회의 회기는 해당 지방자치단체의 조례로 정한다.

제5절 의장과 부의장

제57조(의장 · 부의장의 선거와 임기)

① 지방의회는 지방의회의원 중에서 시 · 도의 경우 의장 1명과 부의장 2명을, 시 · 군 및 자치구의 경우 의장과 부의장 각 1명을 무기명투표로 선출하여야 한다.

② 지방의회의원 총선거 후 처음으로 선출하는 의장 · 부의장 선거는 최초집회일에 실시한다.

③ 의장과 부의장의 임기는 2년으로 한다.

제58조(의장의 직무)

지방의회의 의장은 의회를 대표하고 의사(議事)를 정리하며, 회의장 내의 질서를 유지하고 의회의 사무를 감독한다.

제59조(의장 직무대리)

지방의회의 의장이 부득이한 사유로 직무를 수행할 수 없을 때에는 부의장이 그 직무를 대리한다.

제60조(임시의장)

지방의회의 의장과 부의장이 모두 부득이한 사유로 직무를 수행할 수 없을 때에는 임시의장을 선출하여 의장의 직무를 대행하게 한다.

제61조(보궐선거)

① 지방의회의 의장이나 부의장이 궐위(闕位)된 경우에는 보궐선거를 실시한다.

② 보궐선거로 당선된 의장이나 부의장의 임기는 전임자 임기의 남은 기간으로 한다.

제62조(의장 · 부의장 불신임의 의결)

① 지방의회의 의장이나 부의장이 법령을 위반하거나 정당한 사유 없이 직무를 수행하지 아니하면 지방의회는 불신임을 의결할 수 있다.

② 제1항의 불신임 의결은 재적의원 4분의 1 이상의 발의와 재적의원 과반수의 찬성으로 한다.

③ 제2항의 불신임 의결이 있으면 지방의회의 의장이나 부의장은 그 직에서 해임된다.

제63조(의장 등을 선거할 때의 의장 직무 대행)

제57조제1항, 제60조 또는 제61조제1항에 따른 선거(이하 이 조에서 "의장 등의 선거"라 한다)를 실시할 때 의장의 직무를 수행할 사람이 없으면 출석의원 중 최다선의원이, 최다선의원이 2명 이상이면 그 중 연장자가 그 직무를 대행한다. 이 경우 직무를 대행하는 지방의회의원이 정당한 사유 없이 의장등의 선거를 실시할 직무를 이행하지 아니할 때에는 다음 순위의 지방의회의원이 그 직무를 대행한다.

제6절 위원회

제64조(위원회의 설치)

① 지방의회는 조례로 정하는 바에 따라 위원회를 둘 수 있다.

② 위원회의 종류는 다음 각 호와 같다.

1. 소관 의안(議案)과 청원 등을 심사·처리하는 상임위원회

2. 특정한 안건을 심사·처리하는 특별위원회

③ 위원회의 위원은 본회의에서 선임한다.

제65조(윤리특별위원회)

① 지방의회의원의 윤리강령과 윤리실천규범 준수 여부 및 징계에 관한 사항을 심사하기 위하여 윤리특별위원회를 둔다.

② 제1항에 따른 윤리특별위원회(이하 "윤리특별위원회"라 한다)는 지방의회의원의 윤리강령과 윤리실천규범 준수 여부 및 지방의회의원의 징계에 관한 사항을 심사하기 전에 제66조에 따른 윤리심사자문위원회의 의견을 들어야 하며 그 의견을 존중하여야 한다.

제66조(윤리심사자문위원회)

① 지방의회의원의 겸직 및 영리행위 등에 관한 지방의회의 의장의 자문과 지방의회의원의 윤리강령과 윤리실천규범 준수 여부 및 징계에 관한 윤리특별위원회의 자문에 응하기 위하여 윤리특별위원회에 윤리심사자문위원회를 둔다.

② 윤리심사자문위원회의 위원은 민간전문가 중에서 지방의회의 의장이 위촉한다.

③ 제1항 및 제2항에서 규정한 사항 외에 윤리심사자문위원회의 구성 및 운영에 필요한 사항은 회의규칙으로 정한다.

제67조(위원회의 권한)

위원회는 그 소관에 속하는 의안과 청원 등 또는 지방의회가 위임한 특

정한 안건을 심사한다.

제68조(전문위원)

① 위원회에는 위원장과 위원의 자치입법활동을 지원하기 위하여 지방의회의원이 아닌 전문지식을 가진 위원(이하 "전문위원"이라 한다)을 둔다.

② 전문위원은 위원회에서 의안과 청원 등의 심사, 행정사무감사 및 조사, 그 밖의 소관 사항과 관련하여 검토보고 및 관련 자료의 수집·조사·연구를 한다.

③ 위원회에 두는 전문위원의 직급과 수 등에 관하여 필요한 사항은 대통령령으로 정한다.

제69조(위원회에서의 방청 등)

① 위원회에서 해당 지방의회의원이 아닌 사람은 위원회의 위원장(이하 이 장에서 "위원장"이라 한다)의 허가를 받아 방청할 수 있다.

② 위원장은 질서를 유지하기 위하여 필요할 때에는 방청인의 퇴장을 명할 수 있다.

제70조(위원회의 개회)

① 위원회는 본회의의 의결이 있거나 지방의회의 의장 또는 위원장이 필요하다고 인정할 때, 재적위원 3분의 1 이상이 요구할 때에 개회한다.

② 폐회 중에는 지방자치단체의 장도 지방의회의 의장 또는 위원장에게 이유서를 붙여 위원회 개회를 요구할 수 있다.

제71조(위원회에 관한 조례)

위원회에 관하여 이 법에서 정한 것 외에 필요한 사항은 조례로 정한다.

제7절 회의

제72조(의사정족수)

① 지방의회는 재적의원 3분의 1 이상의 출석으로 개의(開議)한다.

② 회의 참석 인원이 제1항의 정족수에 미치지 못할 때에는 지방의회의 의장은 회의를 중지하거나 산회(散會)를 선포한다.

제73조(의결정족수)

① 회의는 이 법에 특별히 규정된 경우 외에는 재적의원 과반수의 출석과 출석의원 과반수의 찬성으로 의결한다.

② 지방의회의 의장은 의결에서 표결권을 가지며, 찬성과 반대가 같으면 부결된 것으로 본다.

제74조(표결방법)

본회의에서 표결할 때에는 조례 또는 회의규칙으로 정하는 표결방식에 의한 기록표결로 가부(可否)를 결정한다. 다만, 다음 각 호의 어느 하나에 해당하는 경우에는 무기명투표로 표결한다.

1. 제57조에 따른 의장·부의장 선거

2. 제60조에 따른 임시의장 선출

3. 제62조에 따른 의장·부의장 불신임 의결

4. 제92조에 따른 자격상실 의결

5. 제100조에 따른 징계 의결

6. 제32조, 제120조 또는 제121조, 제192조에 따른 재의 요구에 관한 의결

7. 그 밖에 지방의회에서 하는 각종 선거 및 인사에 관한 사항

제75조(회의의 공개 등)

① 지방의회의 회의는 공개한다. 다만, 지방의회의원 3명 이상이 발의하고 출석의원 3분의 2 이상이 찬성한 경우 또는 지방의회의 의장이 사회의 안녕질서 유지를 위하여 필요하다고 인정하는 경우에는 공개하지 아니할

수 있다.

② 지방의회의 의장은 공개된 회의의 방청 허가를 받은 장애인에게 정당한 편의를 제공하여야 한다.

제76조(의안의 발의)

① 지방의회에서 의결할 의안은 지방자치단체의 장이나 조례로 정하는 수 이상의 지방의회의원의 찬성으로 발의한다.

② 위원회는 그 직무에 속하는 사항에 관하여 의안을 제출할 수 있다.

③ 제1항 및 제2항의 의안은 그 안을 갖추어 지방의회의 의장에게 제출하여야 한다.

④ 제1항에 따라 지방의회의원이 조례안을 발의하는 경우에는 발의 의원과 찬성 의원을 구분하되, 해당 조례안의 제명의 부제로 발의 의원의 성명을 기재하여야 한다. 다만, 발의 의원이 2명 이상인 경우에는 대표발의 의원 1명을 명시하여야 한다.

⑤ 지방의회의원이 발의한 제정조례안 또는 전부개정조례안 중 지방의회에서 의결된 조례안을 공표하거나 홍보하는 경우에는 해당 조례안의 부제를 함께 표기할 수 있다.

제77조(조례안 예고)

① 지방의회는 심사대상인 조례안에 대하여 5일 이상의 기간을 정하여 그 취지, 주요 내용, 전문을 공보나 인터넷 홈페이지 등에 게재하는 방법으로 예고할 수 있다.

② 조례안 예고의 방법, 절차, 그 밖에 필요한 사항은 회의규칙으로 정한다.

제78조(의안에 대한 비용추계 자료 등의 제출)

① 지방자치단체의 장이 예산상 또는 기금상의 조치가 필요한 의안을

제출할 경우에는 그 의안의 시행에 필요할 것으로 예상되는 비용에 대한 추계서와 그에 따른 재원조달방안에 관한 자료를 의안에 첨부하여야 한다.〈개정 2021. 10. 19.〉

② 제1항에 따른 비용의 추계 및 재원조달방안에 관한 자료의 작성 및 제출절차 등에 관하여 필요한 사항은 해당 지방자치단체의 조례로 정한다.

제79조(회기계속의 원칙)

지방의회에 제출된 의안은 회기 중에 의결되지 못한 것 때문에 폐기되지 아니한다. 다만, 지방의회의원의 임기가 끝나는 경우에는 그러하지 아니하다.

제80조(일사부재의의 원칙)

지방의회에서 부결된 의안은 같은 회기 중에 다시 발의하거나 제출할 수 없다.

제81조(위원회에서 폐기된 의안)

① 위원회에서 본회의에 부칠 필요가 없다고 결정된 의안은 본회의에 부칠 수 없다. 다만, 위원회의 결정이 본회의에 보고된 날부터 폐회나 휴회 중의 기간을 제외한 7일 이내에 지방의회의 의장이나 재적의원 3분의 1 이상이 요구하면 그 의안을 본회의에 부쳐야 한다.

② 제1항 단서의 요구가 없으면 그 의안은 폐기된다.

제82조(의장이나 의원의 제척)

지방의회의 의장이나 지방의회의원은 본인 · 배우자 · 직계존비속(直系尊卑屬) 또는 형제자매와 직접 이해관계가 있는 안건에 관하여는 그 의사에 참여할 수 없다. 다만, 의회의 동의가 있으면 의회에 출석하여 발언할 수 있다.

제83조(회의규칙)

지방의회는 회의 운영에 관하여 이 법에서 정한 것 외에 필요한 사항을 회의규칙으로 정한다.

제84조(회의록)

① 지방의회는 회의록을 작성하고 회의의 진행내용 및 결과와 출석의원의 성명을 적어야 한다.

② 회의록에는 지방의회의 의장과 지방의회에서 선출한 지방의회의원 2명 이상이 서명하여야 한다.

③ 지방의회의 의장은 회의록 사본을 첨부하여 회의 결과를 그 지방자치단체의 장에게 알려야 한다.

④ 지방의회의 의장은 회의록을 지방의회의원에게 배부하고, 주민에게 공개한다. 다만, 비밀로 할 필요가 있다고 지방의회의 의장이 인정하거나 지방의회에서 의결한 사항은 공개하지 아니한다.

제8절 청원

제85조(청원서의 제출)

① 지방의회에 청원을 하려는 자는 지방의회의원의 소개를 받아 청원서를 제출하여야 한다.

② 청원서에는 청원자의 성명(법인인 경우에는 그 명칭과 대표자의 성명을 말한다) 및 주소를 적고 서명·날인하여야 한다.

제86조(청원의 불수리)

재판에 간섭하거나 법령에 위배되는 내용의 청원은 수리하지 아니한다.

제87조(청원의 심사·처리)

① 지방의회의 의장은 청원서를 접수하면 소관 위원회나 본회의에 회부하여 심사를 하게 한다.

② 청원을 소개한 지방의회의원은 소관 위원회나 본회의가 요구하면 청원의 취지를 설명하여야 한다.

③ 위원회가 청원을 심사하여 본회의에 부칠 필요가 없다고 결정하면 그 처리 결과를 지방의회의 의장에게 보고하고, 지방의회의 의장은 청원한 자에게 알려야 한다.

제88조(청원의 이송과 처리보고)

① 지방의회가 채택한 청원으로서 그 지방자치단체의 장이 처리하는 것이 타당하다고 인정되는 청원은 의견서를 첨부하여 지방자치단체의 장에게 이송한다.

② 지방자치단체의 장은 제1항의 청원을 처리하고 그 처리결과를 지체 없이 지방의회에 보고하여야 한다.

제9절 의원의 사직 · 퇴직과 자격심사

제89조(의원의 사직)

지방의회는 그 의결로 소속 지방의회의원의 사직을 허가할 수 있다. 다만, 폐회 중에는 지방의회의 의장이 허가할 수 있다.

제90조(의원의 퇴직)

지방의회의원이 다음 각 호의 어느 하나에 해당될 때에는 지방의회의원의 직에서 퇴직한다.

1. 제43조제1항 각 호의 어느 하나에 해당하는 직에 취임할 때

2. 피선거권이 없게 될 때(지방자치단체의 구역변경이나 없어지거나 합한 것 외의 다

른 사유로 그 지방자치단체의 구역 밖으로 주민등록을 이전하였을 때를 포함한다)

3. 징계에 따라 제명될 때

제91조(의원의 자격심사)

① 지방의회의원은 다른 의원의 자격에 대하여 이의가 있으면 재적의원 4분의 1 이상의 찬성으로 지방의회의 의장에게 자격심사를 청구할 수 있다.

② 심사 대상인 지방의회의원은 자기의 자격심사에 관한 회의에 출석하여 의견을 진술할 수 있으나, 의결에는 참가할 수 없다.

제92조(자격상실 의결)

① 제91조제1항의 심사 대상인 지방의회의원에 대한 자격상실 의결은 재적의원 3분의 2 이상의 찬성이 있어야 한다.

② 심사 대상인 지방의회의원은 제1항에 따라 자격상실이 확정될 때까지는 그 직을 상실하지 아니한다.

제93조(결원의 통지)

지방의회의 의장은 지방의회의원의 결원이 생겼을 때에는 15일 이내에 그 지방자치단체의 장과 관할 선거관리위원회에 알려야 한다.

제10절 질서

제94조(회의의 질서유지)

① 지방의회의 의장이나 위원장은 지방의회의원이 본회의나 위원회의 회의장에서 이 법이나 회의규칙에 위배되는 발언이나 행위를 하여 회의장의 질서를 어지럽히면 경고 또는 제지를 하거나 발언의 취소를 명할 수 있다.

② 지방의회의 의장이나 위원장은 제1항의 명에 따르지 아니한 지방의회의원이 있으면 그 지방의회의원에 대하여 당일의 회의에서 발언하는 것

을 금지하거나 퇴장시킬 수 있다.

③ 지방의회의 의장이나 위원장은 회의장이 소란하여 질서를 유지하기 어려우면 회의를 중지하거나 산회를 선포할 수 있다.

제95조(모욕 등 발언의 금지)

① 지방의회의원은 본회의나 위원회에서 다른 사람을 모욕하거나 다른 사람의 사생활에 대하여 발언해서는 아니 된다.

② 본회의나 위원회에서 모욕을 당한 지방의회의원은 모욕을 한 지방의회의원에 대하여 지방의회에 징계를 요구할 수 있다.

제96조(발언 방해 등의 금지)

지방의회의원은 회의 중에 폭력을 행사하거나 소란한 행위를 하여 다른 사람의 발언을 방해할 수 없으며, 지방의회의 의장이나 위원장의 허가 없이 연단(演壇)이나 단상(壇上)에 올라가서는 아니 된다.

제97조(방청인의 단속)

① 방청인은 의안에 대하여 찬성·반대를 표명하거나 소란한 행위를 하여서는 아니 된다.

② 지방의회의 의장은 회의장의 질서를 방해하는 방청인의 퇴장을 명할 수 있으며, 필요하면 경찰관서에 인도할 수 있다.

③ 지방의회의 의장은 방청석이 소란하면 모든 방청인을 퇴장시킬 수 있다.

④ 제1항부터 제3항까지에서 규정한 사항 외에 방청인 단속에 필요한 사항은 회의규칙으로 정한다.

제11절 징계

제98조(징계의 사유)

지방의회는 지방의회의원이 이 법이나 자치법규에 위배되는 행위를 하면 윤리특별위원회의 심사를 거쳐 의결로써 징계할 수 있다.

제99조(징계의 요구)

① 지방의회의 의장은 제98조에 따른 징계대상 지방의회의원이 있어 징계 요구를 받으면 윤리특별위원회에 회부한다.

② 제95조제1항을 위반한 지방의회의원에 대하여 모욕을 당한 지방의회의원이 징계를 요구하려면 징계사유를 적은 요구서를 지방의회의 의장에게 제출하여야 한다.

③ 지방의회의 의장은 제2항의 징계 요구를 받으면 윤리특별위원회에 회부한다.

제100조(징계의 종류와 의결)

① 징계의 종류는 다음과 같다.

1. 공개회의에서의 경고

2. 공개회의에서의 사과

3. 30일 이내의 출석정지

4. 제명

② 제1항제4호에 따른 제명 의결에는 재적의원 3분의 2 이상의 찬성이 있어야 한다.

제101조(징계에 관한 회의규칙)

징계에 관하여 이 법에서 정한 사항 외에 필요한 사항은 회의규칙으로 정한다.

제12절 사무기구와 직원

제102조(사무처 등의 설치)

① 시·도의회에는 사무를 처리하기 위하여 조례로 정하는 바에 따라 사무처를 둘 수 있으며, 사무처에는 사무처장과 직원을 둔다.

② 시·군 및 자치구의회에는 사무를 처리하기 위하여 조례로 정하는 바에 따라 사무국이나 사무과를 둘 수 있으며, 사무국·사무과에는 사무국장 또는 사무과장과 직원을 둘 수 있다.

③ 제1항과 제2항에 따른 사무처장·사무국장·사무과장 및 직원(이하 제103조, 제104조 및 제118조에서 "사무직원"이라 한다)은 지방공무원으로 보한다.

제103조(사무직원의 정원과 임면 등)

① 지방의회에 두는 사무직원의 수는 인건비 등 대통령령으로 정하는 기준에 따라 조례로 정한다.

② 지방의회의 의장은 지방의회 사무직원을 지휘·감독하고 법령과 조례·의회규칙으로 정하는 바에 따라 그 임면·교육·훈련·복무·징계 등에 관한 사항을 처리한다.

제104조(사무직원의 직무와 신분보장 등)

① 사무처장·사무국장 또는 사무과장은 지방의회의 의장의 명을 받아 의회의 사무를 처리한다.

② 사무직원의 임용·보수·복무·신분보장·징계 등에 관하여는 이 법에서 정한 것 외에는 「지방공무원법」을 적용한다.

제6장 집행기관

제1절 지방자치단체의 장

제1관 지방자치단체의 장의 직 인수위원회

제105조(지방자치단체의 장의 직 인수위원회)

① 「공직선거법」 제191조에 따른 지방자치단체의 장의 당선인(같은 법 제14조제3항 단서에 따라 당선이 결정된 사람을 포함하며, 이하 이 조에서 "당선인"이라 한다)은 이 법에서 정하는 바에 따라 지방자치단체의 장의 직 인수를 위하여 필요한 권한을 갖는다.

② 당선인을 보좌하여 지방자치단체의 장의 직 인수와 관련된 업무를 담당하기 위하여 당선이 결정된 때부터 해당 지방자치단체에 지방자치단체의 장의 직 인수위원회(이하 이 조에서 "인수위원회"라 한다)를 설치할 수 있다.

③ 인수위원회는 당선인으로 결정된 때부터 지방자치단체의 장의 임기 시작일 이후 20일의 범위에서 존속한다.

④ 인수위원회는 다음 각 호의 업무를 수행한다.

1. 해당 지방자치단체의 조직·기능 및 예산현황의 파악

2. 해당 지방자치단체의 정책기조를 설정하기 위한 준비

3. 그 밖에 지방자치단체의 장의 직 인수에 필요한 사항

⑤ 인수위원회는 위원장 1명 및 부위원장 1명을 포함하여 다음 각 호의 구분에 따른 위원으로 구성한다.

1. 시·도: 20명 이내

2. 시·군 및 자치구: 15명 이내

⑥ 위원장·부위원장 및 위원은 명예직으로 하고, 당선인이 임명하거나 위촉한다.

⑦ 「지방공무원법」 제31조 각 호의 어느 하나에 해당하는 사람은 인수위원회의 위원장·부위원장 및 위원이 될 수 없다.

⑧ 인수위원회의 위원장·부위원장 및 위원과 그 직에 있었던 사람은 그 직무와 관련하여 알게 된 비밀을 다른 사람에게 누설하거나 지방자치

단체의 장의 직 인수 업무 외의 다른 목적으로 이용할 수 없으며, 직권을 남용해서는 아니 된다.

⑨ 인수위원회의 위원장 · 부위원장 및 위원과 그 직에 있었던 사람 중 공무원이 아닌 사람은 인수위원회의 업무와 관련하여 「형법」이나 그 밖의 법률에 따른 벌칙을 적용할 때에는 공무원으로 본다.

⑩ 제1항부터 제9항까지에서 규정한 사항 외에 인수위원회의 구성 · 운영 및 인력 · 예산 지원 등에 필요한 사항은 해당 지방자치단체의 조례로 정한다.

제2관 지방자치단체의 장의 지위

제106조(지방자치단체의 장)

특별시에 특별시장, 광역시에 광역시장, 특별자치시에 특별자치시장, 도와 특별자치도에 도지사를 두고, 시에 시장, 군에 군수, 자치구에 구청장을 둔다.

제107조(지방자치단체의 장의 선거)

지방자치단체의 장은 주민이 보통 · 평등 · 직접 · 비밀선거로 선출한다.

제108조(지방자치단체의 장의 임기)

지방자치단체의 장의 임기는 4년으로 하며, 3기 내에서만 계속 재임(在任)할 수 있다.

제109조(겸임 등의 제한)

① 지방자치단체의 장은 다음 각 호의 어느 하나에 해당하는 직을 겸임할 수 없다.

1. 대통령, 국회의원, 헌법재판소 재판관, 각급 선거관리위원회 위원, 지

방의회의원

2. 「국가공무원법」 제2조에 따른 국가공무원과 「지방공무원법」 제2조에 따른 지방공무원

3. 다른 법령에 따라 공무원의 신분을 가지는 직

4. 「공공기관의 운영에 관한 법률」 제4조에 따른 공공기관(한국방송공사, 한국교육방송공사 및 한국은행을 포함한다)의 임직원

5. 농업협동조합, 수산업협동조합, 산림조합, 엽연초생산협동조합, 신용협동조합 및 새마을금고(이들 조합·금고의 중앙회와 연합회를 포함한다)의 임직원

6. 교원

7. 「지방공기업법」 제2조에 따른 지방공사와 지방공단의 임직원

8. 그 밖에 다른 법률에서 겸임할 수 없도록 정하는 직

② 지방자치단체의 장은 재임 중 그 지방자치단체와 영리를 목적으로 하는 거래를 하거나 그 지방자치단체와 관계있는 영리사업에 종사할 수 없다.

제110조(지방자치단체의 폐지·설치·분리·합병과 지방자치단체의 장)

지방자치단체를 폐지하거나 설치하거나 나누거나 합쳐 새로 지방자치단체의 장을 선출하여야 하는 경우에는 그 지방자치단체의 장이 선출될 때까지 시·도지사는 행정안전부장관이, 시장·군수 및 자치구의 구청장은 시·도지사가 각각 그 직무를 대행할 사람을 지정하여야 한다. 다만, 둘 이상의 동격의 지방자치단체를 통폐합하여 새로운 지방자치단체를 설치하는 경우에는 종전의 지방자치단체의 장 중에서 해당 지방자치단체의 장의 직무를 대행할 사람을 지정한다.

제111조(지방자치단체의 장의 사임)

① 지방자치단체의 장은 그 직을 사임하려면 지방의회의 의장에게 미리 사임일을 적은 서면(이하 "사임통지서"라 한다)으로 알려야 한다.

② 지방자치단체의 장은 사임통지서에 적힌 사임일에 사임한다. 다만, 사임통지서에 적힌 사임일까지 지방의회의 의장에게 사임통지가 되지 아니하면 지방의회의 의장에게 사임통지가 된 날에 사임한다.

제112조(지방자치단체의 장의 퇴직)

지방자치단체의 장이 다음 각 호의 어느 하나에 해당될 때에는 그 직에서 퇴직한다.

1. 지방자치단체의 장이 겸임할 수 없는 직에 취임할 때

2. 피선거권이 없게 될 때. 이 경우 지방자치단체의 구역이 변경되거나 없어지거나 합한 것 외의 다른 사유로 그 지방자치단체의 구역 밖으로 주민등록을 이전하였을 때를 포함한다.

3. 제110조에 따라 지방자치단체의 장의 직을 상실할 때

제113조(지방자치단체의 장의 체포 및 확정판결의 통지)

① 수사기관의 장은 체포되거나 구금된 지방자치단체의 장이 있으면 지체 없이 영장의 사본을 첨부하여 해당 지방자치단체에 알려야 한다. 이 경우 통지를 받은 지방자치단체는 그 사실을 즉시 행정안전부장관에게 보고하여야 하며, 시·군 및 자치구가 행정안전부장관에게 보고할 때에는 시·도지사를 거쳐야 한다.

② 각급 법원장은 지방자치단체의 장이 형사사건으로 공소가 제기되어 판결이 확정되면 지체 없이 해당 지방자치단체에 알려야 한다. 이 경우 통지를 받은 지방자치단체는 그 사실을 즉시 행정안전부장관에게 보고하여야 하며, 시·군 및 자치구가 행정안전부장관에게 보고할 때에는 시·도

지사를 거쳐야 한다.

제3관 지방자치단체의 장의 권한

제114조(지방자치단체의 통할대표권)

지방자치단체의 장은 지방자치단체를 대표하고, 그 사무를 총괄한다.

제115조(국가사무의 위임)

시·도와 시·군 및 자치구에서 시행하는 국가사무는 시·도지사와 시장·군수 및 자치구의 구청장에게 위임하여 수행하는 것을 원칙으로 한다. 다만, 법령에 다른 규정이 있는 경우에는 그러하지 아니하다.

제116조(사무의 관리 및 집행권)

지방자치단체의 장은 그 지방자치단체의 사무와 법령에 따라 그 지방자치단체의 장에게 위임된 사무를 관리하고 집행한다.

제117조(사무의 위임 등)

① 지방자치단체의 장은 조례나 규칙으로 정하는 바에 따라 그 권한에 속하는 사무의 일부를 보조기관, 소속 행정기관 또는 하부행정기관에 위임할 수 있다.

② 지방자치단체의 장은 조례나 규칙으로 정하는 바에 따라 그 권한에 속하는 사무의 일부를 관할 지방자치단체나 공공단체 또는 그 기관(사업소·출장소를 포함한다)에 위임하거나 위탁할 수 있다.

③ 지방자치단체의 장은 조례나 규칙으로 정하는 바에 따라 그 권한에 속하는 사무 중 조사·검사·검정·관리업무 등 주민의 권리·의무와 직접 관련되지 아니하는 사무를 법인·단체 또는 그 기관이나 개인에게 위탁할 수 있다.

④ 지방자치단체의 장이 위임받거나 위탁받은 사무의 일부를 제1항부터 제3항까지의 규정에 따라 다시 위임하거나 위탁하려면 미리 그 사무를 위임하거나 위탁한 기관의 장의 승인을 받아야 한다.

제118조(직원에 대한 임면권 등)

지방자치단체의 장은 소속 직원(지방의회의 사무직원은 제외한다)을 지휘·감독하고 법령과 조례·규칙으로 정하는 바에 따라 그 임면·교육훈련·복무·징계 등에 관한 사항을 처리한다.

제119조(사무인계)

지방자치단체의 장이 퇴직할 때에는 소관 사무 일체를 후임자에게 인계하여야 한다.

제4관 지방의회와의 관계

제120조(지방의회의 의결에 대한 재의 요구와 제소)

① 지방자치단체의 장은 지방의회의 의결이 월권이거나 법령에 위반되거나 공익을 현저히 해친다고 인정되면 그 의결사항을 이송받은 날부터 20일 이내에 이유를 붙여 재의를 요구할 수 있다.

② 제1항의 요구에 대하여 재의한 결과 재적의원 과반수의 출석과 출석의원 3분의 2 이상의 찬성으로 전과 같은 의결을 하면 그 의결사항은 확정된다.

③ 지방자치단체의 장은 제2항에 따라 재의결된 사항이 법령에 위반된다고 인정되면 대법원에 소(訴)를 제기할 수 있다. 이 경우에는 제192조제4항을 준용한다.

제121조(예산상 집행 불가능한 의결의 재의 요구)

① 지방자치단체의 장은 지방의회의 의결이 예산상 집행할 수 없는 경비를 포함하고 있다고 인정되면 그 의결사항을 이송받은 날부터 20일 이내에 이유를 붙여 재의를 요구할 수 있다.

② 지방의회가 다음 각 호의 어느 하나에 해당하는 경비를 줄이는 의결을 할 때에도 제1항과 같다.

1. 법령에 따라 지방자치단체에서 의무적으로 부담하여야 할 경비

2. 비상재해로 인한 시설의 응급 복구를 위하여 필요한 경비

③ 제1항과 제2항의 경우에는 제120조제2항을 준용한다.

제122조(지방자치단체의 장의 선결처분)

① 지방자치단체의 장은 지방의회가 지방의회의원이 구속되는 등의 사유로 제73조에 따른 의결정족수에 미달될 때와 지방의회의 의결사항 중 주민의 생명과 재산 보호를 위하여 긴급하게 필요한 사항으로서 지방의회를 소집할 시간적 여유가 없거나 지방의회에서 의결이 지체되어 의결되지 아니할 때에는 선결처분(先決處分)을 할 수 있다.

② 제1항에 따른 선결처분은 지체 없이 지방의회에 보고하여 승인을 받아야 한다.

③ 지방의회에서 제2항의 승인을 받지 못하면 그 선결처분은 그때부터 효력을 상실한다.

④ 지방자치단체의 장은 제2항이나 제3항에 관한 사항을 지체 없이 공고하여야 한다.

제2절 보조기관

제123조(부지사 · 부시장 · 부군수 · 부구청장)

① 특별시·광역시 및 특별자치시에 부시장, 도와 특별자치도에 부지사, 시에 부시장, 군에 부군수, 자치구에 부구청장을 두며, 그 수는 다음 각 호의 구분과 같다.

1. 특별시의 부시장의 수: 3명을 넘지 아니하는 범위에서 대통령령으로 정한다.

2. 광역시와 특별자치시의 부시장 및 도와 특별자치도의 부지사의 수: 2명(인구 800만 이상의 광역시나 도는 3명)을 넘지 아니하는 범위에서 대통령령으로 정한다.

3. 시의 부시장, 군의 부군수 및 자치구의 부구청장의 수: 1명으로 한다.

② 특별시·광역시 및 특별자치시의 부시장, 도와 특별자치도의 부지사는 대통령령으로 정하는 바에 따라 정무직 또는 일반직 국가공무원으로 보한다. 다만, 제1항제1호 및 제2호에 따라 특별시·광역시 및 특별자치시의 부시장, 도와 특별자치도의 부지사를 2명이나 3명 두는 경우에 1명은 대통령령으로 정하는 바에 따라 정무직·일반직 또는 별정직 지방공무원으로 보하되, 정무직과 별정직 지방공무원으로 보할 때의 자격기준은 해당 지방자치단체의 조례로 정한다.

③ 제2항의 정무직 또는 일반직 국가공무원으로 보하는 부시장·부지사는 시·도지사의 제청으로 행정안전부장관을 거쳐 대통령이 임명한다. 이 경우 제청된 사람에게 법적 결격사유가 없으면 시·도지사가 제청한 날부터 30일 이내에 임명절차를 마쳐야 한다.

④ 시의 부시장, 군의 부군수, 자치구의 부구청장은 일반직 지방공무원으로 보하되, 그 직급은 대통령령으로 정하며 시장·군수·구청장이 임명한다.

⑤ 시 · 도의 부시장과 부지사, 시의 부시장 · 부군수 · 부구청장은 해당 지방자치단체의 장을 보좌하여 사무를 총괄하고, 소속 직원을 지휘 · 감독한다.

⑥ 제1항제1호 및 제2호에 따라 시 · 도의 부시장과 부지사를 2명이나 3명 두는 경우에 그 사무 분장은 대통령령으로 정한다. 이 경우 부시장 · 부지사를 3명 두는 시 · 도에서는 그중 1명에게 특정지역의 사무를 담당하게 할 수 있다.

제124조(지방자치단체의 장의 권한대행 등)

① 지방자치단체의 장이 다음 각 호의 어느 하나에 해당되면 부지사 · 부시장 · 부군수 · 부구청장(이하 이 조에서 "부단체장"이라 한다)이 그 권한을 대행한다.

1. 궐위된 경우

2. 공소 제기된 후 구금상태에 있는 경우

3. 「의료법」에 따른 의료기관에 60일 이상 계속하여 입원한 경우

② 지방자치단체의 장이 그 직을 가지고 그 지방자치단체의 장 선거에 입후보하면 예비후보자 또는 후보자로 등록한 날부터 선거일까지 부단체장이 그 지방자치단체의 장의 권한을 대행한다.

③ 지방자치단체의 장이 출장 · 휴가 등 일시적 사유로 직무를 수행할 수 없으면 부단체장이 그 직무를 대리한다.

④ 제1항부터 제3항까지의 경우에 부지사나 부시장이 2명 이상인 시 · 도에서는 대통령령으로 정하는 순서에 따라 그 권한을 대행하거나 직무를 대리한다.

⑤ 제1항부터 제3항까지의 규정에 따라 권한을 대행하거나 직무를 대리

할 부단체장이 부득이한 사유로 직무를 수행할 수 없으면 그 지방자치단체의 규칙에 정해진 직제 순서에 따른 공무원이 그 권한을 대행하거나 직무를 대리한다.

제125조(행정기구와 공무원)

① 지방자치단체는 그 사무를 분장하기 위하여 필요한 행정기구와 지방공무원을 둔다.

② 제1항에 따른 행정기구의 설치와 지방공무원의 정원은 인건비 등 대통령령으로 정하는 기준에 따라 그 지방자치단체의 조례로 정한다.

③ 행정안전부장관은 지방자치단체의 행정기구와 지방공무원의 정원이 적절하게 운영되고 다른 지방자치단체와의 균형이 유지되도록 하기 위하여 필요한 사항을 권고할 수 있다.

④ 지방공무원의 임용과 시험 · 자격 · 보수 · 복무 · 신분보장 · 징계 · 교육 · 훈련 등에 관한 사항은 따로 법률로 정한다.

⑤ 지방자치단체에는 제1항에도 불구하고 법률로 정하는 바에 따라 국가공무원을 둘 수 있다.

⑥ 제5항에 규정된 국가공무원의 경우 「국가공무원법」 제32조제1항부터 제3항까지의 규정에도 불구하고 5급 이상의 국가공무원이나 고위공무원단에 속하는 공무원은 해당 지방자치단체의 장의 제청으로 소속 장관을 거쳐 대통령이 임명하고, 6급 이하의 국가공무원은 그 지방자치단체의 장의 제청으로 소속 장관이 임명한다.

제3절 소속 행정기관

제126조(직속기관)

지방자치단체는 소관 사무의 범위에서 필요하면 대통령령이나 대통령령으로 정하는 범위에서 그 지방자치단체의 조례로 자치경찰기관(제주특별자치도만 해당한다), 소방기관, 교육훈련기관, 보건진료기관, 시험연구기관 및 중소기업지도기관 등을 직속기관으로 설치할 수 있다.

제127조(사업소)

지방자치단체는 특정 업무를 효율적으로 수행하기 위하여 필요하면 대통령령으로 정하는 범위에서 그 지방자치단체의 조례로 사업소를 설치할 수 있다.

제128조(출장소)

지방자치단체는 외진 곳의 주민의 편의와 특정지역의 개발 촉진을 위하여 필요하면 대통령령으로 정하는 범위에서 그 지방자치단체의 조례로 출장소를 설치할 수 있다.

제129조(합의제행정기관)

① 지방자치단체는 소관 사무의 일부를 독립하여 수행할 필요가 있으면 법령이나 그 지방자치단체의 조례로 정하는 바에 따라 합의제행정기관을 설치할 수 있다.

② 제1항의 합의제행정기관의 설치 · 운영에 필요한 사항은 대통령령이나 그 지방자치단체의 조례로 정한다.

제130조(자문기관의 설치 등)

① 지방자치단체는 소관 사무의 범위에서 법령이나 그 지방자치단체의 조례로 정하는 바에 따라 자문기관(소관 사무에 대한 자문에 응하거나 협의, 심의 등을 목적으로 하는 심의회, 위원회 등을 말한다. 이하 같다)을 설치 · 운영할 수 있다.

② 자문기관은 법령이나 조례에 규정된 기능과 권한을 넘어서 주민의

권리를 제한하거나 의무를 부과하는 내용으로 자문 또는 심의 등을 하여서는 아니 된다.

③ 자문기관의 설치 요건·절차, 구성 및 운영 등에 관한 사항은 대통령령으로 정한다. 다만, 다른 법령에서 지방자치단체에 둘 수 있는 자문기관의 설치 요건·절차, 구성 및 운영 등을 따로 정한 경우에는 그 법령에서 정하는 바에 따른다.

④ 지방자치단체는 자문기관 운영의 효율성 향상을 위하여 해당 지방자치단체에 설치된 다른 자문기관과 성격·기능이 중복되는 자문기관을 설치·운영해서는 아니 되며, 지방자치단체의 조례로 정하는 바에 따라 성격과 기능이 유사한 다른 자문기관의 기능을 포함하여 운영할 수 있다.

⑤ 지방자치단체의 장은 자문기관 운영의 효율성 향상을 위한 자문기관 정비계획 및 조치 결과 등을 종합하여 작성한 자문기관 운영현황을 매년 해당 지방의회에 보고하여야 한다.

제4절 하부행정기관

제131조(하부행정기관의 장)

자치구가 아닌 구에 구청장, 읍에 읍장, 면에 면장, 동에 동장을 둔다. 이 경우 면·동은 행정면·행정동을 말한다.

제132조(하부행정기관의 장의 임명)

① 자치구가 아닌 구의 구청장은 일반직 지방공무원으로 보하되, 시장이 임명한다.

② 읍장·면장·동장은 일반직 지방공무원으로 보하되, 시장·군수 또는 자치구의 구청장이 임명한다.

제133조(하부행정기관의 장의 직무권한)

자치구가 아닌 구의 구청장은 시장, 읍장·면장은 시장이나 군수, 동장은 시장(구가 없는 시의 시장을 말한다)이나 구청장(자치구의 구청장을 포함한다)의 지휘·감독을 받아 소관 국가사무와 지방자치단체의 사무를 맡아 처리하고 소속 직원을 지휘·감독한다.

제134조(하부행정기구)

지방자치단체는 조례로 정하는 바에 따라 자치구가 아닌 구와 읍·면·동에 소관 행정사무를 분장하기 위하여 필요한 행정기구를 둘 수 있다. 이 경우 면·동은 행정면·행정동을 말한다.

제5절 교육·과학 및 체육에 관한 기관

제135조(교육·과학 및 체육에 관한 기관)

① 지방자치단체의 교육·과학 및 체육에 관한 사무를 분장하기 위하여 별도의 기관을 둔다.

② 제1항에 따른 기관의 조직과 운영에 필요한 사항은 따로 법률로 정한다.

제7장 재무

제1절 재정 운영의 기본원칙

제136조(지방재정의 조정)

국가와 지방자치단체는 지역 간 재정불균형을 해소하기 위하여 국가와 지방자치단체 간, 지방자치단체 상호 간에 적절한 재정 조정을 하도록 노력하여야 한다.

제137조(건전재정의 운영)

① 지방자치단체는 그 재정을 수지균형의 원칙에 따라 건전하게 운영하여야 한다.

② 국가는 지방재정의 자주성과 건전한 운영을 장려하여야 하며, 국가의 부담을 지방자치단체에 넘겨서는 아니 된다.

③ 국가는 다음 각 호의 어느 하나에 해당하는 기관의 신설·확장·이전·운영과 관련된 비용을 지방자치단체에 부담시켜서는 아니 된다.

1. 「정부조직법」과 다른 법률에 따라 설치된 국가행정기관 및 그 소속기관

2. 「공공기관의 운영에 관한 법률」 제4조에 따른 공공기관

3. 국가가 출자·출연한 기관(재단법인, 사단법인 등을 포함한다)

4. 국가가 설립·조성·관리하는 시설 또는 단지 등을 지원하기 위하여 설치된 기관(재단법인, 사단법인 등을 포함한다)

④ 국가는 제3항 각 호의 기관을 신설하거나 확장하거나 이전하는 위치를 선정할 경우 지방자치단체의 재정적 부담을 입지 선정의 조건으로 하거나 입지 적합성의 선정항목으로 이용해서는 아니 된다.

제138조(국가시책의 구현)

① 지방자치단체는 국가시책을 달성하기 위하여 노력하여야 한다.

② 제1항에 따라 국가시책을 달성하기 위하여 필요한 경비의 국고보조율과 지방비부담률은 법령으로 정한다.

제139조(지방채무 및 지방채권의 관리)

① 지방자치단체의 장이나 지방자치단체조합은 따로 법률로 정하는 바에 따라 지방채를 발행할 수 있다.

② 지방자치단체의 장은 따로 법률로 정하는 바에 따라 지방자치단체의 채무부담의 원인이 될 계약의 체결이나 그 밖의 행위를 할 수 있다.

③ 지방자치단체의 장은 공익을 위하여 필요하다고 인정하면 미리 지방의회의 의결을 받아 보증채무부담행위를 할 수 있다.

④ 지방자치단체는 조례나 계약에 의하지 아니하고는 채무의 이행을 지체할 수 없다.

⑤ 지방자치단체는 법령이나 조례의 규정에 따르거나 지방의회의 의결을 받지 아니하고는 채권에 관하여 채무를 면제하거나 그 효력을 변경할 수 없다.

제2절 예산과 결산

제140조(회계연도)

지방자치단체의 회계연도는 매년 1월 1일에 시작하여 그 해 12월 31일에 끝난다.

제141조(회계의 구분)

① 지방자치단체의 회계는 일반회계와 특별회계로 구분한다.

② 특별회계는 법률이나 지방자치단체의 조례로 설치할 수 있다.

제142조(예산의 편성 및 의결)

① 지방자치단체의 장은 회계연도마다 예산안을 편성하여 시·도는 회계연도 시작 50일 전까지, 시·군 및 자치구는 회계연도 시작 40일 전까지 지방의회에 제출하여야 한다.

② 시·도의회는 제1항의 예산안을 회계연도 시작 15일 전까지, 시·군 및 자치구의회는 회계연도 시작 10일 전까지 의결하여야 한다.

③ 지방의회는 지방자치단체의 장의 동의 없이 지출예산 각 항의 금액을 증가시키거나 새로운 비용항목을 설치할 수 없다.

④ 지방자치단체의 장은 제1항의 예산안을 제출한 후 부득이한 사유로 그 내용의 일부를 수정하려면 수정예산안을 작성하여 지방의회에 다시 제출할 수 있다.

제143조(계속비)

지방자치단체의 장은 한 회계연도를 넘어 계속하여 경비를 지출할 필요가 있으면 그 총액과 연도별 금액을 정하여 계속비로서 지방의회의 의결을 받아야 한다.

제144조(예비비)

① 지방자치단체는 예측할 수 없는 예산 외의 지출이나 예산초과지출에 충당하기 위하여 세입·세출예산에 예비비를 계상하여야 한다.

② 예비비의 지출은 다음 해 지방의회의 승인을 받아야 한다.

제145조(추가경정예산)

① 지방자치단체의 장은 예산을 변경할 필요가 있으면 추가경정예산안을 편성하여 지방의회의 의결을 받아야 한다.

② 제1항의 경우에는 제142조제3항 및 제4항을 준용한다.

제146조(예산이 성립하지 아니할 때의 예산 집행)

지방의회에서 새로운 회계연도가 시작될 때까지 예산안이 의결되지 못하면 지방자치단체의 장은 지방의회에서 예산안이 의결될 때까지 다음 각 호의 목적을 위한 경비를 전년도 예산에 준하여 집행할 수 있다.

1. 법령이나 조례에 따라 설치된 기관이나 시설의 유지·운영
2. 법령상 또는 조례상 지출의무의 이행

3. 이미 예산으로 승인된 사업의 계속

제147조(지방자치단체를 신설할 때의 예산)

① 지방자치단체를 폐지하거나 설치하거나 나누거나 합쳐 새로운 지방자치단체가 설치된 경우에는 지체 없이 그 지방자치단체의 예산을 편성하여야 한다.

② 제1항의 경우에 해당 지방자치단체의 장은 예산이 성립될 때까지 필요한 경상적 수입과 지출을 할 수 있다. 이 경우 수입과 지출은 새로 성립될 예산에 포함시켜야 한다.

제148조(재정부담이 따르는 조례 제정 등)

지방의회는 새로운 재정부담이 따르는 조례나 안건을 의결하려면 미리 지방자치단체의 장의 의견을 들어야 한다.

제149조(예산의 이송 · 고시 등)

① 지방의회의 의장은 예산안이 의결되면 그날부터 3일 이내에 지방자치단체의 장에게 이송하여야 한다.

② 지방자치단체의 장은 제1항에 따라 예산을 이송받으면 지체 없이 시 · 도에서는 행정안전부장관에게, 시 · 군 및 자치구에서는 시 · 도지사에게 각각 보고하고, 그 내용을 고시하여야 한다. 다만, 제121조에 따른 재의 요구를 할 때에는 그러하지 아니하다.

제150조(결산)

① 지방자치단체의 장은 출납 폐쇄 후 80일 이내에 결산서와 증명서류를 작성하고 지방의회가 선임한 검사위원의 검사의견서를 첨부하여 다음 해 지방의회의 승인을 받아야 한다. 결산의 심사 결과 위법하거나 부당한 사항이 있는 경우에 지방의회는 본회의 의결 후 지방자치단체 또는 해당

기관에 변상 및 징계 조치 등 그 시정을 요구하고, 지방자치단체 또는 해당 기관은 시정 요구를 받은 사항을 지체 없이 처리하여 그 결과를 지방의회에 보고하여야 한다.

② 지방자치단체의 장은 제1항에 따른 승인을 받으면 그날부터 5일 이내에 시·도에서는 행정안전부장관에게, 시·군 및 자치구에서는 시·도지사에게 각각 보고하고, 그 내용을 고시하여야 한다.

③ 제1항에 따른 검사위원의 선임과 운영에 필요한 사항은 대통령령으로 정한다.

제151조(지방자치단체가 없어졌을 때의 결산)

① 지방자치단체를 폐지하거나 설치하거나 나누거나 합쳐 없어진 지방자치단체의 수입과 지출은 없어진 날로 마감하되, 그 지방자치단체의 장이었던 사람이 결산하여야 한다.

② 제1항의 결산은 제150조제1항에 따라 사무를 인수한 지방자치단체의 의회의 승인을 받아야 한다.

제3절 수입과 지출

제152조(지방세)

지방자치단체는 법률로 정하는 바에 따라 지방세를 부과·징수할 수 있다.

제153조(사용료)

지방자치단체는 공공시설의 이용 또는 재산의 사용에 대하여 사용료를 징수할 수 있다.

제154조(수수료)

① 지방자치단체는 그 지방자치단체의 사무가 특정인을 위한 것이면 그

사무에 대하여 수수료를 징수할 수 있다.

② 지방자치단체는 국가나 다른 지방자치단체의 위임사무가 특정인을 위한 것이면 그 사무에 대하여 수수료를 징수할 수 있다.

③ 제2항에 따른 수수료는 그 지방자치단체의 수입으로 한다. 다만, 법령에 달리 정해진 경우에는 그러하지 아니하다.

제155조(분담금)

지방자치단체는 그 재산 또는 공공시설의 설치로 주민의 일부가 특히 이익을 받으면 이익을 받는 자로부터 그 이익의 범위에서 분담금을 징수할 수 있다.

제156조(사용료의 징수조례 등)

① 사용료 · 수수료 또는 분담금의 징수에 관한 사항은 조례로 정한다. 다만, 국가가 지방자치단체나 그 기관에 위임한 사무와 자치사무의 수수료 중 전국적으로 통일할 필요가 있는 수수료는 다른 법령의 규정에도 불구하고 대통령령으로 정하는 표준금액으로 징수하되, 지방자치단체가 다른 금액으로 징수하려는 경우에는 표준금액의 50퍼센트 범위에서 조례로 가감 조정하여 징수할 수 있다.

② 사기나 그 밖의 부정한 방법으로 사용료 · 수수료 또는 분담금의 징수를 면한 자에게는 그 징수를 면한 금액의 5배 이내의 과태료를, 공공시설을 부정사용한 자에게는 50만원 이하의 과태료를 부과하는 규정을 조례로 정할 수 있다.

③ 제2항에 따른 과태료의 부과 · 징수, 재판 및 집행 등의 절차에 관한 사항은 「질서위반행위규제법」에 따른다.

제157조(사용료 등의 부과 · 징수, 이의신청)

① 사용료·수수료 또는 분담금은 공평한 방법으로 부과하거나 징수하여야 한다.

② 사용료·수수료 또는 분담금의 부과나 징수에 대하여 이의가 있는 자는 그 처분을 통지받은 날부터 90일 이내에 그 지방자치단체의 장에게 이의신청할 수 있다.

③ 지방자치단체의 장은 제2항의 이의신청을 받은 날부터 60일 이내에 결정을 하여 알려야 한다.

④ 사용료·수수료 또는 분담금의 부과나 징수에 대하여 행정소송을 제기하려면 제3항에 따른 결정을 통지받은 날부터 90일 이내에 처분청을 당사자로 하여 소를 제기하여야 한다.

⑤ 제3항에 따른 결정기간에 결정의 통지를 받지 못하면 제4항에도 불구하고 그 결정기간이 지난 날부터 90일 이내에 소를 제기할 수 있다.

⑥ 제2항과 제3항에 따른 이의신청의 방법과 절차 등에 관하여는 「지방세기본법」 제90조와 제94조부터 제100조까지의 규정을 준용한다.

⑦ 지방자치단체의 장은 사용료·수수료 또는 분담금을 내야 할 자가 납부기한까지 그 사용료·수수료 또는 분담금을 내지 아니하면 지방세 체납처분의 예에 따라 징수할 수 있다.

제158조(경비의 지출)

지방자치단체는 자치사무 수행에 필요한 경비와 위임된 사무에 필요한 경비를 지출할 의무를 진다. 다만, 국가사무나 지방자치단체사무를 위임할 때에는 사무를 위임한 국가나 지방자치단체에서 그 경비를 부담하여야 한다.

제4절 재산 및 공공시설

제159조(재산과 기금의 설치)

① 지방자치단체는 행정목적을 달성하기 위한 경우나 공익상 필요한 경우에는 재산(현금 외의 모든 재산적 가치가 있는 물건과 권리를 말한다)을 보유하거나 특정한 자금을 운용하기 위한 기금을 설치할 수 있다.

② 제1항의 재산의 보유, 기금의 설치·운용에 필요한 사항은 조례로 정한다.

제160조(재산의 관리와 처분)

지방자치단체의 재산은 법령이나 조례에 따르지 아니하고는 교환·양여(讓與)·대여하거나 출자 수단 또는 지급 수단으로 사용할 수 없다.

제161조(공공시설)

① 지방자치단체는 주민의 복지를 증진하기 위하여 공공시설을 설치할 수 있다.

② 제1항의 공공시설의 설치와 관리에 관하여 다른 법령에 규정이 없으면 조례로 정한다.

③ 제1항의 공공시설은 관계 지방자치단체의 동의를 받아 그 지방자치단체의 구역 밖에 설치할 수 있다.

제5절 보칙

제162조(지방재정 운영에 관한 법률의 제정)

지방자치단체의 재정에 관하여 이 법에서 정한 것 외에 필요한 사항은 따로 법률로 정한다.

제163조(지방공기업의 설치·운영)

① 지방자치단체는 주민의 복리증진과 사업의 효율적 수행을 위하여 지방공기업을 설치·운영할 수 있다.

② 지방공기업의 설치 · 운영에 필요한 사항은 따로 법률로 정한다.

제8장 지방자치단체 상호 간의 관계
제1절 지방자치단체 간의 협력과 분쟁조정
제164조(지방자치단체 상호 간의 협력)

① 지방자치단체는 다른 지방자치단체로부터 사무의 공동처리에 관한 요청이나 사무처리에 관한 협의 · 조정 · 승인 또는 지원의 요청을 받으면 법령의 범위에서 협력하여야 한다.

② 관계 중앙행정기관의 장은 지방자치단체 간의 협력 활성화를 위하여 필요한 지원을 할 수 있다.

제165조(지방자치단체 상호 간의 분쟁조정)

① 지방자치단체 상호 간 또는 지방자치단체의 장 상호 간에 사무를 처리할 때 의견이 달라 다툼(이하 "분쟁"이라 한다)이 생기면 다른 법률에 특별한 규정이 없으면 행정안전부장관이나 시 · 도지사가 당사자의 신청을 받아 조정할 수 있다. 다만, 그 분쟁이 공익을 현저히 해쳐 조속한 조정이 필요하다고 인정되면 당사자의 신청이 없어도 직권으로 조정할 수 있다.

② 제1항 단서에 따라 행정안전부장관이나 시 · 도지사가 분쟁을 조정하는 경우에는 그 취지를 미리 당사자에게 알려야 한다.

③ 행정안전부장관이나 시 · 도지사가 제1항의 분쟁을 조정하려는 경우에는 관계 중앙행정기관의 장과의 협의를 거쳐 제166조에 따른 지방자치단체중앙분쟁조정위원회나 지방자치단체지방분쟁조정위원회의 의결에 따라 조정을 결정하여야 한다.

④ 행정안전부장관이나 시 · 도지사는 제3항에 따라 조정을 결정하면

서면으로 지체 없이 관계 지방자치단체의 장에게 통보하여야 하며, 통보를 받은 지방자치단체의 장은 그 조정 결정 사항을 이행하여야 한다.

⑤ 제3항에 따른 조정 결정 사항 중 예산이 필요한 사항에 대해서는 관계 지방자치단체는 필요한 예산을 우선적으로 편성하여야 한다. 이 경우 연차적으로 추진하여야 할 사항은 연도별 추진계획을 행정안전부장관이나 시·도지사에게 보고하여야 한다.

⑥ 행정안전부장관이나 시·도지사는 제3항의 조정 결정에 따른 시설의 설치 또는 서비스의 제공으로 이익을 얻거나 그 원인을 일으켰다고 인정되는 지방자치단체에 대해서는 그 시설비나 운영비 등의 전부나 일부를 행정안전부장관이 정하는 기준에 따라 부담하게 할 수 있다.

⑦ 행정안전부장관이나 시·도지사는 제4항부터 제6항까지의 규정에 따른 조정 결정 사항이 성실히 이행되지 아니하면 그 지방자치단체에 대하여 제189조를 준용하여 이행하게 할 수 있다.

제166조(지방자치단체중앙분쟁조정위원회 등의 설치와 구성 등)

① 제165조제1항에 따른 분쟁의 조정과 제173조제1항에 따른 협의사항의 조정에 필요한 사항을 심의·의결하기 위하여 행정안전부에 지방자치단체중앙분쟁조정위원회(이하 "중앙분쟁조정위원회"라 한다)를, 시·도에 지방자치단체지방분쟁조정위원회(이하 "지방분쟁조정위원회"라 한다)를 둔다.

② 중앙분쟁조정위원회는 다음 각 호의 분쟁을 심의·의결한다.

1. 시·도 간 또는 그 장 간의 분쟁

2. 시·도를 달리하는 시·군 및 자치구 간 또는 그 장 간의 분쟁

3. 시·도와 시·군 및 자치구 간 또는 그 장 간의 분쟁

4. 시·도와 지방자치단체조합 간 또는 그 장 간의 분쟁

5. 시ㆍ도를 달리하는 시ㆍ군 및 자치구와 지방자치단체조합 간 또는 그 장 간의 분쟁

6. 시ㆍ도를 달리하는 지방자치단체조합 간 또는 그 장 간의 분쟁

③ 지방분쟁조정위원회는 제2항 각 호에 해당하지 아니하는 지방자치단체ㆍ지방자치단체조합 간 또는 그 장 간의 분쟁을 심의ㆍ의결한다.

④ 중앙분쟁조정위원회와 지방분쟁조정위원회(이하 "분쟁조정위원회"라 한다)는 각각 위원장 1명을 포함하여 11명 이내의 위원으로 구성한다.

⑤ 중앙분쟁조정위원회의 위원장과 위원 중 5명은 다음 각 호의 사람 중에서 행정안전부장관의 제청으로 대통령이 임명하거나 위촉하고, 대통령령으로 정하는 중앙행정기관 소속 공무원은 당연직위원이 된다.

1. 대학에서 부교수 이상으로 3년 이상 재직 중이거나 재직한 사람

2. 판사ㆍ검사 또는 변호사의 직에 6년 이상 재직 중이거나 재직한 사람

3. 그 밖에 지방자치사무에 관한 학식과 경험이 풍부한 사람

⑥ 지방분쟁조정위원회의 위원장과 위원 중 5명은 제5항 각 호의 사람 중에서 시ㆍ도지사가 임명하거나 위촉하고, 조례로 정하는 해당 지방자치단체 소속 공무원은 당연직위원이 된다.

⑦ 공무원이 아닌 위원장 및 위원의 임기는 3년으로 하며, 연임할 수 있다. 다만, 보궐위원의 임기는 전임자 임기의 남은 기간으로 한다.

제167조(분쟁조정위원회의 운영 등)

① 분쟁조정위원회는 위원장을 포함한 위원 7명 이상의 출석으로 개의하고, 출석위원 3분의 2 이상의 찬성으로 의결한다.

② 분쟁조정위원회의 위원장은 분쟁의 조정과 관련하여 필요하다고 인정하면 관계 공무원, 지방자치단체조합의 직원 또는 관계 전문가를 출석

시켜 의견을 듣거나 관계 기관이나 단체에 대하여 자료 및 의견 제출 등을 요구할 수 있다. 이 경우 분쟁의 당사자에게는 의견을 진술할 기회를 주어야 한다.

③ 이 법에서 정한 사항 외에 분쟁조정위원회의 구성과 운영 등에 필요한 사항은 대통령령으로 정한다.

제168조(사무의 위탁)

① 지방자치단체나 그 장은 소관 사무의 일부를 다른 지방자치단체나 그 장에게 위탁하여 처리하게 할 수 있다.

② 지방자치단체나 그 장은 제1항에 따라 사무를 위탁하려면 관계 지방자치단체와의 협의에 따라 규약을 정하여 고시하여야 한다.

③ 제2항의 사무위탁에 관한 규약에는 다음 각 호의 사항이 포함되어야 한다.

1. 사무를 위탁하는 지방자치단체와 사무를 위탁받는 지방자치단체

2. 위탁사무의 내용과 범위

3. 위탁사무의 관리와 처리방법

4. 위탁사무의 관리와 처리에 드는 경비의 부담과 지출방법

5. 그 밖에 사무위탁에 필요한 사항

④ 지방자치단체나 그 장은 사무위탁을 변경하거나 해지하려면 관계 지방자치단체나 그 장과 협의하여 그 사실을 고시하여야 한다.

⑤ 사무가 위탁된 경우 위탁된 사무의 관리와 처리에 관한 조례나 규칙은 규약에 다르게 정해진 경우 외에는 사무를 위탁받은 지방자치단체에 대해서도 적용한다.

제2절 행정협의회

제169조(행정협의회의 구성)

① 지방자치단체는 2개 이상의 지방자치단체에 관련된 사무의 일부를 공동으로 처리하기 위하여 관계 지방자치단체 간의 행정협의회(이하 "협의회"라 한다)를 구성할 수 있다. 이 경우 지방자치단체의 장은 시·도가 구성원이면 행정안전부장관과 관계 중앙행정기관의 장에게, 시·군 또는 자치구가 구성원이면 시·도지사에게 이를 보고하여야 한다.

② 지방자치단체는 협의회를 구성하려면 관계 지방자치단체 간의 협의에 따라 규약을 정하여 관계 지방의회에 각각 보고한 다음 고시하여야 한다.

③ 행정안전부장관이나 시·도지사는 공익상 필요하면 관계 지방자치단체에 대하여 협의회를 구성하도록 권고할 수 있다.

제170조(협의회의 조직)

① 협의회는 회장과 위원으로 구성한다.

② 회장과 위원은 규약으로 정하는 바에 따라 관계 지방자치단체의 직원 중에서 선임한다.

③ 회장은 협의회를 대표하며 회의를 소집하고 협의회의 사무를 총괄한다.

제171조(협의회의 규약)

협의회의 규약에는 다음 각 호의 사항이 포함되어야 한다.

1. 협의회의 명칭
2. 협의회를 구성하는 지방자치단체
3. 협의회가 처리하는 사무
4. 협의회의 조직과 회장 및 위원의 선임방법
5. 협의회의 운영과 사무처리에 필요한 경비의 부담이나 지출방법

6. 그 밖에 협의회의 구성과 운영에 필요한 사항

제172조(협의회의 자료제출 요구 등)

협의회는 사무를 처리하기 위하여 필요하다고 인정하면 관계 지방자치단체의 장에게 자료 제출, 의견 제시, 그 밖에 필요한 협조를 요구할 수 있다.

제173조(협의사항의 조정)

① 협의회에서 합의가 이루어지지 아니한 사항에 대하여 관계 지방자치단체의 장이 조정을 요청하면 시·도 간의 협의사항에 대해서는 행정안전부장관이, 시·군 및 자치구 간의 협의사항에 대해서는 시·도지사가 조정할 수 있다. 다만, 관계되는 시·군 및 자치구가 2개 이상의 시·도에 걸쳐 있는 경우에는 행정안전부장관이 조정할 수 있다.

② 행정안전부장관이나 시·도지사가 제1항에 따라 조정을 하려면 관계 중앙행정기관의 장과의 협의를 거쳐 분쟁조정위원회의 의결에 따라 조정하여야 한다.

제174조(협의회의 협의 및 사무처리의 효력)

① 협의회를 구성한 관계 지방자치단체는 협의회가 결정한 사항이 있으면 그 결정에 따라 사무를 처리하여야 한다.

② 제173조제1항에 따라 행정안전부장관이나 시·도지사가 조정한 사항에 관하여는 제165조제3항부터 제6항까지의 규정을 준용한다.

③ 협의회가 관계 지방자치단체나 그 장의 명의로 한 사무의 처리는 관계 지방자치단체나 그 장이 한 것으로 본다.

제175조(협의회의 규약변경 및 폐지)

지방자치단체가 협의회의 규약을 변경하거나 협의회를 없애려는 경우에는 제169조제1항 및 제2항을 준용한다.

제3절 지방자치단체조합

제176조(지방자치단체조합의 설립)

① 2개 이상의 지방자치단체가 하나 또는 둘 이상의 사무를 공동으로 처리할 필요가 있을 때에는 규약을 정하여 지방의회의 의결을 거쳐 시·도는 행정안전부장관의 승인, 시·군 및 자치구는 시·도지사의 승인을 받아 지방자치단체조합을 설립할 수 있다. 다만, 지방자치단체조합의 구성원인 시·군 및 자치구가 2개 이상의 시·도에 걸쳐 있는 지방자치단체조합은 행정안전부장관의 승인을 받아야 한다.

② 지방자치단체조합은 법인으로 한다.

제177조(지방자치단체조합의 조직)

① 지방자치단체조합에는 지방자치단체조합회의와 지방자치단체조합장 및 사무직원을 둔다.

② 지방자치단체조합회의의 위원과 지방자치단체조합장 및 사무직원은 지방자치단체조합규약으로 정하는 바에 따라 선임한다.

③ 관계 지방의회의원과 관계 지방자치단체의 장은 제43조제1항과 제109조제1항에도 불구하고 지방자치단체조합회의의 위원이나 지방자치단체조합장을 겸할 수 있다.

제178조(지방자치단체조합회의와 지방자치단체조합장의 권한)

① 지방자치단체조합회의는 지방자치단체조합의 규약으로 정하는 바에 따라 지방자치단체조합의 중요 사무를 심의·의결한다.

② 지방자치단체조합회의는 지방자치단체조합이 제공하는 서비스에 대한 사용료·수수료 또는 분담금을 제156조제1항에 따른 조례로 정한 범위에서 정할 수 있다.

③ 지방자치단체조합장은 지방자치단체조합을 대표하며 지방자치단체조합의 사무를 총괄한다.

제179조(지방자치단체조합의 규약)

지방자치단체조합의 규약에는 다음 각 호의 사항이 포함되어야 한다.

1. 지방자치단체조합의 명칭

2. 지방자치단체조합을 구성하는 지방자치단체

3. 사무소의 위치

4. 지방자치단체조합의 사무

5. 지방자치단체조합회의의 조직과 위원의 선임방법

6. 집행기관의 조직과 선임방법

7. 지방자치단체조합의 운영 및 사무처리에 필요한 경비의 부담과 지출방법

8. 그 밖에 지방자치단체조합의 구성과 운영에 관한 사항

제180조(지방자치단체조합의 지도 · 감독)

① 시 · 도가 구성원인 지방자치단체조합은 행정안전부장관, 시 · 군 및 자치구가 구성원인 지방자치단체조합은 1차로 시 · 도지사, 2차로 행정안전부장관의 지도 · 감독을 받는다. 다만, 지방자치단체조합의 구성원인 시 · 군 및 자치구가 2개 이상의 시 · 도에 걸쳐 있는 지방자치단체조합은 행정안전부장관의 지도 · 감독을 받는다.

② 행정안전부장관은 공익상 필요하면 지방자치단체조합의 설립이나 해산 또는 규약 변경을 명할 수 있다.

제181조(지방자치단체조합의 규약 변경 및 해산)

① 지방자치단체조합의 규약을 변경하거나 지방자치단체조합을 해산하

려는 경우에는 제176조제1항을 준용한다.

② 지방자치단체조합을 해산한 경우에 그 재산의 처분은 관계 지방자치단체의 협의에 따른다.

제4절 지방자치단체의 장 등의 협의체

제182조(지방자치단체의 장 등의 협의체)

① 지방자치단체의 장이나 지방의회의 의장은 상호 간의 교류와 협력을 증진하고, 공동의 문제를 협의하기 위하여 다음 각 호의 구분에 따라 각각 전국적 협의체를 설립할 수 있다.

1. 시 · 도지사

2. 시 · 도의회의 의장

3. 시장 · 군수 및 자치구의 구청장

4. 시 · 군 및 자치구의회의 의장

② 제1항 각 호의 전국적 협의체는 그들 모두가 참가하는 지방자치단체 연합체를 설립할 수 있다.

③ 제1항에 따른 협의체나 제2항에 따른 연합체를 설립하였을 때에는 그 협의체 · 연합체의 대표자는 지체 없이 행정안전부장관에게 신고하여야 한다.

④ 제1항에 따른 협의체나 제2항에 따른 연합체는 지방자치에 직접적인 영향을 미치는 법령 등에 관한 의견을 행정안전부장관에게 제출할 수 있으며, 행정안전부장관은 제출된 의견을 관계 중앙행정기관의 장에게 통보하여야 한다.

⑤ 관계 중앙행정기관의 장은 제4항에 따라 통보된 내용에 대하여 통보를 받은 날부터 2개월 이내에 타당성을 검토하여 행정안전부장관에게 결

과를 통보하여야 하고, 행정안전부장관은 통보받은 검토 결과를 해당 협의체나 연합체에 지체 없이 통보하여야 한다. 이 경우 관계 중앙행정기관의 장은 검토 결과 타당성이 없다고 인정하면 구체적인 사유 및 내용을 밝혀 통보하여야 하며, 타당하다고 인정하면 관계 법령에 그 내용이 반영될 수 있도록 적극 협력하여야 한다.

⑥ 제1항에 따른 협의체나 제2항에 따른 연합체는 지방자치와 관련된 법률의 제정·개정 또는 폐지가 필요하다고 인정하는 경우에는 국회에 서면으로 의견을 제출할 수 있다.

⑦ 제1항에 따른 협의체나 제2항에 따른 연합체의 설립신고와 운영, 그 밖에 필요한 사항은 대통령령으로 정한다.

제9장 국가와 지방자치단체 간의 관계

제183조(국가와 지방자치단체의 협력 의무)

국가와 지방자치단체는 주민에 대한 균형적인 공공서비스 제공과 지역 간 균형발전을 위하여 협력하여야 한다.

제184조(지방자치단체의 사무에 대한 지도와 지원)

① 중앙행정기관의 장이나 시·도지사는 지방자치단체의 사무에 관하여 조언 또는 권고하거나 지도할 수 있으며, 이를 위하여 필요하면 지방자치단체에 자료 제출을 요구할 수 있다.

② 국가나 시·도는 지방자치단체가 그 지방자치단체의 사무를 처리하는 데 필요하다고 인정하면 재정지원이나 기술지원을 할 수 있다.

③ 지방자치단체의 장은 제1항의 조언·권고 또는 지도와 관련하여 중앙행정기관의 장이나 시·도지사에게 의견을 제출할 수 있다.

제185조(국가사무나 시ㆍ도 사무 처리의 지도ㆍ감독)

① 지방자치단체나 그 장이 위임받아 처리하는 국가사무에 관하여 시ㆍ도에서는 주무부장관, 시ㆍ군 및 자치구에서는 1차로 시ㆍ도지사, 2차로 주무부장관의 지도ㆍ감독을 받는다.

② 시ㆍ군 및 자치구나 그 장이 위임받아 처리하는 시ㆍ도의 사무에 관하여는 시ㆍ도지사의 지도ㆍ감독을 받는다.

제186조(중앙지방협력회의의 설치)

① 국가와 지방자치단체 간의 협력을 도모하고 지방자치 발전과 지역 간 균형발전에 관련되는 중요 정책을 심의하기 위하여 중앙지방협력회의를 둔다.

② 제1항에 따른 중앙지방협력회의의 구성과 운영에 관한 사항은 따로 법률로 정한다.

제187조(중앙행정기관과 지방자치단체 간 협의ㆍ조정)

① 중앙행정기관의 장과 지방자치단체의 장이 사무를 처리할 때 의견을 달리하는 경우 이를 협의ㆍ조정하기 위하여 국무총리 소속으로 행정협의조정위원회를 둔다.

② 행정협의조정위원회는 위원장 1명을 포함하여 13명 이내의 위원으로 구성한다.

③ 행정협의조정위원회의 위원은 다음 각 호의 사람이 되고, 위원장은 제3호의 위촉위원 중에서 국무총리가 위촉한다.

1. 기획재정부장관, 행정안전부장관, 국무조정실장 및 법제처장

2. 안건과 관련된 중앙행정기관의 장과 시ㆍ도지사 중 위원장이 지명하는 사람

3. 그 밖에 지방자치에 관한 학식과 경험이 풍부한 사람 중에서 국무총리가 위촉하는 사람 4명

④ 제1항부터 제3항까지에서 규정한 사항 외에 행정협의조정위원회의 구성과 운영 등에 필요한 사항은 대통령령으로 정한다.

제188조(위법 · 부당한 명령이나 처분의 시정)

① 지방자치단체의 사무에 관한 지방자치단체의 장(제103조제2항에 따른 사무의 경우에는 지방의회의 의장을 말한다. 이하 이 조에서 같다)의 명령이나 처분이 법령에 위반되거나 현저히 부당하여 공익을 해친다고 인정되면 시 · 도에 대해서는 주무부장관이, 시 · 군 및 자치구에 대해서는 시 · 도지사가 기간을 정하여 서면으로 시정할 것을 명하고, 그 기간에 이행하지 아니하면 이를 취소하거나 정지할 수 있다.

② 주무부장관은 지방자치단체의 사무에 관한 시장 · 군수 및 자치구의 구청장의 명령이나 처분이 법령에 위반되거나 현저히 부당하여 공익을 해침에도 불구하고 시 · 도지사가 제1항에 따른 시정명령을 하지 아니하면 시 · 도지사에게 기간을 정하여 시정명령을 하도록 명할 수 있다.

③ 주무부장관은 시 · 도지사가 제2항에 따른 기간에 시정명령을 하지 아니하면 제2항에 따른 기간이 지난 날부터 7일 이내에 직접 시장 · 군수 및 자치구의 구청장에게 기간을 정하여 서면으로 시정할 것을 명하고, 그 기간에 이행하지 아니하면 주무부장관이 시장 · 군수 및 자치구의 구청장의 명령이나 처분을 취소하거나 정지할 수 있다.

④ 주무부장관은 시 · 도지사가 시장 · 군수 및 자치구의 구청장에게 제1항에 따라 시정명령을 하였으나 이를 이행하지 아니한 데 따른 취소 · 정지를 하지 아니하는 경우에는 시 · 도지사에게 기간을 정하여 시장 · 군수

및 자치구의 구청장의 명령이나 처분을 취소하거나 정지할 것을 명하고, 그 기간에 이행하지 아니하면 주무부장관이 이를 직접 취소하거나 정지할 수 있다.

⑤ 제1항부터 제4항까지의 규정에 따른 자치사무에 관한 명령이나 처분에 대한 주무부장관 또는 시·도지사의 시정명령, 취소 또는 정지는 법령을 위반한 것에 한정한다.

⑥ 지방자치단체의 장은 제1항, 제3항 또는 제4항에 따른 자치사무에 관한 명령이나 처분의 취소 또는 정지에 대하여 이의가 있으면 그 취소처분 또는 정지처분을 통보받은 날부터 15일 이내에 대법원에 소를 제기할 수 있다.

제189조(지방자치단체의 장에 대한 직무이행명령)

① 지방자치단체의 장이 법령에 따라 그 의무에 속하는 국가위임사무나 시·도위임사무의 관리와 집행을 명백히 게을리하고 있다고 인정되면 시·도에 대해서는 주무부장관이, 시·군 및 자치구에 대해서는 시·도지사가 기간을 정하여 서면으로 이행할 사항을 명령할 수 있다.

② 주무부장관이나 시·도지사는 해당 지방자치단체의 장이 제1항의 기간에 이행명령을 이행하지 아니하면 그 지방자치단체의 비용부담으로 대집행 또는 행정상·재정상 필요한 조치(이하 이 조에서 "대집행등"이라 한다)를 할 수 있다. 이 경우 행정대집행에 관하여는 「행정대집행법」을 준용한다.

③ 주무부장관은 시장·군수 및 자치구의 구청장이 법령에 따라 그 의무에 속하는 국가위임사무의 관리와 집행을 명백히 게을리하고 있다고 인정됨에도 불구하고 시·도지사가 제1항에 따른 이행명령을 하지 아니하는 경우 시·도지사에게 기간을 정하여 이행명령을 하도록 명할 수 있다.

④ 주무부장관은 시·도지사가 제3항에 따른 기간에 이행명령을 하지 아니하면 제3항에 따른 기간이 지난 날부터 7일 이내에 직접 시장·군수 및 자치구의 구청장에게 기간을 정하여 이행명령을 하고, 그 기간에 이행하지 아니하면 주무부장관이 직접 대집행등을 할 수 있다.

⑤ 주무부장관은 시·도지사가 시장·군수 및 자치구의 구청장에게 제1항에 따라 이행명령을 하였으나 이를 이행하지 아니한 데 따른 대집행등을 하지 아니하는 경우에는 시·도지사에게 기간을 정하여 대집행등을 하도록 명하고, 그 기간에 대집행등을 하지 아니하면 주무부장관이 직접 대집행등을 할 수 있다.

⑥ 지방자치단체의 장은 제1항 또는 제4항에 따른 이행명령에 이의가 있으면 이행명령서를 접수한 날부터 15일 이내에 대법원에 소를 제기할 수 있다. 이 경우 지방자치단체의 장은 이행명령의 집행을 정지하게 하는 집행정지결정을 신청할 수 있다.

제190조(지방자치단체의 자치사무에 대한 감사)

① 행정안전부장관이나 시·도지사는 지방자치단체의 자치사무에 관하여 보고를 받거나 서류·장부 또는 회계를 감사할 수 있다. 이 경우 감사는 법령 위반사항에 대해서만 한다.

② 행정안전부장관 또는 시·도지사는 제1항에 따라 감사를 하기 전에 해당 사무의 처리가 법령에 위반되는지 등을 확인하여야 한다.

제191조(지방자치단체에 대한 감사 절차 등)

① 주무부장관, 행정안전부장관 또는 시·도지사는 이미 감사원 감사 등이 실시된 사안에 대해서는 새로운 사실이 발견되거나 중요한 사항이 누락된 경우 등 대통령령으로 정하는 경우를 제외하고는 감사 대상에서

제외하고 종전의 감사 결과를 활용하여야 한다.

② 주무부장관과 행정안전부장관은 다음 각 호의 어느 하나에 해당하는 감사를 하려고 할 때에는 지방자치단체의 수감부담을 줄이고 감사의 효율성을 높이기 위하여 같은 기간 동안 함께 감사를 할 수 있다.

1. 제185조에 따른 주무부장관의 위임사무 감사

2. 제190조에 따른 행정안전부장관의 자치사무 감사

③ 제185조, 제190조 및 이 조 제2항에 따른 감사의 절차·방법 등에 관하여 필요한 사항은 대통령령으로 정한다.

제192조(지방의회 의결의 재의와 제소)

① 지방의회의 의결이 법령에 위반되거나 공익을 현저히 해친다고 판단되면 시·도에 대해서는 주무부장관이, 시·군 및 자치구에 대해서는 시·도지사가 해당 지방자치단체의 장에게 재의를 요구하게 할 수 있고, 재의 요구 지시를 받은 지방자치단체의 장은 의결사항을 이송받은 날부터 20일 이내에 지방의회에 이유를 붙여 재의를 요구하여야 한다.

② 시·군 및 자치구의회의 의결이 법령에 위반된다고 판단됨에도 불구하고 시·도지사가 제1항에 따라 재의를 요구하게 하지 아니한 경우 주무부장관이 직접 시장·군수 및 자치구의 구청장에게 재의를 요구하게 할 수 있고, 재의 요구 지시를 받은 시장·군수 및 자치구의 구청장은 의결사항을 이송받은 날부터 20일 이내에 지방의회에 이유를 붙여 재의를 요구하여야 한다.

③ 제1항 또는 제2항의 요구에 대하여 재의한 결과 재적의원 과반수의 출석과 출석의원 3분의 2 이상의 찬성으로 전과 같은 의결을 하면 그 의결사항은 확정된다.

④ 지방자치단체의 장은 제3항에 따라 재의결된 사항이 법령에 위반된다고 판단되면 재의결된 날부터 20일 이내에 대법원에 소를 제기할 수 있다. 이 경우 필요하다고 인정되면 그 의결의 집행을 정지하게 하는 집행정지결정을 신청할 수 있다.

⑤ 주무부장관이나 시·도지사는 재의결된 사항이 법령에 위반된다고 판단됨에도 불구하고 해당 지방자치단체의 장이 소를 제기하지 아니하면 시·도에 대해서는 주무부장관이, 시·군 및 자치구에 대해서는 시·도지사(제2항에 따라 주무부장관이 직접 재의 요구 지시를 한 경우에는 주무부장관을 말한다. 이하 이 조에서 같다)가 그 지방자치단체의 장에게 제소를 지시하거나 직접 제소 및 집행정지결정을 신청할 수 있다.

⑥ 제5항에 따른 제소의 지시는 제4항의 기간이 지난 날부터 7일 이내에 하고, 해당 지방자치단체의 장은 제소 지시를 받은 날부터 7일 이내에 제소하여야 한다.

⑦ 주무부장관이나 시·도지사는 제6항의 기간이 지난 날부터 7일 이내에 제5항에 따른 직접 제소 및 집행정지결정을 신청할 수 있다.

⑧ 제1항 또는 제2항에 따라 지방의회의 의결이 법령에 위반된다고 판단되어 주무부장관이나 시·도지사로부터 재의 요구 지시를 받은 해당 지방자치단체의 장이 재의를 요구하지 아니하는 경우(법령에 위반되는 지방의회의 의결사항이 조례안인 경우로서 재의 요구 지시를 받기 전에 그 조례안을 공포한 경우를 포함한다)에는 주무부장관이나 시·도지사는 제1항 또는 제2항에 따른 기간이 지난 날부터 7일 이내에 대법원에 직접 제소 및 집행정지 결정을 신청할 수 있다.

⑨ 제1항 또는 제2항에 따른 지방의회의 의결이나 제3항에 따라 재의결

된 사항이 둘 이상의 부처와 관련되거나 주무부장관이 불분명하면 행정안전부장관이 재의 요구 또는 제소를 지시하거나 직접 제소 및 집행정지 결정을 신청할 수 있다.

제10장 국제교류·협력

제193조(지방자치단체의 역할)

지방자치단체는 국가의 외교·통상 정책과 배치되지 아니하는 범위에서 국제교류·협력, 통상·투자유치를 위하여 외국의 지방자치단체, 민간기관, 국제기구(국제연합과 그 산하기구·전문기구를 포함한 정부 간 기구, 지방자치단체 간 기구를 포함한 준정부 간 기구, 국제 비정부기구 등을 포함한다. 이하 같다)와 협력을 추진할 수 있다.

제194조(지방자치단체의 국제기구 지원)

지방자치단체는 국제기구 설립·유치 또는 활동 지원을 위하여 국제기구에 공무원을 파견하거나 운영비용 등 필요한 비용을 보조할 수 있다.

제195조(해외사무소 설치·운영)

① 지방자치단체는 국제교류·협력 등의 업무를 원활히 수행하기 위하여 필요한 곳에 단독 또는 지방자치단체 간 협력을 통해 공동으로 해외사무소를 설치할 수 있다.

② 지방자치단체는 해외사무소가 효율적으로 운영될 수 있도록 노력해야 한다.

제11장 서울특별시 및 대도시 등과 세종특별자치시 및 제주특별자치도의 행정특례

제196조(자치구의 재원)

특별시장이나 광역시장은 「지방재정법」에서 정하는 바에 따라 해당 지방자치단체의 관할 구역의 자치구 상호 간의 재원을 조정하여야 한다.

제197조(특례의 인정)

① 서울특별시의 지위 · 조직 및 운영에 대해서는 수도로서의 특수성을 고려하여 법률로 정하는 바에 따라 특례를 둘 수 있다.

② 세종특별자치시와 제주특별자치도의 지위 · 조직 및 행정 · 재정 등의 운영에 대해서는 행정체제의 특수성을 고려하여 법률로 정하는 바에 따라 특례를 둘 수 있다.

제198조(대도시 등에 대한 특례 인정)

① 서울특별시 · 광역시 및 특별자치시를 제외한 인구 50만 이상 대도시의 행정, 재정 운영 및 국가의 지도 · 감독에 대해서는 그 특성을 고려하여 관계 법률로 정하는 바에 따라 특례를 둘 수 있다.

② 제1항에도 불구하고 서울특별시 · 광역시 및 특별자치시를 제외한 다음 각 호의 어느 하나에 해당하는 대도시 및 시 · 군 · 구의 행정, 재정 운영 및 국가의 지도 · 감독에 대해서는 그 특성을 고려하여 관계 법률로 정하는 바에 따라 추가로 특례를 둘 수 있다.

1. 인구 100만 이상 대도시(이하 "특례시"라 한다)

2. 실질적인 행정수요, 국가균형발전 및 지방소멸위기 등을 고려하여 대통령령으로 정하는 기준과 절차에 따라 행정안전부장관이 지정하는 시 · 군 · 구

③ 제1항에 따른 인구 50만 이상 대도시와 제2항제1호에 따른 특례시의 인구 인정기준은 대통령령으로 정한다.

제12장 특별지방자치단체

제1절 설치

제199조(설치)

① 2개 이상의 지방자치단체가 공동으로 특정한 목적을 위하여 광역적으로 사무를 처리할 필요가 있을 때에는 특별지방자치단체를 설치할 수 있다. 이 경우 특별지방자치단체를 구성하는 지방자치단체(이하 "구성 지방자치단체"라 한다)는 상호 협의에 따른 규약을 정하여 구성 지방자치단체의 지방의회 의결을 거쳐 행정안전부장관의 승인을 받아야 한다.

② 행정안전부장관은 제1항 후단에 따라 규약에 대하여 승인하는 경우 관계 중앙행정기관의 장 또는 시·도지사에게 그 사실을 알려야 한다.

③ 특별지방자치단체는 법인으로 한다.

④ 특별지방자치단체를 설치하기 위하여 국가 또는 시·도 사무의 위임이 필요할 때에는 구성 지방자치단체의 장이 관계 중앙행정기관의 장 또는 시·도지사에게 그 사무의 위임을 요청할 수 있다.

⑤ 행정안전부장관이 국가 또는 시·도 사무의 위임이 포함된 규약에 대하여 승인할 때에는 사전에 관계 중앙행정기관의 장 또는 시·도지사와 협의하여야 한다.

⑥ 구성 지방자치단체의 장이 제1항 후단에 따라 행정안전부장관의 승인을 받았을 때에는 규약의 내용을 지체 없이 고시하여야 한다. 이 경우 구성 지방자치단체의 장이 시장·군수 및 자치구의 구청장일 때에는 그 승인사항을 시·도지사에게 알려야 한다.

제200조(설치 권고 등)

행정안전부장관은 공익상 필요하다고 인정할 때에는 관계 지방자치단체에 대하여 특별지방자치단체의 설치, 해산 또는 규약 변경을 권고할 수 있다. 이 경우 행정안전부장관의 권고가 국가 또는 시·도 사무의 위임을 포함하고 있을 때에는 사전에 관계 중앙행정기관의 장 또는 시·도지사와 협의하여야 한다.

제201조(구역)

특별지방자치단체의 구역은 구성 지방자치단체의 구역을 합한 것으로 한다. 다만, 특별지방자치단체의 사무가 구성 지방자치단체 구역의 일부에만 관계되는 등 특별한 사정이 있을 때에는 해당 지방자치단체 구역의 일부만을 구역으로 할 수 있다.

제2절 규약과 기관 구성

제202조(규약 등)

① 특별지방자치단체의 규약에는 법령의 범위에서 다음 각 호의 사항이 포함되어야 한다.

1. 특별지방자치단체의 목적
2. 특별지방자치단체의 명칭
3. 구성 지방자치단체
4. 특별지방자치단체의 관할 구역
5. 특별지방자치단체의 사무소의 위치
6. 특별지방자치단체의 사무
7. 특별지방자치단체의 사무처리를 위한 기본계획에 포함되어야 할 사항
8. 특별지방자치단체의 지방의회의 조직, 운영 및 의원의 선임방법
9. 특별지방자치단체의 집행기관의 조직, 운영 및 장의 선임방법

10. 특별지방자치단체의 운영 및 사무처리에 필요한 경비의 부담 및 지출방법

11. 특별지방자치단체의 사무처리 개시일

12. 그 밖에 특별지방자치단체의 구성 및 운영에 필요한 사항

② 구성 지방자치단체의 장은 제1항의 규약을 변경하려는 경우에는 구성 지방자치단체의 지방의회 의결을 거쳐 행정안전부장관의 승인을 받아야 한다. 이 경우 국가 또는 시·도 사무의 위임에 관하여는 제199조제4항 및 제5항을 준용한다.

③ 구성 지방자치단체의 장은 제2항에 따라 행정안전부장관의 승인을 받았을 때에는 지체 없이 그 사실을 고시하여야 한다. 이 경우 구성 지방자치단체의 장이 시장·군수 및 자치구의 구청장일 때에는 그 승인사항을 시·도지사에게 알려야 한다.

제203조(기본계획 등)

① 특별지방자치단체의 장은 소관 사무를 처리하기 위한 기본계획(이하 "기본계획"이라 한다)을 수립하여 특별지방자치단체 의회의 의결을 받아야 한다. 기본계획을 변경하는 경우에도 또한 같다.

② 특별지방자치단체는 기본계획에 따라 사무를 처리하여야 한다.

③ 특별지방자치단체의 장은 구성 지방자치단체의 사무처리가 기본계획의 시행에 지장을 주거나 지장을 줄 우려가 있을 때에는 특별지방자치단체의 의회 의결을 거쳐 구성 지방자치단체의 장에게 필요한 조치를 요청할 수 있다.

제204조(의회의 조직 등)

① 특별지방자치단체의 의회는 규약으로 정하는 바에 따라 구성 지방자

치단체의 의회 의원으로 구성한다.

② 제1항의 지방의회의원은 제43조제1항에도 불구하고 특별지방자치단체의 의회 의원을 겸할 수 있다.

③ 특별지방자치단체의 의회가 의결하여야 할 안건 중 대통령령으로 정하는 중요한 사항에 대해서는 특별지방자치단체의 장에게 미리 통지하고, 특별지방자치단체의 장은 그 내용을 구성 지방자치단체의 장에게 통지하여야 한다. 그 의결의 결과에 대해서도 또한 같다.

제205조(집행기관의 조직 등)

① 특별지방자치단체의 장은 규약으로 정하는 바에 따라 특별지방자치단체의 의회에서 선출한다.

② 구성 지방자치단체의 장은 제109조에도 불구하고 특별지방자치단체의 장을 겸할 수 있다.

③ 특별지방자치단체의 의회 및 집행기관의 직원은 규약으로 정하는 바에 따라 특별지방자치단체 소속인 지방공무원과 구성 지방자치단체의 지방공무원 중에서 파견된 사람으로 구성한다.

제3절 운영

제206조(경비의 부담)

① 특별지방자치단체의 운영 및 사무처리에 필요한 경비는 구성 지방자치단체의 인구, 사무처리의 수혜범위 등을 고려하여 규약으로 정하는 바에 따라 구성 지방자치단체가 분담한다.

② 구성 지방자치단체는 제1항의 경비에 대하여 특별회계를 설치하여 운영하여야 한다.

③ 국가 또는 시·도가 사무를 위임하는 경우에는 그 사무를 수행하는 데 필요한 재정적 지원을 할 수 있다.

제207조(사무처리상황 등의 통지)

특별지방자치단체의 장은 대통령령으로 정하는 바에 따라 사무처리 상황 등을 구성 지방자치단체의 장 및 행정안전부장관(시·군 및 자치구만으로 구성하는 경우에는 시·도지사를 포함한다)에게 통지하여야 한다.

제208조(가입 및 탈퇴)

① 특별지방자치단체에 가입하거나 특별지방자치단체에서 탈퇴하려는 지방자치단체의 장은 해당 지방의회의 의결을 거쳐 특별지방자치단체의 장에게 가입 또는 탈퇴를 신청하여야 한다.

② 제1항에 따른 가입 또는 탈퇴의 신청을 받은 특별지방자치단체의 장은 특별지방자치단체 의회의 동의를 받아 신청의 수용 여부를 결정하되, 특별한 사유가 없으면 가입하거나 탈퇴하려는 지방자치단체의 의견을 존중하여야 한다.

③ 제2항에 따른 가입 및 탈퇴에 관하여는 제199조를 준용한다.

제209조(해산)

① 구성 지방자치단체는 특별지방자치단체가 그 설치 목적을 달성하는 등 해산의 사유가 있을 때에는 해당 지방의회의 의결을 거쳐 행정안전부장관의 승인을 받아 특별지방자치단체를 해산하여야 한다.

② 구성 지방자치단체는 제1항에 따라 특별지방자치단체를 해산할 경우에는 상호 협의에 따라 그 재산을 처분하고 사무와 직원의 재배치를 하여야 하며, 국가 또는 시·도 사무를 위임받았을 때에는 관계 중앙행정기관의 장 또는 시·도지사와 협의하여야 한다. 다만, 협의가 성립하지 아니

할 때에는 당사자의 신청을 받아 행정안전부장관이 조정할 수 있다.

제210조(지방자치단체에 관한 규정의 준용)

시 · 도, 시 · 도와 시 · 군 및 자치구 또는 2개 이상의 시 · 도에 걸쳐 있는 시 · 군 및 자치구로 구성되는 특별지방자치단체는 시 · 도에 관한 규정을, 시 · 군 및 자치구로 구성하는 특별지방자치단체는 시 · 군 및 자치구에 관한 규정을 준용한다. 다만, 제3조, 제1장제2절, 제11조부터 제14조까지, 제17조제3항, 제25조, 제4장, 제38조, 제39조, 제40조제1항제1호 및 제2호, 같은 조 제3항, 제41조, 제6장제1절제1관, 제106조부터 제108조까지, 제110조, 제112조제2호 후단, 같은 조 제3호, 제123조, 제124조, 제6장제3절(제130조는 제외한다)부터 제5절까지, 제152조, 제166조, 제167조 및 제8장제2절부터 제4절까지, 제11장에 관하여는 그러하지 아니하다.

제211조(다른 법률과의 관계)

① 다른 법률에서 지방자치단체 또는 지방자치단체의 장을 인용하고 있는 경우에는 제202조제1항에 따른 규약으로 정하는 사무를 처리하기 위한 범위에서는 특별지방자치단체 또는 특별지방자치단체의 장을 인용한 것으로 본다.

② 다른 법률에서 시 · 도 또는 시 · 도지사를 인용하고 있는 경우에는 제202조제1항에 따른 규약으로 정하는 사무를 처리하기 위한 범위에서는 시 · 도, 시 · 도와 시 · 군 및 자치구 또는 2개 이상의 시 · 도에 걸쳐 있는 시 · 군 및 자치구로 구성하는 특별지방자치단체 또는 특별지방자치단체의 장을 인용한 것으로 본다.

③ 다른 법률에서 시 · 군 및 자치구 또는 시장 · 군수 및 자치구의 구청장을 인용하고 있는 경우에는 제202조제1항에 따른 규약으로 정하는 사

무를 처리하기 위한 범위에서는 동일한 시·도 관할 구역의 시·군 및 자치구로 구성하는 특별지방자치단체 또는 특별지방자치단체의 장을 인용한 것으로 본다.

부칙 〈제18661호, 2021. 12. 28.〉(중소기업창업 지원법)

제1조 (시행일) 이 법은 공포 후 6개월이 경과한 날부터 시행한다. 다만, …〈생략〉… 부칙 제7조제27항은 2022년 1월 13일부터 시행한다.

제2조 부터 제6조까지 생략

제7조 (다른 법률의 개정) ①부터 ㉖까지 생략

㉗ 법률 제17893호 지방자치법 전부개정법률 일부를 다음과 같이 개정한다.

부칙 제22조제48항 중 "제39조의3제2항제1호"를 "제23조제2항제1호"로 한다.

제8조 생략

2   부록 : 지방분권법

지방자치분권 및 지방행정체제개편에 관한 특별법 (약칭: 지방분권법)

[시행 2021. 1. 1.] [법률 제16855호, 2019. 12. 31., 타법개정]

행정안전부(자치분권제도과) 044-205-3307

제1장 총칙

제1조(목적)

이 법은 지방자치분권과 지방행정체제 개편을 종합적 · 체계적 · 계획적으로 추진하기 위하여 기본원칙 · 추진과제 · 추진체제 등을 규정함으로써 성숙한 지방자치를 구현하고 지방의 발전과 국가의 경쟁력 향상을 도모하며 궁극적으로는 국민의 삶의 질을 제고하는 것을 목적으로 한다. 〈개정 2018. 3. 20.〉

제2조(정의)

이 법에서 사용하는 용어의 뜻은 다음과 같다. 〈개정 2018. 3. 20.〉

1. "지방자치분권"(이하 "자치분권"이라 한다)이란 국가 및 지방자치단체의 권한과 책임을 합리적으로 배분함으로써 국가 및 지방자치단체의 기능이 서로 조화를 이루도록 하고, 지방자치단체의 정책결정 및 집행과정에 주민의 직접적 참여를 확대하는 것을 말한다.

2. "지방행정체제"란 지방자치 및 지방행정의 계층구조, 지방자치단체의 관할구역, 특별시·광역시·도와 시·군·구 간의 기능배분 등과 관련한 일련의 체제를 말한다.

3. "지방자치단체의 통합"이란「지방자치법」제2조제1항제2호에서 정한 지방자치단체 중에서 2개 이상의 지방자치단체가 통합하여 새로운 지방자치단체를 설치하는 것을 말한다.

4. "통합 지방자치단체"란「지방자치법」제2조제1항제2호에서 정한 지방자치단체 중에서 2개 이상의 지방자치단체가 통합하여 설치된 지방자치단체를 말한다.

제3조(국가와 지방자치단체의 책무)

① 국가는 지방자치단체와「지방자치법」제165조에 따른 지방자치단체의 장 등의 협의체 및 각계각층의 의견을 수렴하여 자치분권 및 지방행정체제 개편에 필요한 법적·제도적인 조치를 마련하여야 하며, 자치분권정책을 수행하기 위한 법적 조치를 마련하는 때에는 포괄적·일괄적으로 하여야 한다.〈개정 2018. 3. 20.〉

② 지방자치단체는 국가가 추진하는 자치분권정책에 부응하여 행정 및 재정의 책임성과 효율성을 높이는 등의 개선조치를 마련하여야 한다.〈개정 2018. 3. 20.〉

③ 지방자치단체는 국가가 추진하는 지방행정체제 개편에 적극 협조하

여야 한다.

제4조(다른 법률과의 관계)

자치분권과 지방행정체제 개편 등에 관하여 이 법에 규정이 있는 경우에는 다른 법률에 우선하여 적용한다. 〈개정 2018. 3. 20.〉

제5조(자치분권 종합계획의 수립)

① 제44조에 따른 자치분권위원회(이하 "위원회"라 한다)는 자치분권 및 지방행정체제 개편을 효과적으로 추진하기 위하여 관계 중앙행정기관의 장과 협의하고 지방자치단체의 의견을 수렴하여 자치분권 종합계획을 수립하여야 한다. 〈개정 2018. 3. 20.〉

② 자치분권 종합계획은 다음 각 호의 사항을 포함하여야 한다. 〈개정 2018. 3. 20.〉

1. 자치분권 및 지방행정체제 개편에 관한 기본방향과 추진목표

2. 주요 추진과제 및 추진방법

3. 재원조달방안

4. 그 밖에 자치분권 및 지방행정체제 개편을 위하여 필요한 사항

③ 자치분권 종합계획은 국무회의의 심의를 거쳐 대통령에게 보고하여야 한다. 이미 수립된 자치분권 종합계획을 변경할 때에도 또한 같다. 〈개정 2018. 3. 20.〉

④ 위원회는 수립된 자치분권 종합계획을 국회에 보고하여야 한다. 〈개정 2018. 3. 20.〉

[제목개정 2018. 3. 20.]

제6조(연도별 시행계획의 수립·시행)

위원회는 제5조에 따른 자치분권 종합계획을 시행하기 위하여 관계 중

앙행정기관의 장과 협의를 거쳐 매년 자치분권 시행계획을 수립·시행하여야 한다. 〈개정 2018. 3. 20.〉

제2장 자치분권 〈개정 2018. 3. 20.〉
제1절 자치분권의 기본원칙 〈개정 2018. 3. 20.〉
제7조(자치분권의 기본이념)

자치분권은 주민의 자발적 참여를 통하여 지방자치단체가 그 지역에 관한 정책을 자율적으로 결정하고 자기의 책임하에 집행하도록 하며, 국가와 지방자치단체 간 또는 지방자치단체 상호간의 역할을 합리적으로 분담하도록 함으로써 지방의 창의성 및 다양성이 존중되는 내실 있는 지방자치를 실현함을 그 기본이념으로 한다. 〈개정 2018. 3. 20.〉

[제목개정 2018. 3. 20.]

제8조(지방자치와 관련되는 법령의 제정·개정)

① 중앙행정기관의 장은 지방자치와 관련되는 법령을 제정 또는 개정하는 경우에는 자치분권의 기본이념에 적합하도록 하여야 하며, 관련 현행 법령을 조속히 정비하여야 한다. 〈개정 2018. 3. 20.〉

② 중앙행정기관의 장은 지방자치와 관련되는 법령을 제정하거나 개정하려는 경우 미리 위원회에 통지하여야 한다.

③ 위원회는 제2항에 따라 중앙행정기관의 장으로부터 통지를 받은 법령에 대하여 지방자치발전을 위하여 필요하다고 인정하는 경우 중앙행정기관의 장에게 의견을 제출할 수 있다.

제9조(사무배분의 원칙)

① 국가는 지방자치단체가 행정을 종합적·자율적으로 수행할 수 있도

록 국가와 지방자치단체 간 또는 지방자치단체 상호간의 사무를 주민의 편익증진, 집행의 효과 등을 고려하여 서로 중복되지 아니하도록 배분하여야 한다.

② 국가는 제1항에 따라 사무를 배분하는 경우 지역주민생활과 밀접한 관련이 있는 사무는 원칙적으로 시·군 및 자치구(이하 "시·군·구"라 한다)의 사무로, 시·군·구가 처리하기 어려운 사무는 특별시·광역시·특별자치시·도 및 특별자치도(이하 "시·도"라 한다)의 사무로, 시·도가 처리하기 어려운 사무는 국가의 사무로 각각 배분하여야 한다.

③ 국가가 지방자치단체에 사무를 배분하거나 지방자치단체가 사무를 다른 지방자치단체에 재배분하는 때에는 사무를 배분 또는 재배분 받는 지방자치단체가 그 사무를 자기의 책임하에 종합적으로 처리할 수 있도록 관련 사무를 포괄적으로 배분하여야 한다.

④ 국가 및 지방자치단체는 제1항부터 제3항까지의 규정에 따라 사무를 배분하는 때에는 민간부문의 자율성을 존중하여 국가 또는 지방자치단체의 관여를 최소화하여야 하며, 민간의 행정참여기회를 확대하여야 한다.

제10조(자치분권정책의 시범실시)

국가는 자치분권정책을 추진함에 있어서 필요한 때에는 그 지방자치단체의 실정에 맞게 시범적·차등적으로 실시할 수 있다. 〈개정 2018. 3. 20.〉

[제목개정 2018. 3. 20.]

제2절 자치분권의 추진과제 〈개정 2018. 3. 20.〉
제11조(권한이양 및 사무구분체계의 정비 등)

① 국가는 제9조에 따른 사무배분의 원칙에 따라 그 권한 및 사무를 적극적으로 지방자치단체에 이양하여야 하며, 그 과정에서 국가사무 또는 시·도의 사무로서 시·도 또는 시·군·구의 장에게 위임된 사무는 원칙적으로 폐지하고 자치사무와 국가사무로 이분화하여야 한다.

② 국가는 권한 및 사무를 지방자치단체에 포괄적·일괄적으로 이양하기 위하여 필요한 법적 조치를 마련하여야 한다.

③ 국가는 지방자치단체에 이양한 권한 및 사무가 원활히 처리될 수 있도록 행정적·재정적 지원을 병행하여야 한다. 〈개정 2020. 1. 29.〉

④ 지방자치단체는 이양받은 권한 및 사무를 원활히 처리할 수 있도록 기구·인력의 효율적인 배치 및 예산 조정 등 필요한 조치를 하여야 한다. 〈신설 2020. 1. 29.〉

제12조(특별지방행정기관의 정비 등)

① 국가는 「정부조직법」 제3조에 따른 특별지방행정기관이 수행하고 있는 사무 중 지방자치단체가 수행하는 것이 더 효율적인 사무는 지방자치단체가 담당하도록 하여야 하며, 새로운 특별지방행정기관을 설치하고자 하는 때에는 그 기능이 지방자치단체가 수행하고 있는 기능과 유사하거나 중복되지 아니하도록 하여야 한다.

② 국가는 교육자치와 지방자치의 통합을 위하여 노력하여야 한다.

③ 국가는 지방행정과 치안행정의 연계성을 확보하고 지역특성에 적합한 치안서비스를 제공하기 위하여 자치경찰제도를 도입하여야 한다.

④ 교육자치와 자치경찰제도의 실시에 관하여는 따로 법률로 정한다.

제13조(지방재정의 확충 및 건전성 강화)

① 국가는 지방세의 비율을 확대하도록 국세를 지방세로 전환하기 위한

새로운 세목을 확보하여야 하며, 낙후지역에 대한 재정조정책임을 강화하여야 한다.

② 지방자치단체는 자치사무를 원활히 수행할 수 있도록 자체세입을 확충하여 지방재정의 안정성을 도모하고 예산지출의 합리성을 확보하기 위하여 노력하여야 하며, 예산·회계제도를 합리적으로 개선하여 건전성을 강화하는 등 지방재정의 발전방안을 마련하여야 한다.

제14조(지방의회의 활성화와 지방선거제도의 개선)

① 국가는 지방자치단체의 자치입법권을 강화하기 위하여 조례제정범위를 확대하는 등 필요한 법적 조치를 하여야 한다.

② 국가 및 지방자치단체는 지방자치단체의 주요 정책사항에 관한 지방의회의 심의·의결권을 확대하는 등 지방의회의 권한을 강화하는 방안을 마련하여야 한다.

③ 국가 및 지방자치단체는 지방의회의원의 전문성을 높이고 지방의회 의장의 지방의회 소속 공무원 인사에 관한 독립적인 권한을 강화하도록 하는 방안을 마련하여야 한다.

④ 국가 및 지방자치단체는 지방자치단체의 장과 지방의회의원의 선출방법을 개선하고, 선거구를 합리적으로 조정하며, 선거공영제를 확대하는 등 지방선거제도의 개선방안을 마련하여야 한다.

제15조(주민참여의 확대)

① 국가 및 지방자치단체는 주민참여를 활성화하기 위하여 주민투표제도·주민소환제도·주민소송제도·주민발의제도를 보완하는 등 주민직접참여제도를 강화하여야 한다.

② 국가 및 지방자치단체는 주민의 자원봉사활동 등을 장려하고 지원함

으로써 주민의 참여 의식을 높일 수 있는 방안을 마련하여야 한다.

제16조(자치행정역량의 강화)

① 지방자치단체는 행정의 공정성과 투명성을 확보하고 책임성과 효율성을 강화하여 행정서비스의 질을 제고하는 등 필요한 조치를 하여야 한다.

② 국가는 국정의 통일성과 지방행정의 책임성을 확보하기 위하여 지방자치단체의 행정 및 재정의 운영에 관한 합리적 평가기준을 마련하고 이에 따라 진단·평가를 실시할 수 있다.

③ 국가 및 지방자치단체는 지방공무원의 전문성을 높이고 역량을 강화하기 위하여 국가와 지방자치단체 간 또는 지방자치단체 상호간의 공무원 인사교류를 활성화하고 교육훈련제도를 개선하는 등의 필요한 조치를 하여야 한다.

제17조(국가와 지방자치단체의 협력체제 정립)

① 국가는 지방자치단체와의 상호협력관계를 공고히 하기 위하여 협의체의 운영을 적극 지원하여야 하며, 협의체와 관련 지방자치단체의 의견이 국정에 적극 반영될 수 있도록 한다.

② 국가 및 지방자치단체는 국가와 지방자치단체 간 또는 지방자치단체 상호간에 발생하는 분쟁을 효율적으로 해결하기 위하여 분쟁조정기구의 기능을 활성화하고, 분쟁조정체계를 정비하는 등 분쟁조정기능을 강화하여야 한다.

③ 국가 및 지방자치단체는 지방행정에 관한 제반 여건의 급격한 변화에 적극적으로 대응하고 지방자치를 다양한 형태로 구현하기 위하여 특별지방자치단체제도를 도입·활용하도록 노력하여야 한다.

제3장 지방행정체제 개편

제1절 지방행정체제 개편의 기준과 과제

제18조(지방행정체제 개편의 기본방향)

지방행정체제 개편은 주민의 편익증진, 국가 및 지방의 경쟁력 강화를 위하여 다음 각 호의 사항이 반영되도록 추진하여야 한다.

1. 지방자치 및 지방행정계층의 적정화

2. 주민생활 편익증진을 위한 자치구역의 조정

3. 지방자치단체의 규모와 자치역량에 부합하는 역할과 기능의 부여

4. 주거단위의 근린자치 활성화

제19조(과소 구의 통합)

특별시 및 광역시는 지방자치단체로서 존치하되, 특별시 및 광역시의 관할구역 안에 두고 있는 구 중에서 인구 또는 면적이 과소한 구는 적정 규모로 통합한다.

제20조(특별시 및 광역시 관할구역 안에 두고 있는 구와 군의 지위 등)

위원회는 특별시 및 광역시의 관할구역 안에 두고 있는 구와 군의 지위, 기능 등에 관한 개편방안을 마련하여야 한다.

제21조(도의 지위 및 기능 재정립)

① 도는 지방자치단체로서 존치하되, 위원회는 이 법에 따른 시·군의 통합 등과 관련하여 도의 지위 및 기능 재정립 등을 포함한 도의 개편방안을 마련하여야 한다.

② 도의 지위 및 기능 재정립에 관하여는 따로 법률로 정한다.

제22조(시·군·구의 개편)

① 국가는 시·군·구의 인구, 지리적 여건, 생활권·경제권, 발전가능

성, 지역의 특수성, 역사적·문화적 동질성 등을 종합적으로 고려하여 통합이 필요한 지역에 대하여는 지방자치단체 간 통합을 지원하여야 한다.

② 제1항에 따른 시·군·구의 통합에 있어서는 시·도 및 시·군·구 관할구역의 경계에 제한을 받지 아니한다.

제23조(통합 지방자치단체의 설치)

① 통합 지방자치단체는 「지방자치법」 제2조제1항제2호에서 정한 지방자치단체로 설치한다.

② 통합 지방자치단체는 통합으로 인하여 폐지되는 지방자치단체의 구역에 관계 법령으로 정하는 바에 따라 자치구가 아닌 구 또는 출장소 등을 둘 수 있다.

③ 통합 지방자치단체에는 도시의 형태를 갖춘 지역에는 동을 두고, 그 밖의 지역에는 읍·면을 두되, 「지방자치법」 제3조제3항에도 불구하고 자치구가 아닌 구에 읍·면·동을 둘 수 있다.

제24조(시·군·구의 통합절차)

① 위원회는 시·군·구의 통합을 위한 기준에 따라 통합대상 지방자치단체를 발굴한다.

② 대통령령으로 정하는 바에 따라 지방자치단체의 장, 지방의회 또는 「주민투표법」 제5조에 따른 주민투표권자 총수의 100분의 1 이상 50분의 1 이하의 범위에서 대통령령으로 정하는 일정 수 이상의 주민은 인근 지방자치단체와의 통합을 위원회에 건의할 수 있다.

③ 위원회는 시·군·구 통합방안을 마련하되, 제2항에 따른 건의가 있는 경우에는 이를 참고하여야 한다.

④ 행정안전부장관은 제3항에 따른 시·군·구 통합방안에 따라 지방

자치단체 간 통합을 해당 지방자치단체의 장에게 권고할 수 있다. 〈개정 2014. 11. 19., 2017. 7. 26.〉

⑤ 행정안전부장관은 제4항에 따른 지방자치단체 간 통합 권고안에 관하여 해당 지방의회의 의견을 들어야 한다. 다만, 「주민투표법」 제8조에 따라 행정안전부장관이 필요하다고 인정하여 해당 지방자치단체의 장에게 주민투표를 요구하여 실시한 경우에는 그러하지 아니하다. 〈개정 2014. 11. 19., 2017. 7. 26.〉

⑥ 지방자치단체의 장은 이 법에 따른 시·군·구 통합과 관련하여 주민투표의 실시 요구를 받은 때에는 「주민투표법」 제8조제2항·제3항 및 제13조제1항제1호에도 불구하고 지체 없이 이를 공표하고 주민투표를 실시하여야 한다.

⑦ 제5항에 따른 주민투표에 관하여 이 법에서 규정한 사항을 제외하고는 「주민투표법」을 적용한다.

제25조(통합추진공동위원회)

① 제24조에 따른 지방의회 의견청취 또는 주민투표 등을 통하여 지방자치단체의 통합의사가 확인되면 관계 지방자치단체의 장은 명칭, 청사 소재지, 지방자치단체의 사무 등 통합에 관한 세부사항을 심의하기 위하여 공동으로 통합추진공동위원회를 설치하여야 한다.

② 제1항에 따른 통합추진공동위원회의 위원은 관계 지방자치단체의 장 및 그 지방의회가 추천하는 자로 구성하고, 위원은 관계 지방자치단체 간에 동수로 구성한다.

③ 위원은 관계 지방자치단체의 장이 공동으로 위촉하고, 위원장은 위원 중에서 호선한다.

④ 통합추진공동위원회는 사무를 처리하기 위하여 사무기구를 둘 수 있다.

⑤ 통합추진공동위원회의 구성, 심의사항, 운영 및 사무기구 등 필요한 사항은 대통령령으로 정한다.

제26조(통합 지방자치단체의 명칭 등)

① 제25조에 따른 통합추진공동위원회는 구성된 날부터 60일 이내에 통합 지방자치단체의 명칭 및 청사 소재지를 심의 · 의결하고 이를 행정안전부장관에게 제출하여야 한다. 〈개정 2014. 11. 19., 2017. 7. 26.〉

② 통합추진공동위원회가 제1항에 따른 기간 내에 통합 지방자치단체의 명칭 및 청사 소재지를 의결하지 못할 경우 위원회는 이에 관한 권고안을 해당 통합추진공동위원회에 제시할 수 있다.

③ 제2항에 따라 통합추진공동위원회가 권고안을 제시받은 날부터 30일 이내에 통합 지방자치단체의 명칭 및 청사 소재지를 의결하지 못할 경우 위원회는 대통령령으로 정하는 기준에 따라 이를 조정할 수 있다.

④ 위원회의 권고와 조정의 기준 및 절차 등 필요한 사항은 대통령령으로 정한다.

제27조(주민자치회의 설치)

풀뿌리자치의 활성화와 민주적 참여의식 고양을 위하여 읍 · 면 · 동에 해당 행정구역의 주민으로 구성되는 주민자치회를 둘 수 있다.

제28조(주민자치회의 기능)

① 제27조에 따라 주민자치회가 설치되는 경우 관계 법령, 조례 또는 규칙으로 정하는 바에 따라 지방자치단체 사무의 일부를 주민자치회에 위임 또는 위탁할 수 있다.

② 주민자치회는 다음 각 호의 업무를 수행한다.

1. 주민자치회 구역 내의 주민화합 및 발전을 위한 사항

2. 지방자치단체가 위임 또는 위탁하는 사무의 처리에 관한 사항

3. 그 밖에 관계 법령, 조례 또는 규칙으로 위임 또는 위탁한 사항

제29조(주민자치회의 구성 등)

① 주민자치회의 위원은 조례로 정하는 바에 따라 지방자치단체의 장이 위촉한다.

② 제1항에 따라 위촉된 위원은 그 직무를 수행할 때에는 지역사회에 대한 봉사자로서 정치적 중립을 지켜야하며 권한을 남용하여서는 아니 된다.

③ 주민자치회의 설치 시기, 구성, 재정 등 주민자치회의 설치 및 운영에 필요한 사항은 따로 법률로 정한다.

④ 행정안전부장관은 주민자치회의 설치 및 운영에 참고하기 위하여 주민자치회를 시범적으로 설치·운영할 수 있으며, 이를 위한 행정적·재정적 지원을 할 수 있다. 〈개정 2014. 11. 19., 2017. 7. 26.〉

제2절 통합 지방자치단체에 대한 특례

제30조(불이익배제의 원칙)

지방자치단체의 통합으로 인하여 종전의 지방자치단체 또는 특정 지역의 행정상·재정상 이익이 상실되거나 그 지역 주민에게 새로운 부담이 추가되어서는 아니 된다.

제31조(공무원에 대한 공정한 처우보장)

① 지방자치단체의 통합으로 초과되는 공무원 정원에 대하여는 정원 외로 인정하되, 지방자치단체는 이의 조속한 해소를 위하여 적극 노력하여야 한다.

② 통합 지방자치단체는 폐지되는 지방자치단체 소속 공무원에 대하여 인사상 동등하게 처우하여야 한다.

제32조(예산에 관한 지원 및 특례)

① 국가는 지방자치단체의 통합에 직접 사용된 비용을 예산의 범위에서 통합 추진 과정에 있는 지방자치단체 또는 통합 지방자치단체에 지원할 수 있다.

② 국가는 지방자치단체의 통합에 따라 절감되는 운영경비 등(국가가 부담하는 예산에 한한다)의 일부를 통합 지방자치단체에 지원할 수 있다.

③ 통합 지방자치단체의 최초의 예산은 종전의 지방자치단체가 각각 편성·의결하여 성립한 예산을 회계별·예산항목별로 합친 것으로 한다.

제33조(통합 지방자치단체에 대한 특별지원)

① 중앙행정기관의 장 및 특별시장·광역시장·도지사(이하 "시·도지사"라 한다)는 대통령령으로 정하는 바에 따라 통합 지방자치단체에 대하여 보조금의 지급, 재정투·융자 등 재정상 특별한 지원을 할 수 있다.

② 중앙행정기관의 장은 「지역 개발 및 지원에 관한 법률」에 따른 지역 개발사업구역 등 특정 지역의 개발을 위한 지구·지역 등의 지정에 있어서 통합 지방자치단체 또는 그 관할구역 안의 일부 지역을 대통령령으로 정하는 바에 따라 우선적으로 지정할 수 있다. 〈개정 2017. 10. 24.〉

③ 중앙행정기관의 장 및 시·도지사는 각종 시책사업 등을 시행하는 경우 통합 지방자치단체를 대통령령으로 정하는 바에 따라 우선적으로 지원할 수 있다.

제34조(지방교부세 산정에 관한 특례)

① 통합 지방자치단체에 교부하는 보통교부세는 「지방교부세법」 제7조

에도 불구하고 통합 지방자치단체가 설치된 해의 폐지되는 각 지방자치단체의 재정부족액(「지방교부세법」에 따라 산정한 기준재정수입액이 기준재정수요액에 미달하는 금액을 말한다)을 합한 금액보다 통합 지방자치단체의 재정부족액이 적을 때에는 그 차액을 통합 지방자치단체가 설치된 후 최초로 개시되는 회계연도(통합 지방자치단체가 1월 1일에 설치되는 경우에는 다음 연도를 말한다)부터 4년 동안 통합 지방자치단체의 기준재정수요액에 매년 보정할 수 있다.

② 제1항에 따른 기준재정수요액 보정의 요건·기간·기준과 그 밖에 필요한 사항은 행정안전부령으로 정한다. 〈개정 2014. 11. 19., 2017. 7. 26.〉

제35조(통합 지방자치단체에 대한 재정지원)

국가는 「지방교부세법」 제4조제2항제1호에 따른 보통교부세액과 별도로 통합 지방자치단체가 설치된 해의 직전 연도의 폐지되는 각 지방자치단체의 보통교부세 총액의 100분의 6을 대통령령으로 정하는 바에 따라 10년간(경상남도 창원시의 경우 2025년 12월 31일까지) 매년 통합 지방자치단체에 추가로 지원하여야 한다. 〈개정 2020. 12. 22.〉

제36조(예산에 관한 특례)

통합 지방자치단체는 통합 지방자치단체가 설치된 날부터 대통령령으로 정하는 일정 기간 동안 폐지되는 각 지방자치단체 간의 세출예산의 비율이 유지되도록 노력하여야 한다.

제37조(지방의회의 부의장 정수 등에 관한 특례)

① 통합 지방자치단체를 설치하는 경우에는 해당 지방자치단체가 설치된 후 최초로 실시하는 임기만료에 의한 선거에 의하여 새로운 지방의회가 구성될 때까지 「지방자치법」 제48조제1항에도 불구하고 해당 지방의

회에 의장 1명과 폐지 지방자치단체의 수만큼의 부의장을 무기명투표로 선거하여야 한다. 이 경우 부의장은 폐지 지방자치단체의 지방의회의원 중에서 폐지 지방자치단체별로 각 1명을 선출하여야 한다.

② 제1항에 따라 선출된 최초의 의장 및 부의장의 임기는 폐지 지방자치단체의 지방의회 의장 및 부의장의 남은 임기로 한다.

제38조(의원정수에 관한 특례)

통합 지방자치단체의 의회를 구성하기 위한 최초 선거에서 지역선거구를 획정함에 있어 폐지되는 각 지방자치단체의 관할구역에서 선출할 의원정수는 인구의 등가성이 반영될 수 있도록 정하여야 한다.

제39조(「여객자동차 운수사업법」에 관한 특례)

① 통합 지방자치단체의 여객자동차운송사업에 대하여 적용할 「여객자동차 운수사업법」 제8조에 따른 운임과 요금에 대한 기준 및 요율은 폐지 지방자치단체의 여객자동차운송사업에 대하여 적용한 기준 및 요율에 따른다. 다만, 통합 지방자치단체가 설치된 날부터 1년 이내에 이를 조정하여야 한다.

② 제1항에도 불구하고 통합 지방자치단체의 택시운송사업에 있어서 통합 전의 지방자치단체 간에 적용되던 시계외 할증요금은 통합 지방자치단체가 설치된 날부터 이를 폐지한다.

③ 폐지 지방자치단체의 군 지역에서 「여객자동차 운수사업법」 제4조에 따라 면허를 받거나 등록을 한 여객자동차운송사업자에 대하여 적용할 같은 법 제5조에 따른 면허 또는 등록의 기준은 통합 지방자치단체가 설치된 후에도 군 지역에 적용되는 기준으로 한다.

④ 통합 지방자치단체가 설치되기 전에 「여객자동차 운수사업법」 제4조

에 따라 여객자동차운송사업의 면허를 받은 자가 통합 지방자치단체의 설치로 인하여 여객자동차운송사업의 세부업종을 변경하여야 하는 경우에는 같은 법 제7조에도 불구하고 통합 지방자치단체가 설치된 날에 그 업종이 변경된 것으로 본다. 이 경우 관할 관청은 통합 지방자치단체가 설치된 날부터 1개월 이내에 해당 여객자동차운송사업자에게 새로운 면허증을 교부하여야 한다.

제3절 대도시에 대한 특례

제40조(대도시에 대한 사무특례)

① 특별시와 광역시가 아닌 인구 50만 이상 대도시 및 100만 이상 대도시의 행정·재정 운영 및 지도·감독에 대하여는 그 특성을 고려하여 관계 법률에서 정하는 바에 따라 특례를 둘 수 있다. 다만, 인구 30만 이상인 지방자치단체로서 면적이 1천제곱킬로미터 이상인 경우 이를 인구 50만 이상 대도시로 본다.

② 위원회는 제1항에 따른 특례를 발굴하고 그 이행방안을 마련하여야 한다.

제40조(대도시에 대한 사무특례)

① 특별시와 광역시가 아닌 다음 각 호의 어느 하나에 해당하는 대도시의 행정·재정 운영 및 지도·감독에 대하여는 그 특성을 고려하여 관계 법률에서 정하는 바에 따라 특례를 둘 수 있다. 다만, 인구 30만 이상인 지방자치단체로서 면적이 1천제곱킬로미터 이상인 경우 이를 인구 50만 이상 대도시로 본다. 〈개정 2022. 4. 26.〉

1. 인구 50만 이상 대도시

2. 인구 100만 이상 대도시(이하 "특례시"라 한다)

② 위원회는 제1항에 따른 특례를 발굴하고 그 이행방안을 마련하여야 한다.

[시행일: 2023. 4. 27.] 제40조

제41조(인구 100만 이상 대도시의 사무특례)

특별시와 광역시가 아닌 인구 100만 이상 대도시의 장은 관계 법률의 규정에도 불구하고 다음 각 호의 사무를 처리할 수 있다.

1. 「지방공기업법」 제19조제2항에 따른 지역개발채권의 발행. 이 경우 미리 지방의회의 승인을 받아야 한다.

2. 「건축법」 제11조제2항제1호에 따른 건축물에 대한 허가. 다만, 다음 각 목의 어느 하나에 해당하는 건축물의 경우에는 미리 도지사의 승인을 받아야 한다.

가. 51층 이상인 건축물(연면적의 100분의 30 이상을 증축하여 층수가 51층 이상이 되는 경우를 포함한다)

나. 연면적 합계가 20만제곱미터 이상인 건축물(연면적의 100분의 30 이상을 증축하여 연면적 합계가 20만제곱미터 이상이 되는 경우를 포함한다)

3. 「택지개발촉진법」 제3조제1항에 따른 택지개발지구의 지정(도지사가 지정하는 경우에 한한다). 이 경우 미리 관할 도지사와 협의하여야 한다.

4. 「도시재정비 촉진을 위한 특별법」 제4조 및 제12조에 따른 재정비촉진지구의 지정 및 재정비촉진계획의 결정

5. 「박물관 및 미술관 진흥법」 제18조에 따른 사립 박물관 및 사립 미술관 설립 계획의 승인

6. 「소방기본법」 제3조 및 제6조에 따른 화재 예방 · 경계 · 진압 및 조사

와 화재, 재난·재해, 그 밖의 위급한 상황에서의 구조·구급 등의 업무

7. 도지사를 경유하지 아니하고 「농지법」 제34조에 따른 농지전용허가 신청서의 제출

8. 「지방자치법」 제112조에 따라 지방자치단체별 정원의 범위에서 정하는 5급 이하 직급별·기관별 정원의 책정

9. 도지사를 경유하지 아니하고 「개발제한구역의 지정 및 관리에 관한 특별조치법」 제4조에 따른 개발제한구역의 지정 및 해제에 관한 도시·군 관리계획 변경 결정 요청. 이 경우 미리 관할 도지사와 협의하여야 한다.

제41조(특례시의 사무특례)

특별시와 광역시가 아닌 특례시의 장은 관계 법률의 규정에도 불구하고 다음 각 호의 사무를 처리할 수 있다. 〈개정 2022. 4. 26.〉

1. 「지방공기업법」 제19조제2항에 따른 지역개발채권의 발행. 이 경우 미리 지방의회의 승인을 받아야 한다.

2. 「건축법」 제11조제2항제1호에 따른 건축물에 대한 허가. 다만, 다음 각 목의 어느 하나에 해당하는 건축물의 경우에는 미리 도지사의 승인을 받아야 한다.

가. 51층 이상인 건축물(연면적의 100분의 30 이상을 증축하여 층수가 51층 이상이 되는 경우를 포함한다)

나. 연면적 합계가 20만제곱미터 이상인 건축물(연면적의 100분의 30 이상을 증축하여 연면적 합계가 20만제곱미터 이상이 되는 경우를 포함한다)

3. 「택지개발촉진법」 제3조제1항에 따른 택지개발지구의 지정(도지사가 지정하는 경우에 한한다). 이 경우 미리 관할 도지사와 협의하여야 한다.

4. 「소방기본법」 제3조 및 제6조에 따른 화재 예방·경계·진압 및 조사

와 화재, 재난·재해, 그 밖의 위급한 상황에서의 구조·구급 등의 업무

5. 도지사를 경유하지 아니하고 「농지법」 제34조에 따른 농지전용허가 신청서의 제출

6. 「지방자치법」 제112조에 따라 지방자치단체별 정원의 범위에서 정하는 5급 이하 직급별·기관별 정원의 책정

7. 도지사를 경유하지 아니하고 「개발제한구역의 지정 및 관리에 관한 특별조치법」 제4조에 따른 개발제한구역의 지정 및 해제에 관한 도시·군관리계획 변경 결정 요청. 이 경우 미리 관할 도지사와 협의하여야 한다.

8. 「환경개선비용 부담법」 제9조제5항 및 제22조에 따른 환경개선부담금의 부과·징수

9. 「항만법」 제2조제6호나목에 따라 지방관리무역항에서 시·도가 행정주체이거나 시·도지사가 관리청으로서 수행하는 항만의 개발 및 관리에 관한 행정 업무, 「선박의 입항 및 출항 등에 관한 법률」 제2조제2호의2 나목에 따라 지방관리무역항에서 시·도가 행정주체이거나 시·도지사가 관리청으로서 수행하는 선박의 입항 및 출항 등에 관한 행정 업무, 「항만운송사업법」 제2조제7항제2호에 따라 지방관리무역항에서 시·도가 행정주체이거나 시·도지사가 관리청으로서 수행하는 항만운송사업 및 항만운송관련사업의 등록, 신고 및 관리 등에 관한 행정 업무, 「해양환경관리법」 제33조제1항제2호에 따른 해양시설의 신고 및 변경신고 업무, 같은 법 제115조제2항에 따른 출입검사·보고 등의 업무 및 같은 법 제133조에 따른 과태료(제132조제2항제2호에 따른 과태료로 한정한다)의 부과·징수 업무

10. 「공유수면 관리 및 매립에 관한 법률」 제6조, 제8조부터 제10조까지, 제13조부터 제21조까지, 제55조, 제57조, 제58조 및 제66조에 따른 지

방관리무역항 항만구역 안에서의 방치 선박 제거 및 공유수면 점용·사용 허가 등 공유수면의 관리

11.「산지관리법」제14조제1항에 따른 산지전용허가[산지전용허가를 받으려는 산지면적이 50만제곱미터 이상 200만제곱미터 미만(보전산지의 경우에는 3만제곱미터 이상 100만제곱미터 미만)인 경우로서 산림청장 소관이 아닌 국유림, 공유림 또는 사유림의 산지로 한정한다]의 절차 및 심사에 관한 업무

12.「건설기술 진흥법」제5조제1항에 따른 지방건설기술심의위원회의 구성·기능 및 운영에 관한 업무

13.「물류시설의 개발 및 운영에 관한 법률」제22조, 제22조의2, 제22조의3, 제22조의5부터 제22조의7까지, 제26조부터 제28조까지, 제44조, 제46조, 제50조의3, 제52조의2, 제52조의3, 제53조, 제54조, 제57조에 따른 물류단지의 지정·지정해제 및 개발·운영 등의 업무

[제목개정 2022. 4. 26.]

[시행일: 2023. 4. 27.] 제41조

제42조(인구 100만 이상 대도시의 보조기관 등)

① 「지방자치법」제110조제1항에도 불구하고 인구 100만 이상 대도시의 부시장은 2명으로 한다. 이 경우 부시장 1명은 「지방자치법」제110조제4항에도 불구하고 일반직, 별정직 또는 임기제 지방공무원으로 보(補)할 수 있다.

② 제1항에 따라 부시장 2명을 두는 경우에 명칭은 각각 제1부시장 및 제2부시장으로 하고, 그 사무 분장은 해당 지방자치단체의 조례로 정한다.

③ 「지방자치법」제59조, 제90조 및 제112조에도 불구하고 인구 100만

이상 대도시의 행정기구 및 정원은 인구, 도시 특성, 면적 등을 고려하여 대통령령으로 정할 수 있다.

제42조(특례시의 보조기관 등)

① 「지방자치법」 제123조제1항에도 불구하고 특례시의 부시장은 2명으로 한다. 이 경우 부시장 1명은 「지방자치법」 제123조제4항에도 불구하고 일반직, 별정직 또는 임기제 지방공무원으로 보(補)할 수 있다. 〈개정 2022. 4. 26.〉

② 제1항에 따라 부시장 2명을 두는 경우에 명칭은 각각 제1부시장 및 제2부시장으로 하고, 그 사무 분장은 해당 지방자치단체의 조례로 정한다.

③ 「지방자치법」 제68조, 제102조 및 제125조에도 불구하고 특례시의 행정기구 및 정원은 인구, 도시 특성, 면적 등을 고려하여 대통령령으로 정할 수 있다. 〈개정 2022. 4. 26.〉

[제목개정 2022. 4. 26.]

[시행일: 2023. 4. 27.] 제42조

제43조(대도시에 대한 재정특례)

① 도지사는 「지방재정법」 제29조에 따라 배분되는 조정교부금과 별도로 제40조제1항에 따른 대도시의 경우에는 해당 시에서 징수하는 도세 (원자력발전에 대한 지역자원시설세, 소방분 지역자원시설세 및 지방교육세는 제외한다) 중 100분의 10 이하의 범위에서 일정 비율을 추가로 확보하여 해당 시에 직접 교부하여야 한다. 〈개정 2018. 3. 20., 2019. 12. 31.〉

② 제1항에 따라 대도시에 추가로 교부하는 도세의 비율은 사무이양 규모 및 내용 등을 고려하여 대통령령으로 정한다.

③ 인구 100만 이상 대도시의 경우 「지방세법」 제142조제1항에 따른

소방분 지역자원시설세는 「지방세기본법」 제8조제2항제2호가목에도 불구하고 시세로 한다. 〈개정 2019. 12. 31.〉

제43조(대도시에 대한 재정특례)

① 도지사는 「지방재정법」 제29조에 따라 배분되는 조정교부금과 별도로 제40조제1항에 따른 대도시의 경우에는 해당 시에서 징수하는 도세(원자력발전에 대한 지역자원시설세, 소방분 지역자원시설세 및 지방교육세는 제외한다) 중 100분의 10 이하의 범위에서 일정 비율을 추가로 확보하여 해당 시에 직접 교부하여야 한다. 〈개정 2018. 3. 20., 2019. 12. 31.〉

② 제1항에 따라 대도시에 추가로 교부하는 도세의 비율은 사무이양 규모 및 내용 등을 고려하여 대통령령으로 정한다.

③ 특례시의 경우 「지방세법」 제142조제1항에 따른 소방분 지역자원시설세는 「지방세기본법」 제8조제2항제2호가목에도 불구하고 시세로 한다. 〈개정 2019. 12. 31., 2022. 4. 26.〉

[시행일: 2023. 4. 27.] 제43조

제4장 추진기구 및 추진절차

제44조(자치분권위원회의 설치)

자치분권 및 지방행정체제 개편을 추진하기 위하여 대통령 소속으로 자치분권위원회를 둔다. 〈개정 2018. 3. 20.〉

[제목개정 2018. 3. 20.]

제45조(기능)

위원회는 다음 각 호의 사항을 심의·의결한다. 〈개정 2018. 3. 20., 2020. 1. 29.〉

1. 자치분권 종합계획 및 연도별 시행계획 수립에 관한 사항

2. 제11조부터 제17조까지의 규정에 따른 과제의 추진에 관한 사항

2의2. 제11조에 따라 지방자치단체에 이양하는 권한 및 사무의 원활한 처리에 필요한 인력 및 재정 소요 등에 관한 사항

3. 제1호, 제2호 및 제2호의2에 규정된 사항의 점검 및 평가에 관한 사항

4. 지방자치단체 통합을 위한 기준·통합방안·조정에 관한 사항

5. 통합 지방자치단체에 대한 국가의 지원 및 특례에 관한 사항

6. 지방행정체제 개편 관련 지방자치단체 및 주민의 의견수렴에 관한 사항

7. 읍·면·동의 주민자치기구의 설치, 기능 및 운영에 관한 사항

8. 읍·면·동의 주민자치 기반에 관한 사항

9. 지방자치단체 및 주민 의견의 수렴에 관한 사항

10. 제8조에 따른 중앙행정기관의 장의 법령 제정 또는 개정 시 의견제출에 관한 사항

11. 제1호, 제2호, 제2호의2 및 제3호부터 제10호까지에서 규정한 사항에 관하여 중앙행정기관 또는 지방자치단체의 장이 제출한 사항

12. 그 밖에 자치분권 및 지방행정체제 개편 등 지방자치발전을 위하여 필요하다고 위원장이 인정하는 사항

제46조(위원회의 구성·운영)

① 위원회는 위원장 1명과 부위원장 2명을 포함한 27명의 위원으로 구성하며, 위원은 당연직위원과 위촉위원으로 구성한다.

② 당연직위원은 기획재정부장관, 행정안전부장관, 국무조정실장으로 한다. 〈개정 2014. 11. 19., 2017. 7. 26.〉

③ 위원회는 업무 수행을 위하여 필요하다고 인정하는 경우에는 다음

각 호의 사람을 회의에 참석하도록 요청할 수 있다.〈신설 2018. 3. 20.〉

1. 교육부장관

2. 문화체육관광부장관

3. 농림축산식품부장관

4. 보건복지부장관

5. 국토교통부장관

6. 법제처장

7. 그 밖에 해당 안건과 관련하여 회의에 참석할 필요가 있다고 위원장이 인정하는 중앙행정기관의 장

④ 위촉위원은 학식과 경험이 풍부하고 국민의 신망이 두터운 사람 중에서 대통령이 추천하는 6명, 국회의장이 추천하는 10명 및 「지방자치법」제165조에 따른 지방자치단체의 장 등의 협의체의 대표자가 각각 2명씩 추천하는 8명으로 하되, 대통령이 위촉한다.〈개정 2018. 3. 20.〉

⑤ 위원장 및 부위원장 1명은 위촉위원 중에서 대통령이 위촉하고, 부위원장 중 1명은 행정안전부장관으로 한다.〈개정 2014. 11. 19., 2017. 7. 26., 2018. 3. 20.〉

⑥ 위촉위원의 임기는 2년으로 하며 연임할 수 있다. 다만, 위원의 사임 등으로 인하여 새로 위촉된 위원의 임기는 전임위원 임기의 남은 기간으로 한다.〈개정 2018. 3. 20.〉

⑦ 위원회의 업무를 효율적으로 심의하기 위하여 위원회에 분과위원회를 둘 수 있다.〈개정 2018. 3. 20.〉

⑧ 위원회의 심의 사항을 분야별로 사전에 연구 · 검토하기 위하여 위원회에 전문위원회를 둘 수 있다.〈신설 2018. 3. 20., 2020. 1. 29.〉

⑨ 위원회의 사무를 전문적으로 지원하기 위하여 위원회에 전문요원을 둘 수 있다. 〈개정 2018. 3. 20.〉

⑩ 위원회의 회의, 분과위원회 및 전문위원회의 구성과 운영 등 위원회의 구성 및 운영에 필요한 사항은 대통령령으로 정한다. 〈개정 2018. 3. 20.〉

제46조의2(일반국민의 참여 등)

① 위원회는 자치분권 정책에 관하여 일반국민이 참여할 수 있는 환경을 조성하여야 한다.

② 시·도지사 및 시장·군수·구청장은 조례로 정하는 바에 따라 자치분권 과제에 대한 정보교환, 정책제안, 의견수렴 등을 위한 지역별 협의회를 설치할 수 있다.

[본조신설 2018. 3. 20.]

제47조(자치분권위원회 사무기구)

① 위원회의 사무를 효율적으로 처리하기 위하여 위원회에 사무기구를 둘 수 있다.

② 제1항에 따른 사무기구의 구성 및 운영에 필요한 사항은 대통령령으로 정한다.

[제목개정 2018. 3. 20.]

제47조의2(자치분권지원단)

① 위원회의 효율적인 업무처리를 지원하기 위하여 행정안전부에 자치분권지원단을 둘 수 있다.

② 자치분권지원단의 구성, 운영에 필요한 사항은 대통령령으로 정한다.

[본조신설 2018. 3. 20.]

제48조(추진상황의 보고 등)

① 위원회는 제45조에 따라 심의·의결한 사항과 자치분권 및 지방행정체제 개편과 관련된 정책의 추진사항에 관하여 정기적으로 대통령에게 보고하여야 한다. 〈개정 2018. 3. 20.〉

② 위원회는 제1항에 따라 보고를 마친 때에는 관계 중앙행정기관의 장과 지방자치단체의 장에게 보고 내용을 지체 없이 통보하여야 한다.

③ 제2항에 따라 통보를 받은 관계 중앙행정기관의 장 및 지방자치단체의 장은 신속히 실천계획을 수립하여 위원회에 제출하고, 관련 법령을 제정 또는 개정하는 등 필요한 조치를 하여야 한다.

제49조(이행상황의 점검·평가 등)

① 위원회는 제48조제3항에 따라 수립한 실천계획이 차질 없이 이행될 수 있도록 관계 중앙행정기관 및 지방자치단체의 추진상황을 점검·평가하여 그 결과를 국무회의의 심의를 거쳐 대통령에게 보고하여야 한다.

② 위원회는 제1항에 따른 평가결과에 따라 관계 중앙행정기관 및 지방자치단체의 장에게 필요한 조치를 권고할 수 있다. 다만, 제11조 및 제45조에 따라 위원회가 의결한 중앙행정기관의 권한이양이 지연되었다고 판단되는 경우 기한을 정하여 필요한 조치를 권고할 수 있다.

③ 제2항 후단에 따라 권고를 받은 중앙행정기관의 장은 위원회가 정한 기한 내에 관계 법령 개정 등 필요한 조치를 취하여야 하며, 그 처리결과를 위원회에 통보하여야 한다.

제50조(지방자치단체 등과의 협조)

① 위원회는 그 업무를 수행하기 위하여 필요하면 해당 지방자치단체, 지역주민 등의 의견을 청취하거나, 관계 기관·법인·단체 등에 대하여

자료 및 의견의 제출 등 필요한 협조를 요청할 수 있다.

② 「지방자치법」 제165조에 따른 지방자치단체의 장 등의 협의체의 대표자 또는 지방자치단체의 장은 위원회 회의에 참석하여 의견을 개진하거나 서면으로 의견을 제출할 수 있다.

③ 위원회는 위원회의 업무를 수행하는 데 필요한 전문적 지식 또는 경험을 가지고 있다고 인정되는 사람에게 출석을 요구하여 그 진술을 들을 수 있다.

④ 제1항에 따른 의견청취, 자료제출 요구 등 협조요청을 받은 기관·법인·단체 등은 지체 없이 이에 응하여야 한다.

제51조(국회의 입법조치)

국회는 제5조제4항에 따라 보고된 자치분권 종합계획을 토대로 관계 법률을 제정 또는 개정하되, 이 경우 위원회의 의견을 존중하여야 한다. 〈개정 2018. 3. 20.〉

제52조 삭제 〈2018. 3. 20.〉

부칙 〈제17700호, 2020. 12. 22.〉

제1조 (시행일) 이 법은 공포한 날부터 시행한다.

제2조 (통합 지방자치단체에 대한 재정지원 관련 특례) 제35조의 개정규정에도 불구하고 경상남도 창원시에 추가로 지원되는 금액은 경상남도 창원시가 설치된 해의 직전 연도의 폐지되는 각 지방자치단체의 보통교부세 총액에 대하여 2021년에는 100분의 6, 2022년에는 100분의 5, 2023년에는 100분의 4, 2024년에는 100분의 2, 2025년에는 100분의 1로 한다.

ㄱ

지방자치행정론

초판인쇄 2022년 11월 18일
초판발행 2022년 11월 18일

지은이 김선정
펴낸이 채종준
펴낸곳 한국학술정보(주)
주   소 경기도 파주시 회동길 230(문발동)
전   화 031-908-3181(대표)
팩   스 031-908-3189
홈페이지 http://ebook.kstudy.com
E-mail 출판사업부 publish@kstudy.com
등   록 제일산-115호(2000. 6. 19)

ISBN   979-11-6801-974-4 93350